人才培养与教学改革

——浙江工商大学教学改革论文集(2020)

主　编　赵英军
副主编　厉小军　陈宜治

浙江工商大学出版社
ZHEJIANG GONGSHANG UNIVERSITY PRESS
·杭州·

图书在版编目(CIP)数据

　　人才培养与教学改革：浙江工商大学教学改革论文集.2020 / 赵英军主编. — 杭州：浙江工商大学出版社，2022.8

　　ISBN 978-7-5178-4942-1

　　Ⅰ.①人… Ⅱ.①赵… Ⅲ.①高等学校－教学改革－中国－文集 Ⅳ.①G642.0－53

　　中国版本图书馆 CIP 数据核字(2022)第 080131 号

人才培养与教学改革

RENCAI PEIYANG YU JIAOXUE GAIGE

——浙江工商大学教学改革论文集(2020)

赵英军 主编　厉小军　陈宜治 副主编

责任编辑	张晶晶
责任校对	何小玲
封面设计	包建辉
责任印制	包建辉
出版发行	浙江工商大学出版社
	(杭州市教工路 198 号　邮政编码 310012)
	(E-mail: zjgsupress@163.com)
	(网址：http://www.zjgsupress.com)
	电话：0571 - 88904980,88831806(传真)
排　　版	杭州朝曦图文设计有限公司
印　　刷	广东虎彩云印刷有限公司绍兴分公司
开　　本	787mm×1092mm　1/16
印　　张	17.5
字　　数	404 千
版 印 次	2022 年 8 月第 1 版　2022 年 8 月第 1 次印刷
书　　号	ISBN 978-7-5178-4942-1
定　　价	79.00 元

前　言

　　近年来,学校以习近平新时代中国特色社会主义思想为指导,深入学习党的十九大和十九届历次全会精神,认真贯彻习近平总书记关于教育的重要论述,将立德树人作为根本任务,着力转变观念、守正创新、攻坚克难、守住底线,推进本科教育高质量发展,推进教育现代化、建设教育强国、办好人民满意的教育,培养德智体美劳全面发展的社会主义建设者和接班人。

　　浙江工商大学作为一所具有百年历史的高校,以"双一流"为引领,工商融合、文理融通,凝心聚力、锐意创新,推进高质量发展和高水平治理,努力建设立足浙江、服务国家、贡献人类的卓越大学。经过全校师生不懈的努力,已跻身国内一流财经类高校之列。学校的广大教师在育人和教学实践中,取得了一批重要的研究成果。本书是我校教师教改理论成果的集中展示,在内容上涵盖了教学理念、教学改革、课程改革、实践教学等方面。论文集主要分为以下四个部分:

　　第一部分,教学理念篇,共收录12篇论文。其中,《"服务性学习"理念与课程思政导向下的英语学习策略探究——以浙江工商大学英语口语促进项目为例》一文剖析服务性学习理念与英语教学的内在契合性,加之课程思政育人元素的明确导向,以浙江工商大学英语口语促进项目(Spoken English Promotion Program)作为个案,探究在教育国际化背景下大学生英语模式的转变和策略可行性,最后提出"服务性学习"理念与课程思政导向下英语学习的具体策略;《新文科视域下高校新闻传播教育的理念创新与建设进路》一文中提出新闻传播人才的培养需要进行理念创新。浙江工商大学突出思政元素,融合人文与理工培养复合型全媒体人,依托双师型队伍优势形成的协同育人机制,通过跟踪毕业生的就业情况和考察地方经济发展与人才培养之间的关系进行专业建设与人才培养。

　　第二部分,教学改革篇,共收录12篇论文。其中,《OBE与新文科双驱下的浙江工商大学思政课教学改革——以"马克思主义基本原理概论"课程为例》一文以OBE为指引,以实现思政课融入、助力大商科、新文科人才培养为目标,改革了教学目标、教学内容、教学方法、考核方法,为思政理论课思想性、理论性与亲和力、针对性的统一提供了有益借鉴;《基于Blackboard平台的交叉学科适时教学模式研究》一文针对交叉学科的特点,提出基于Blackboard平台的交叉学科适时教学模式,并探讨其实施建议。

　　第三部分,课程改革篇,共收录12篇论文。其中,《以学生为中心的线上线下混合式一流课程建设与实践——以"通信原理Ⅱ"课程为例》一文以"通信原理Ⅱ"课程为例,探讨了线上线下混合式教学课程目标的设计、"以学生为中心"的教学理念的实施、教学设计、在线资源建设和翻转课堂的实施等;《法学本科毕业实习课程的优化》一文指出，毕业实习作为法学本科专业实习中最为重要的组成部分，效果良好的毕业实习课程，是法学本科生毕业走向职场之前一次宝贵的实践历练。

第四部分，实践教学篇，共收录9篇论文。其中，《推进浙江工商大学众创空间建设 提升大学生创新创业能力》一文从知识管理视角构建了高校众创空间知识管理机制，分析了高校众创空间知识管理中的重要影响因素，并结合我校众创空间的实际建设情况，给出了进一步推动我校众创空间发展的对策建议，这对进一步提升我校创新创业教育水平具有重要意义;《"不确定性"的教学探索——基于实例教学法》一文基于实例教学法设计"不确定性"的教学过程，对不确定现象进行概念界定和内涵分析，立足于实例，从统计规律性的视角对不确定性进行溯源和归本，通过实例分析探究不确定性的驾驭方法，并对不确定现象统计规律性的运用误区做出阐释，对不确定性中的思政元素进行了提炼。

感谢各位作者对本书的辛勤写作。本书凝聚了全校教师的心血，体现了浙江工商大学教师对于教学前沿问题的理论探索与实践精神。我们还要特别感谢浙江工商大学出版社对出版本书的大力支持。希望本书能给广大读者带来教学上的启示、思考。如有不足之处，请批评指正。

编　者
2021 年 10 月

目　　录

教学理念篇

教学改革篇

课程改革篇

实践教学篇

教学理念篇

JIAOXUE LINIAN PIAN

全人教育理念下地方高校通识教育改革与实践[①]

——以浙江工商大学为例

厉小军[②]　陈宜治[③]　王歆玫[④]　裴蓓[⑤]　赵霞[⑥]

摘　要:通识教育的根本目标是促进人的全面发展,地方高校越来越重视专业教育和通识教育的融合。本文从我国高校特别是地方高校通识教育存在的问题切入,研究全人教育理念下通识教育,并从通识教育课程体系、通识教育学习共同体、通识教育实施路径和通识教育评价体系等方面进行改革与实践,促进了地方高校人才培养质量的提升。

关键词:全人教育;通识教育;地方高校

古今中外大量事实表明,人的成长离不开通识教育。通识教育是近年来中国大学教育的潮流,越来越多的高校意识到过去将专业教育置于主导地位的方式已不能适应社会发展对各类人才的需求,开始重视实施通识教育,以培养德智体美劳全面发展的社会主义建设者和接班人。由于我国高校实施通识教育的时间较短,对通识教育的内涵认识尚不到位,没有正确处理好通识教育与专业教育的关系,通识教育实施路径单一,影响了通识教育的实施效果,也引起了教育行政主管部门和高校的重视。国家"十三五"规划第一次在国家层面上明确提出中国要发展通识教育和专业教育相结合的教育模式;教育部要求各高校要研究如何强化人才培养在大学的中心地位,如何牢固确立本科教育在大学的基础地位,如何形成以立德树人为根本的教育理念,形成专业教育、通识教育和创新创业教育相融合的跨界培养人才的教学理念。

通识教育的根本目标是促进人的全面发展,培养人的文化自觉,塑造共同的社会主义核心价值观。全人教育理念主张培育一个完整的人,强调人性重于理性,它将人放置于一个更加广阔的空间中去看待其自身所处的地位角色和应有的对待万事万物的态度,注重从精神性发展与和谐性关系着手展开对人生意义的追寻和生态系统的建构。

①　浙江省高等教育学会 2020 年度高等教育研究课题(42)资助。
②　厉小军,浙江工商大学教务处处长,教授,博士,研究方向为高等教育管理、信息技术。
③　陈宜治,浙江工商大学教务处副处长,教授,博士,研究方向为高等教育管理、统计理论与应用。
④　王歆玫,浙江工商大学教务处副处长,副教授,博士在读,研究方向为思想政治教育、道德教育。
⑤　裴蓓,浙江工商大学教务处副处长,副教授,硕士,研究方向为高等教育管理、法务管理。
⑥　赵霞,浙江工商大学教务处通识教育中心主管,助理研究员,硕士,研究方向为教育管理。

全人教育所主张的生态宇宙论、人文关怀论和和谐共生论分别对于高校通识教育的课程体系建构、人文素养培育和生活方式塑造具有重要的前瞻性的指向性意义[1]。在此背景下,浙江工商大学针对高校特别是地方高校通识教育存在的问题,在分析其原因的基础上,开展全人教育理念下通识教育改革与实践研究,总结凝练出了可供其他高校借鉴参考的通识教育实施路径。

一、地方高校通识教育存在的问题

近些年来越来越多的地方高校开始重视通识教育,但在开展通识教育时普遍存在不少问题,主要表现在以下几个方面:

(一)通识教育课程体系不能满足人才培养要求

大部分地方高校都是借鉴国内外知名高校的经验开展通识教育,但受学科专业、师资等方面的影响,课程体系顶层设计不够,通识教育课程内容的时代性不强,导致地方高校的通识教育难以满足人才培养的要求。

(二)通识教育资源共享机制不畅

地方高校普遍未设立负责通识教育的专门机构,也缺少校内通识教育资源的整合和协同推进机制。地方高校大多是多科性或单科性院校,通识教育的师资明显不足,优质通识教育资源缺乏。部分高校为解决这一问题,仅简单引进校外网络课程资源,并未真正形成校际资源共享机制,难以保障通识教育的质量。

(三)通识教育实施路径单一

目前地方高校的通识教育主要是开设一些不同模块的通识选修课程,并要求学生修读一定的课程学分,这在一定程度上打破了学科专业的限制,增加了学生学习的广度,但这种拼盘式的通识课程缺乏内在逻辑,实施路径单一,无法构建起"全人"培养所需的知识结构和能力体系,难以提高学生的综合素质。

(四)通识教育评价体系不健全

这是通识教育的普遍难题,但地方高校尤为突出,评价体系欠系统,评价内容不够全面,评价标准不能体现"全人"教育的理念。现普遍采用的"学评教"办法无法体现通识教育的"全人"教育理念,对学生学习效果和综合素质提升等方面的评价缺失,制约了通识教育的持续改进。

二、浙江工商大学通识教育实践

浙江工商大学是最早开展通识教育的地方高校之一,2010年就开始系统开展通识教育改革,2015年又进行了新一轮通识教育改革,2019年牵头成立了浙江省通识教育学习共同体。为了顺应现代化建设中人的全面发展,学校致力于培养服务地方经济社会发展,具有家国情怀、人文精神、科学素养、国际视野的时代新人,在10多年的创新性实践中构建了包括课程体系、通识教育共同体、"六博雅"实施路径、"全人化"评价体系等为核心内容的通识教育模式。

(一)突出"时代性",构建促进学生全面发展的课程体系

落实人才培养目标,突出新时代对学生知识、能力、素养、人格等全方位的培养,重点建设体现中华优秀传统文化、红色根脉与先进文化、浙学传统与浙商文化、前沿科技与先进技术等方面的课程,如"论语选读""习近平法治思想""浙商文化""写作与沟通""人工智能与未来生活"等。持续优化课程体系,加强顶层设计、分层分类、与时俱进,构建了涵盖"文学·历史·哲学、艺术·宗教·文化、经济·管理·法律、写作·认知·表达、自然·工程·技术、创新·创意·创业"六大模块的课程体系。全校本科生均须选修12个通识学分,其中文科类学生须选修"自然·工程·技术"模块课程、理工类学生须选修"文学·历史·哲学"模块课程,非经管法类学生须选修"经济·管理·法律"模块课程。

(二)打造"共同体",创新多元主体协同互进的资源共享机制

学校成立通识教育教学指导委员会,负责学校通识教育的顶层设计和系统规划;成立通识教育中心,负责通识教育课程建设和管理。出台实施方案,加大经费投入,充分调动学院和教师参与通识教育的积极性,形成校内通识教育共同体,整合校内通识教育资源,系统推进通识教育各项活动。牵头成立浙江省通识教育学习共同体,联合杭州电子科技大学、浙江理工大学、浙江农林大学、浙江海洋大学、杭州师范大学、浙江传媒学院、浙江工商大学杭州商学院等高校打造浙江省通识教育学习共同体。现已建立起通识教育资源共建共享机制;联合建设一批全国领先的通识类一流课程;搭建共同体网络学习平台,实现各高校优质通识课程共享;组建"经典阅读""电影赏析"自主学习社区,促进各高校师生间的交流互动。学校还加入了由清华大学、北京大学、复旦大学、中山大学四校发起成立的大学通识教育联盟,在借鉴一流高校通识教育先进经验的同时,将学校通识教育的经验向全省、全国高校辐射和推广。

(三)实施"六博雅",创新激发学生学习兴趣的通识教育路径

学校创新性地构建了博雅课程、博雅经典、博雅讲堂、博雅优培、博雅学会、博雅社区等"六博雅"教育路径,如图1所示。

(1)博雅课程。通过建设精品通识选修课,引进校外优质通识课程资源,采取"大班授课、小班讨论"或"翻转课堂"等教学模式,设立通识课程助教制度等措施,提高通识课程教学质量。通过"商道寻旅"活动、"拓展设计"等专业课程向非专业学生开放、表演艺术团训练纳入课程体系等多种途径开展体验式教学,提高学生学习兴趣。

(2)博雅经典。组织专家编写了"博雅经典阅读"和"博雅电影赏析"等丛书,出台了《经典阅读·电影赏析管理办法》,读经典可以获得2个通识学分。创建了包含100部经典图书和100部经典电影的在线平台,提供在线阅读、观影及在线考核。

(3)博雅讲堂。聘请国内外在业界和学术上卓有成就的专家、学者开设系列讲座,

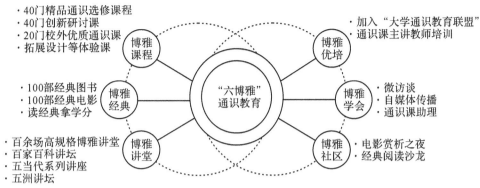

图1 "六博雅"通识教育路径图

汇集校内外知名专家学者阐释独特思想,倡导科学与人文融合,展示最新学术成果,分享人生经验与智慧。

(4)博雅优培。依托校院两级教师教学发展中心,定期举办通识教育系列培训或外派教师参加校外培训,增强教师对通识教育理念的认识和特点的把握,不断优化提高通识教育的教学水平。

(5)博雅学会。成立博雅学会,强化学生自我管理和自我服务,协助通识教育中心做好博雅讲堂、博雅微访、博雅沙龙、博雅赏析等通识教育系列活动和博雅学会官微公众号的运营。

(6)博雅社区。学生结合各种通识教育活动,自主形成经典阅读社区、赏析社区、访谈社区、讲堂社区、课程社区等多元化社区群体,开展朋辈交流,实现相互启发、共同成长。

(四)立足"全方位",构建质量持续提升的通识教育评价体系

构建科学的学生综合素质评价指标,注重与课程模块设计的有机关联,从国学基础、历史文化、文学艺术、经济管理、人类思想、科学技术等六个维度进行测评,并结合学生参与学科竞赛等情况综合评价学生通识素养。定期开展学生通识素养测评和分析,帮助学生合理选修通识课程和提高通识素养。通识教育教学指导委员会也据此研判和优化通识教育模式。建立通识教育教学质量保障体系,实施通识课程的准入和退出制度,主讲教师原则上应具有高级职称;根据学生评价并结合教学督导、通识教育教学指导委员会成员等的听课意见对通识选修课进行综合评价,教学效果好的课程给予课时奖励,教学效果不佳的课程则要求限期改进或暂停开设。

三、浙江工商大学通识教育实施效果

浙江工商大学在10多年的通识教育创新性实践中,受益学生数量超过14万人次,在人才培养质量、教学改革项目与成果、同行交流等方面都取得了不错的成绩。

(一)人才培养质量高

学校人才培养质量显著提升,考研率由原来的18%增至目前的30%,学生通识教育素养测评成绩逐年提高。在第六届中国国际"互联网＋"大学生创新创业大赛中取得2金1银1铜的成绩,位列全国财经类高校第一;浙江省属高校唯一连续八届获得全国"挑战杯"发起高校资格,三次捧得全国"优胜杯"。在2016－2020年全国人文社科类本科院校学科竞赛排行榜中位列第一。在近2届全国大学生艺术展演中,共获得3个一等奖,学校连续获得全国组织工作奖;2部话剧作品入选浙江省"高雅艺术进校园"招标目录,在全省高校巡回演出。学生参与志愿服务由13288人提升至目前的16000人。学生毕业生就业率、自主创业率、毕业生就业满意度、薪酬水平等方面均位居省属高校前列。学校培养了大批优秀校友,在浙江双创"新四军"中,"浙商系"和"阿里系"中活跃着大量校友,其中阿里巴巴、蚂蚁金服合伙人中我校校友占有多席;作为创始人或合伙人的校友在杭州创投、风投机构中占三分之一。

(二)通识教育教学改革成效显著

近五年通识教育教学成果也颇为丰富,学校牵头实施的浙江省高校通识教育学习共同体项目获国家级教学信息化项目立项;获得《全人教育理念下高校通识教育改革与实践》等与通识教育相关的省级教学改革项目、省高教学会重点研究项目5项;出版《百部经典阅读赏析》等通识教育有关书籍,《浙商文化专题系列》《网络化人文丛书》等20多本通识教育教材获浙江省普通高校"十三五"新形态教材建设项目立项;"专题摄影与文化呈现""中华饮食文化"等3门通识核心课程获评国家级一流课程,"艺术与审美"等3门通识课程在浙江省本科高校"互联网＋教学"优秀案例评选中获奖。

(三)同行交流广泛

《光明日报》在头版对学校通识教育相关内容进行了报道,人民网、《中国青年报》、中青在线、科学报、科学网、《都市快报》等多家媒体也介绍了学校的通识教育成果。学校先后在清华大学举办的"全国第四届通识教育联盟年会""第三届全国写作课程研讨会——通专融合理念与大学写作教育大会",复旦大学举办的"全国第二届国际通识教育大会",武汉大学举办的"第五届大学通识教育联盟年会",中国高等教育学会高等财经教育分会2019年研讨会,甘肃省高等学校信息化教学与教材建设委员会成立会议,浙江省"移动时代的学习变革暨浙江省通识教育创新思维"研讨会等会议上做主旨发言,介绍学校通识教育的经验。学校成功加入全国大学通识教育联盟(共60所),西南大学、贵州财经大学、郑州商学院等多所高校来校调研学习。

参考文献

[1] 薛彦华,蔡辰梅.全人教育理论与实践[M].北京:北京师范大学出版社,2019.
[2] 孙向晨,刘丽华.如何让通识教育真正扎根中国大学——中国大学通识教育的挑战与应对[J].中国大学教学,2019(Z1):41-46.
[3] 李曼丽,汪永铨.关于"通识教育"概念内涵的讨论[J].清华大学教育研究,1999(1):99-104.
[4] 陈利民.办学理念与大学发展——哈佛大学办学理念的历史探索[M].青岛:中国海洋大学出版社,2006.
[5] 张东海.全人教育思潮与高等教育实践研究[D].上海:华东师范大学,2007.
[6] 施建祥.基于学生综合素质提升的大学通识教育发展探索[C]//人才培养与教学改革——浙

江工商大学教学改革论文集(2011).杭州:浙江工商大学出版社,2012.

[7] 李海花.文化博弈与文化觉醒:21世纪通识教育发展研究[D].南京:南京大学,2015.

[8] 庞海芍,郇秀红.中国高等通识教育:回顾与展望[J].高等教育管理,2016,10(1):12-19.

[9] 孙秀玲.通识教育师资之困:积极性和能力欠缺队伍未形成[N].中国教育报,2017-07-18.

[10] 张红伟,张怡.通识教育的反思、借鉴与创新[J].中国大学教学,2019(10):23-26.

新时代提升大学生外语核心素养的探索与实践①

——以浙江工商大学为例

金锦华②　　陈祎翀③　　李建伟④　　王歆玫⑤

摘　要：习近平总书记提出的"一带一路"倡议和构建人类命运共同体思想，对新时代大学生外语核心素养培养提出了新的要求。探究新时代大学生的外语核心素养对于推动中国高等教育改革向纵深发展、探索创新人才培养模式具有重要意义。当前，存在大学生外语学习内驱力不足、外语学习个性化需求未能得到充分满足、外语学习中的人文性与育人价值挖掘不够等问题。浙江工商大学通过实施提升大学生外语核心素养"HELLO"计划，对大学生外语综合应用能力、外语交流能力、优秀文化品鉴能力的提升起到了积极正向的推动作用。

关键词：新时代；大学生；外语；核心素养

当前，世界正处于百年未有之大变局中，各国在政治、经济、文化等各层面的交融与交锋是加速文明演进与教育发展重要变革的客观环境推动力。习近平总书记提出的"一带一路"倡议和构建人类命运共同体思想，对新时代大学生外语核心素养培养提出了新的要求。开展文明交流与对话，促进中外平等沟通与合作，推动构建人类命运共同体，急需"专业知识＋外语核心素养"的高水平复合型人才。

一、新时代大学生外语核心素养的内涵与意义

何为大学生外语核心素养？"核心素养"（Key Competency）一词最早出现于经济合作与发展组织和欧盟理事会的研究报告中。在国际上，不同的国家和组织对核心素养的定义有所不同。欧盟将核心素养定义为知识、技能和态度的集合，是人提升自我、

---

①　本文系浙江省高等教育"十三五"第一批教学改革研究项目"新时代提升大学生外语核心素养的探索与实践"（项目编号：JG20180126）的研究成果。

②　金锦华，浙江工商大学后勤服务中心主任，副教授，研究方向为高等教育管理。
③　陈祎翀，浙江工商大学学工部讲师，研究方向为高等教育管理。
④　李建伟，浙江工商大学马克思主义学院副教授，研究方向为高等教育管理。
⑤　王歆玫，浙江工商大学教务处副处长，副教授，博士在读，研究方向为思想政治教育、道德教育。

胜任工作必备的素质,美国、新加坡、日本等国认为它是21世纪人才所必备的技能和能力。① 在国内,2014年教育部发布的《关于全面深化课程改革,落实立德树人根本任务的意见》(以下简称《意见》)中提出了"核心素养"这一概念,《意见》要求"将研制与构建学生核心素养体系作为推进课程改革、深化发展的重要环节"。2016年中国教育学会公布了《中国学生发展核心素养》②,它并不仅仅是能力、品格和观念,而且是"这些方面整合在一起的综合品质"。③ 其综合表现为四大素养——语言能力、文化品格、思维品质和学习能力。外语作为兼有工具性和人文性的学科,基于语言能力的核心素养是它有别于其他学科的重要特征。但如何突破其工具性,更多地挖掘、凸显外语学科的育人价值,是外语核心素养培养的重要探寻方向。它需要"从人的全面发展和终身学习角度出发,特别关注人与社会的协调发展"。④

就外语核心素养培养而言,纵向可由四个层次构成:第一为较强的听说读写语言应用能力;第二为独立自发的语言持续学习能力;第三为通过学习获得的文化感知力,如国际视野、跨文化交际能力、人际交往能力以及文化素质等;第四则为与学生未来职业发展具有密切关系的能力,如创新能力和批判性思维。⑤ 教育部高教司司长吴岩指出,新文科建设的根本任务之一是培养学生"要坚定'四个自信',特别是文化自信"⑥,如何在大学阶段进一步巩固外语(主要指英语)语言能力,使"全球化"的需要与"本土化"的需求紧密结合,逐步形成适合大学生个体终身发展、符合社会发展要求的必备品格和关键能力,是大学生外语核心素养培养的目标。

核心素养具有较强的时代性。随着时代的发展,核心素养的内容也处于动态变化之中,其既包含基本语言能力,同时也包括新时代的职业素养。在"一带一路"的倡议下,加速与世界各国的经贸往来,实现社会与经济的共同进步与发展,亟须国人外语语言能力不断提升。面对西方思潮的大量涌入与多元化的社会文化交锋,面对新时代的新挑战与发展的新机遇,如何冷静客观地面对挑战,需要外语思维能力的跃迁提升。面对社会运转速度的不断加快和终身学习时代的到来,外语学习能力的要求在不断提高。因此,探究新时代大学生的外语核心素养培养,对于推动中国高等教育改革向纵深发展、探索创新人才培养模式具有十分重要的意义。

二、新时代大学生外语核心素养存在的问题

(一)大学生外语学习内驱力有待强化

从基础教育开始,外语学习成为相对成熟完整的学习板块,其中以英语学习为主。

---

① 褚宏启:《核心素养的概念与本质》,《教育》2016年第4卷第50期,第23页。
② 核心素养研究课题组:《中国学生发展核心素养》,《中国教育学刊》2016年第4卷第10期,第1—3页。
③ 杨向东:《关于核心素养若干概念和命题的辨析》,《华东师范大学学报》(教育科学版)2020年第38卷第10期,第48—59页。
④ 程晓堂、赵思奇:《英语学科核心素养的实质内涵》,《课程·教材·教法》2016年第36卷第5期,第79—86页。
⑤ 徐承生:《探讨新时代下大学公共英语核心素养及其培养策略》,《教师》2019年第32期,第47—48页。
⑥ 吴岩:《新使命 大格局 新文科 大外语》,《外语教育研究前沿》2019年第2卷第2期,第3—7,90页。

在学生进入大学后,原有的基础教育培养模式对其外语学习有一定程度上的惯有模式的影响,导致学生对外语学习原动力的探索不足,在外语学习上表现为内驱力不足,学习主体意识不强,学习目标感缺失,进而使外语学习的输入量不够、输出率不高。同时,在校园环境中缺乏外语输出的场景也是影响大学生外语学习热情的重要原因。当语言输出缺乏应用场景时,不说出口的外语的生命力便有所减弱,进而影响学生学习的积极性,形成了外语学习停留于粗浅化的表征。以较为普遍的英语学习为例,在针对浙江工商大学 2018 级非语言类专业 1300 名新生的调查中,55%的大学新生在英语交流中承认存在障碍,很难将自己的想法用英语直接表达清楚,有一部分新生在讲英语时存在害羞、胆怯,无法展开更进一步的交流。语言表达作为外语核心素养中的重要组成部分,是基础性的结构组成,学习主体内驱力的不足成为外语核心素养构建中的短板。

(二)大学生外语学习个性化需求有待满足

在大学阶段,学生的学业规划与职业发展都有了更具个性化的追求,对于外语素养的需求也有了个性化的期待。除语言类专业学生外,有的学生在国内外求学深造中对于语言学习有着更高的期望值,有的学生对于就业环境中的语言应用有着更高的理解和表达的需要,有的学生对第二外语、第三外语有熟练掌握的诉求等。这些个性化的需求在传统的班级教学模式下无法得到充分满足。外语学习在校园内的个性社群化体验空间不足,不利于大学生外语核心素养的提升。

(三)外语学习中的人文性与育人价值有待进一步挖掘

新时代培养大学生外语核心素养,除培养外语基础知识和综合运用能力外,更重要的是外语思维化的培养和以之独立思考的能力。[①] 这是学生能够跨文化背景进行思想交流的重要基础,是学生文化素养中的有机组成部分。美国著名人类学家古迪纳夫指出:"一个社会的语言是该社会文化的一方面。语言和文化是部分与整体的关系。"语言是学习文化的主要工具,人在学习和运用语言的过程中获得整个文化。[②] 语言作为文化的重要载体,语言知识是基础,素养培养是核心,文化交流是重要目的。如何通过外语学习达到对跨国文化人文性的理解,并将其作为了解世界局势的窗口,结合"本土化"的深化,充分挖掘教育素材背后的育人价值,是更深的困境和外语核心素养的提高更深层次的诉求。

三、浙江工商大学提升大学生外语核心素养 ("HELLO"计划)的探索与实践

(一)"HELLO"计划的实施内容

为进一步加强学风建设,大力培养学生外语核心素养,提升学校教育国际化水平,

---

① 韩琳:《非英语专业大学生英语演讲能力的培养模式研究》,《沈阳建筑大学学报》(社会科学版)2020 年第 22 卷第 5 期,第 535—540 页。

② 李勤:《了解外国文化是提高外语教学水平的重要手段》,《鸡西大学学报》2002 年第 2 期,第 21—22 页。

培养具有国际视野、人文情怀、专业素养的大商科人才,浙江工商大学于 2018 年起,开始实施"浙江工商大学学生外语核心素养发展——'HELLO'计划"(以下简称"'HELLO'计划")。"HELLO"计划的外语核心素养特指外语综合应用能力、外语学术交流能力、优秀文化品鉴能力等。"HELLO"中的"H"和"E"代表 Hope of Education,两个"L"代表 Language Level,字母"O"是 Openness、Opportunities、Outstanding、Optimistic 等词的首字母。本计划旨在以多方联动、多措并举的立体式外语能力培养体系,全面提升学生的外语综合应用能力、外语学术交流能力和优秀文化品鉴能力,推动学生外语核心素养发展。

"HELLO"计划以"良好的语言水平为学生提供开阔的视野、创造无限的机会、帮助学生变得更出色、拥有更加积极乐观的态度,让教育的希望成为现实"为教学实践目标,通过分层定位满足个性需求的特色外语培训班、共创教学激发学习潜力的外语学习社区、多载体激活学习内生力的外语角系列活动、网格化聚焦学习小单元的外语寝室教学模式等模块展开,在外语教学实践中努力精准定位学生个性化需求,激发学生外语个性化学习潜能,将社群学习效应附加于课堂教学以外,在校园内创设外语应用场景,以触发学生自主式深度学习为努力方向,提高大学生外语核心素养。

特色外语培训班根据学生实际需求,设置雅思班、托福班、考研英语班等具体课程方向,由教学经验丰富的专业教师进行授课,每学期面向全校学生采用网络报名方式进行招生。班级采用小班化个性教学模式开展,在人数上做出限制,每班人数控制在 40 人以内,以 10 周为周期完成教学任务,以学生问卷反馈和外语能力测评记录培训效果,对于学习效果良好的学生给予鼓励,强化其外语学习原动力。

外语学习社区以朋辈共建的学习社群建设为模式,以学期为单位在全校范围内分别招募导师与学员,在朋辈导师招募中,综合考查语言听、说、读、写各个方面,以大学外语等级考试六级及托福、雅思分数等为依据,通过学生自主投递简历、笔试、面试等环节择优成为导师。对于学员则进行前期个性化的语言学习需求调研,有针对性地开展互助式匹配,通过朋辈互助、以教促学的方式,共创教学研讨良好氛围,激发学生的外语学习潜力。学校为互助式学习社群提供固定场地,授课时间由双方共同商定。学习周期结束后,学员填写"教学满意度调查问卷"对学生导师教学情况给予评价。学校在学员评价基础上结合导师课程记录单情况和上课次数对导师进行考核评分,并予以鼓励,强化其自发外语技能输出和进一步学习的原动力。

"场景体验"式外语角系列活动结合学校各专业特色,依托学科,以加速语言学习与专业学习相融合为导向,以语言实践为手段,激发不同学科背景学生外语学习的积极性,增加外语学习趣味性体验。通过主题演讲、朗诵、翻译、英语配音、情景剧、歌曲等活动寓教于乐,将外语学习的魅力与节目表演相融合,提升学生对外语学习的热情。以校园外语交流场景创设,为学生提供自然、宽松、互动的语言环境,作为培养学生口语能力的第二课堂,与英文莎剧展演晚会、外语手抄报大赛等多种形式、载体相配合,激发学生外语学习的内生力,努力营造校园浓厚的外语学习氛围。

外语寝室教学模式以寝室为单位,将所有学生纳入该学习共同体网络,聚焦学生日常学习寝室小单元,调动每一个学生外语学习的积极性和主动性。优秀外语寝室导师充分发挥主观能动性和教学创新性,通过课后座谈、寝室对话、竞赛辅导、课业指导等极具创新性、自主性和针对性的辅导教学,鼓励和帮助学生积极参与课堂内外的外语学习活动和竞赛。学校定期以"优秀外语寝室成果展"的形式展出学生外语学习优秀成果,展示聚焦大学生课堂内外外语学习精彩瞬间,展示学生外语学习成果,激励学生群体外语学习的热情。

(二)"HELLO"计划实践效果评估

1.基于问卷调查评估

为了全面准确评估"HELLO"计划对大学生外语核心素养提升的影响,在"HELLO"计划教学实践前后,项目组开展了问卷跟踪调查,调查对象为参与"HELLO"计划的大学生,调查方式为问卷星网络问卷。调查问卷在参与教学计划前和参与教学计划后分别开展,设置"语言运用及交际能力、学习能力、思维品质、文化品格"四大类共计 36 个子问题,每个问题设有"完全不符、不太符合、有些符合、基本符合、完全符合"5 个不同程度的选项,对项目效果进行对比评估。参与问卷调查学生人数共510 人,为了尽可能使调查结果真实可靠,调查组对问卷的有关情况和填写要求向学生做了详尽的说明和解释,得到了学生良好的配合。

调查结果显示,参与"HELLO"计划后,学生主观上认为自己的外语能力有了较大幅度的提高,主要体现在 80％的学生认为他们在外语的听、说、读、写能力上有所提高,78％的学生认为他们在应用外语沟通交流时更为熟练,66％的学生认为他们的外语思维方式开始有意识地转变,73％的学生认为他们对外国文化的了解有所加深。调查数据说明,"HELLO"计划的教学实践在主观上对大学生外语的综合应用能力、外语交流能力、优秀文化品鉴能力的提高确实起到了积极正向的推动作用。

2.基于质性访谈的评估

从参与"HELLO"计划的 30 名学生的访谈结果来看,100％的学生都表示对项目存在意义的认同,"自信、应用、获得感、认同、文化"成为学生评价该项目排在前 5 位的高频词。对于外语核心素养提升中的语言能力、文化品格、思维品质和学习能力均自我评价有不同程度的提高。30 名学生中有 19 人同时参与了"HELLO"计划 2 项及以上的项目,对特色外语培训班和外语学习社区的参与度较高,评价较好。从外语基本的听说读写能力、学习外语过程中所遇到的问题、对外国文化的了解水平三个维度访谈了解来看,在参与学生的主观反馈中,学生在外语培训班指导老师的帮助下,构建出符合自身发展需求的外语学习体系和知识结构的学习动机有所增强;在基本的外语综合能力上主观认为有显著提高,学习自信心有所增强;对外语的学习方法有了更多元的认知与选择,主动参与合作学习活动及教学活动的目的性有所增强;更善于有效发现自身在外语学习过程中的不足和存在的问题。访谈再次佐证,在参与"HELLO"计划的学生群体主观感受中,此项教学实践对于提升新时代大学生的外语核心素养有着积极的正向引导作用。

3.基于教育实践的评估

为了更好地探析"HELLO"计划对新时代大学生外语核心素养的影响,学校以外语中的英语学习为例,结合具体数据,对项目实践情况展开量化评估。项目自 2018 年开始实施,结合本校大学生四、六级通过率和本科毕业生考研英语平均分等数据分析加以佐证。

分析本校学生大学英语四级考试通过率,根据图1数据可知,大学英语四级考试在2018年、2019年、2020年上半年通过率分别为74％、80％、83％,呈现通过率逐年提高的趋势。

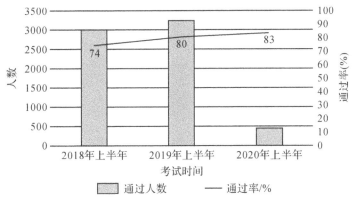

图 1　CET4 2018—2020 年考试通过率

分析本校学生大学英语六级考试通过率,根据图2数据可知,大学英语六级考试在2018年下半年、2019年上半年、2019年下半年、2020年上半年的通过率分别为37％、33％、39％、39％,呈现出通过率逐年提高的趋势。

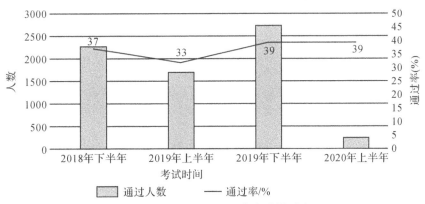

图 2　CET6 2018—2020 年考试通过率

分析浙江工商大学本科毕业生考研英语成绩,根据图3数据可知,2018届考研英语全校平均分为68.31分,2019届考研英语平均分为71.33分,2020届考研英语平均分为74.07分,在考研英语成绩上呈现出逐年提高的趋势。

英语四级通过率、英语六级通过率、考研英语平均分三组数据共同量化佐证了"HELLO"计划教学实践对于提升新时代大学生的外语核心素养存在客观意义上可度量的正向效能。

四、结　语

"一带一路"倡议的深入推进和人类命运共同体的构建,需要不断深化文明对话,而语言在不同文明对话中正发挥着日益重要的作用。多元的语言文化环境下,具有全球

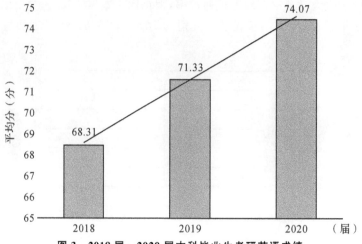

图3 2018届—2020届本科毕业生考研英语成绩

视野、通晓国际规则、熟练运用外语、精通中外谈判和沟通的国际化人才和"一带一路"的倡议实施等国家战略建设急需的熟练掌握外语的各类专业技术与管理人才尤为稀缺。围绕语言能力、文化品格、思维品质和学习能力四个维度不断延展,进一步增强学生外语自主学习意识,大力提高学生外语核心素养,融通新时代大学生的中国梦与世界梦,将是需要持续探索的人才培养改革实践方向。

参考文献

［1］褚宏启.核心素养的概念与本质[J].教育,2016,4(50):23.

［2］核心素养研究课题组.中国学生发展核心素养[J].中国教育学刊,2016,4(10):1-3.

［3］杨向东.关于核心素养若干概念和命题的辨析[J].华东师范大学学报(教育科学版),2020,38(10):48-59.

［4］程晓堂,赵思奇.英语学科核心素养的实质内涵[J].课程·教材·教法,2016,36(5):79-86.

［5］徐承生.探讨新时代下大学公共英语核心素养及其培养策略[J].教师,2019(32):47-48.

［6］吴岩.新使命大格局新文科大外语[J].外语教育研究前沿,2019,2(2):3-7,90.

［7］韩琳.非英语专业大学生英语演讲能力的培养模式研究[J].沈阳建筑大学学报(社会科学版),2020,22(5):535-540.

［8］李勤.了解外国文化是提高外语教学水平的重要手段[J].鸡西大学学报,2002(2):21-22.

"服务性学习"理念与课程思政导向下的英语学习策略探究

——以浙江工商大学英语口语促进项目为例

邵彬彬[①]　张韵茹[②]　李峰安[③]

摘　要:当前,国内高校大学英语教学模式不完善,导致所培养的人才尚未符合实际需求。为营造地道的英语学习环境和开放式的教学环境,可引进"服务性学习"理念,充分利用高校现有的海外资源,借助大学英语课程和学生组织,开辟中外学生"一对一"交流渠道,打造英语教学"第二课堂";利用课程思政导向中蕴含的育人元素,提升高校大学生英语口语实力和社会竞争力。

关键词:服务性学习;课程思政;策略探究

作为应用型教育的有机组成部分,大学生的必修基础课程——大学英语的教学一直在改革和发展。当前,各大高校所提倡的主要学习方式是研究性学习和合作性学习,其场所和范围基本仅基于学校现有的硬件和软件资源。20 世纪 90 年代至今,多次调查显示,大学生对大学英语教学的满意度较低。不少学生认为大学英语课程并未提高自己的英语水平,且应试化、与实际脱节的教学模式不利于语言应用能力的培养。

与此同时,教育国际化在迅猛发展。经济全球化使得物质和人力资源在世界范围内的跨国、跨地区流动成为新常态。在这一大背景下,与现有英语教学模式形成鲜明对比的是,服务性学习在英语教学中成为一颗闪亮的新星,以其独有的魅力影响和改变着众多的英语教学者和学习者。

本文剖析服务性学习理念与英语教学的内在契合性,加之课程思政育人元素的明确导向,以浙江工商大学英语口语促进项目(Spoken English Promotion Program,以下简称"SEPP"项目)作为个案,探究教育国际化背景下大学生英语模式的转变和策略可行性,最后提出"服务性学习"理念与课程思政导向下英语学习的具体策略。

---

①　邵彬彬,浙江工商大学公共管理学院学生办公室主管,讲师,硕士,研究方向为思想政治教育。
②　张韵茹,浙江工商大学社会科学部副主管,助理研究员,硕士,研究方向为应用语言学、教育管理等。
③　李峰安,浙江工商大学组织部档案科主管,助理研究员,硕士,研究方向为教育管理。

一、"服务性学习"理念与英语教学的内在契合性

(一)服务性学习的内涵解析

服务性学习(Service-Learning,SL)是美国20世纪80年代中后期兴起的教育理念和教育实践方法,是一种将专业学习过程和社区服务有机结合的教育理念和教育实践方式。其定义目前超过140种。1990年,美国"国家和社区服务法案"(National and Community Service Act)指出,服务-学习的教学方法是鼓励学生积极主动参与社区服务,将其所学知识和技能运用到社区真实情景中,以此促进学生关心他人意识、良好公民意识、公民责任感的发展,同时满足社区实际需求。[①] 有研究表明,参与服务学习项目双方的语言交际流利程度和对跨文化差异的理解程度,都远远超过了课堂教学环境所能产生的效果。[②] 因此,服务—学习是一个双方,乃至多方都受惠互赢的活动过程。服务性学习理念注重在学习中服务、在服务中学习,二者同等重要且相辅相成,这不仅可以促进专业知识与技能的增多,而且有利于情感、态度和价值观向好的方向发展。服务—学习这一教学理念已传播到其他国家和地区,并逐渐成为不少国家高等教育课程中重要的组成部分之一。事实上,服务—学习项目对教育体制的改革产生了积极正向的影响。

(二)英语学习理念转变的紧迫性

英语作为一门语言,具有极强的实践应用性。就教学目标来说,现阶段的英语教学不仅应该注重课堂上词汇和语法的教授与积累,更加应该侧重于课堂之外广泛的"实战演练"。现有的教学模式和学习方式过多强调考试分数的重要性。在实际的教学过程中,缺乏相关与时俱进的教学资源和教学设备,过分依赖课本和过多强调死记硬背,这些现实困境阻碍了学生成为真正的英语学习者和使用者。因此,为了更好地培养学生的综合素质和竞争实力,必须转变现有的英语学习方式和教学方式,代之以课程思政导向下的理论和实践相结合的服务性学习。

(三)"服务性学习"理念与英语教学的内在契合

如前文所述,传统的英语学习依赖于"被动式""理论式"的教学模式,难以真正提高学生的英语实力,因而亟须寻求新的解决之策。"服务性学习"通过把课程内容应用于具体的服务,从而提高学生的学业水平和服务技能,同时增强其社会责任感,进而达到育人目的。服务性学习包含服务活动和学校课程两个模块,因而它不仅仅是一种公益活动,包含对学习内容的应用和反思,还与课程思政密切相关。学生在服务结束后通过写报告、演讲等形式,以组织或者个人为单位反思服务与学习心得。

在英语学习上采用服务性学习的理念,是指将学生置于真实的语言环境下,以真实

---

① 李福春、李良方:《美国高校服务—学习:审视与反思》,《中国高教研究》2013年第5期。

② 张静燕:《外语教学中的服务—学习》,《外语与外语教学》2013年第3期。

的活动过程作为引导和载体,以培养英语综合能力和思想道德水平为目标,强调学生积极主动地完成自主学习,围绕政治认同、家国情怀、文化素养、道德修养等重点优化课程思政内容供给,参与活动的同时提高英语听说能力。真实的语言交际环境能够促进学习者语言应用能力的提升和思想道德水平的提高,不仅有利于帮助学生端正英语学习的态度,而且有助于增强学生的自信心和责任心,从而形成积极正确的三观和英语学习动机。服务性学习注重学习知识向学习过程的转变,不再仅仅倾向于知识的获取,通过强调第二课堂的重要性和学习过程,突破传统的知识封闭式的单项传输模式,为学生创造开放的实践环境,提升英语应用技能。

二、"服务性学习"理念下英语学习模式的转变

本文通过解析浙江工商大学 SEPP 项目的实施,从而探究教育国际化背景下大学生英语模式的转变和策略的可行性。

(一)项目简介

英语口语促进项目 SEPP 是浙江工商大学创立的学生短期交流项目,旨在提高中国学生的英语口语水平和提升其跨文化交际能力,并加深理解不同国家的文化传统、价值取向和风土人情,增进与外国学生的友谊;根据学校与国外高校签署的协议,学校每年引进国外合作大学的短期学生团参加该项目。来自英语国家的学生与中国学生进行英语口语交流,承接的学科性学院则安排中国学生组织各项交流活动,通过"一对一"结对子的形式,有针对性地提高中国学生的英语口语能力。经过十多年的发展,该项目引进的交流生层次逐年提高,目前生源来自美国、英国、加拿大、新西兰、比利时等国家。

(二)SEPP 项目实现"服务性学习"的可行性

经验主义哲学思想认为,教育终极目标的实现必须建立在个体真实生活经历之上。SEPP 项目为学生提供了真实的生活接触。浙江工商大学学生"一对一"服务于外国留学交流生,帮助他们深层次真实体验中国文化,不仅极大地方便了这些外国学生在中国的生活,而且通过实际生活中的语言交流来提升学生的英语口语能力,帮助中国学生更好地理解外国文化、理念和思维,从而有利于缓解现如今英语教学上的发展困境。生态系统理论和语言交际能力理论都强调语言使用能力对于语境的依赖,重视个体的语言经验和真实社会生态环境中的语言学习。

绝大多数高校都将"提高学生的英语综合应用能力"和"提高学生的综合素养"作为重要教学目标,但是普通的课堂教学难以实现这一目标。SEPP 项目为广大在校生提供了更多纯英语语境下锻炼英语口语的机会,从而培养学生英语综合应用能力和自主学习能力。从语言学习的角度来说,SEPP 项目的优势在于,它抓住了语言学习本身是一种交际过程的本质,包括听、说的"输入"过程和读、写的"输出"过程。把该项目作为课堂教学补充的最大好处,就是把交际过程从课上延伸到课下,在完全的英语环境下,学生必须尝试用英文表达自己的观点,从而锻炼运用语言的能力,习得地道的英语表达;同时也有助于培养学生的英语学习兴趣,提升英语综合应用能力;更有学生通过这

一项目,与留学生成为好朋友,在交流项目结束后仍保持联系。这不但坚定了理想信念,以爱党、爱国、爱社会主义、爱人民、爱集体为主线,深入了解国外的历史和人文,也为学生今后的发展提供了新的可能。在当今日益国际化的大背景下,具备一定英语能力及国际视野的学生,在未来出国深造或求职过程中都具备了较大的竞争优势和家国认同感。服务性学习本身就是将服务与学校课程进行结合,通过实际技能的运用加深课堂知识在学生脑海中的印象。SEPP 项目以学校的留学项目为依托,利用较好较便捷的先天优势,解决了外国留学生在文化理解和语言交流方面的困难,同时开辟了起到补充作用的大学英语教学"第二课堂"。

(三)SEPP 项目的操作流程(见图 1)

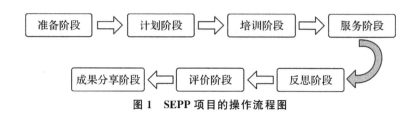

图 1 SEPP 项目的操作流程图

1.准备阶段

在前一年年底确定第二年预访问的交流团数量、人数及交流期限。各学科性学院递交承接交流团的申请和活动策划方案,项目负责人确定各交流团承接学院,并根据交流计划,进行预算制作申报。

2.计划阶段

在项目交流团抵达浙江工商大学之前,项目负责人需要制订一份详细的计划表,包括邀请函和签证相关材料制作寄送。为了更好地提升服务性学习效果,项目负责人在计划阶段和国外交流团的负责人充分沟通,协商日程安排、来华注意事项和各项准备工作等。交流团来华前一周:承接学院交流计划安排审核落实,住宿、课程、文化考察路线、交流计划和日程安排敲定并制作手册。

3.培训阶段

在项目开始之前,项目负责人召集承接交流活动的学生负责人进行简单培训,内容主要包括对校 SEPP 项目的介绍,每个交流活动中所涉及的人员选拔和材料落实,交流活动完成所需要的必要条件的说明,以及在整个交流过程中需要谨记的注意事项等。对学生负责人的培训直接关系着交流活动能否顺利开展,以及能否达到"服务性学习"所预期的效果。

4.服务阶段

国外交流团抵达学校,正式参与项目。中国学生通过"一对一"结对的形式开展服务性学习。经过前期的准备、计划和培训工作,此时把计划落实于行动中。统一安排交流团参加有关中国文化、中国历史、中国商务等一系列课程,帮助交流团的学生全面了解中国,同时也积极宣传中国文化,可融入课程思政内容。而在双方学生交流的过程中,一方面,中国学生帮助外国学生克服刚来中国时遇到的生活问题,使服务性学习更加生活化;另一方面,积极参与具体活动,让学生体验到学习的多样性,不再是课堂中

"填鸭式"的枯燥教学。在以往交流活动的经验中,学生主动组织的活动丰富多样,例如戏曲、书法、茶艺等文化体验,融合时下热门话题。同时,学生会准备相关话题与外国学生进行探讨,把课程中学到的或个人的经验经历进行分享,并同时从对方的分享中学到更地道的表达方式,总结双方思维模式。另外,每个交流团配备一名班主任,对整个过程的交流进行监督。当学生遇到问题时,班主任及时给予帮助。

5.反思阶段

负责活动开展的中国学生需要对该项目进行全方位的反思,包括前期活动方案制订、交流活动具体开展等。学生通过讨论,整理成文交给项目负责老师。此阶段旨在通过中国学生经历了服务性学习后对项目进行总体回顾,有利于今后提高服务性学习的质量和效果,也利于学生反思提升。以学生的服务性学习为着眼点,通过反馈来进一步改善服务性学习,实现双赢的局面。

6.评价阶段

项目中包含交流团学生反馈和评价的环节。评价是为了更好地改善和提升项目,从而让中国学生在学校提供的"服务性学习"中获得更明显的效果,并且能够从该项目中受益最大化。在交流团正式结束前,项目负责人设计一份调查问卷,让参与该项目的学生从项目安排、总体体验、课程、住宿、文化考察、交流活动安排、饮食、其他建议等方面来做评价。问卷的反馈能真实反映该项目学生获益的程度以及存在的不足。根据这些评价,项目负责人能够更有针对性地去解决存在的问题。

7.成果分享阶段

为了充分调动学生的积极性,在项目结束之后,通过老师和学生之间成果的分享和互动,从而实现学生学习—服务—再学习的良性循环,更好地取得服务性学习的效果。

三、课程思政导向下英语学习的启示

当今中国的英语教学环境及设备普遍跟不上现实需求,教师过分强调知识学习而不注重背景文化,且无太多涉及课程思政内容,致使中国大学生在英语学习上难以突破现有困境。服务性学习作为一种理论与实际相结合的新型学习方式和研究方式,可以提高学生的英语应用程度、文化程度、满意度和课程思政落实度。现在的大学校园里不乏与国外学校合作或办学的现象,因此可以充分利用这一资源优势,将其与服务性学习"服务—反思—再学习"的形式相结合,增加学生对项目的参与感和对课程思政的学习力,通过实际参与服务过程来提高教师的职业认同感和学生的自主学习性、社会责任感和文化自信。大学英语"课程思政"教学能够使学生"不忘本来、吸收外来、面向未来,更好构筑中国精神、中国价值、中国力量"。① 在开展服务性英语学习的过程中,前期准备和计划需要教师牵头,可以将现有的存在于学生群体之中的学生组织或社团作为不同服务活动的承办单位,如学生会、社团联合会、书法协会等。这不仅可以作为社团的日常活动来开展,而且可以调动学生社团的积极性,促进高校社团自身的发展和质量的提

---

① 夏文红、何芳:《大学英语"课程思政"的使命担当》,《人民论坛》2019 年第 30 期。

高,可谓是一举多得。在效果考核阶段,可以依托思政素养考核、英语课程考核、社团内部考核和外部评比等形式,确保课程思政导向下的服务性英语学习得到较好实施。

参考文献

[1] 陈雪贞.最优化理论视角下大学英语课程思政的教学实现[J].中国大学教学,2019(10):45-48.

[2] 李福春,李良方.美国高校服务—学习:审视与反思[J].中国高教研究,2013(5):43-49.

[3] 张静燕.外语教学中的服务—学习[J].外语与外语教学.2013(3):34-36,48.

[4] ROBBIN D. CRABTREE. Theoretical Foundations for International Service-Learning[J]. Michigan Journal of Community Service Learning,2008,15(1):18-36.

[5] 崔随庆.美国服务性学习:特征、原则及操作流程[J].宁夏教育科研,2008(3):26-28.

[6] 崔惠斌.服务性学习嵌入学生社团的制度逻辑与路径选择[J].长春师范大学学报(人文社会科学版),2014,33(5):123-126.

[7] 汪军,罗丽文,谢林红.服务性学习在国内高校外语教学中的案例研究[J].教育教学论坛,2016,12(50):253-255.

[8] 蔡亮.超越与回归——服务性英语学习[M].杭州:浙江大学出版社,2014:5.

[9] 胡蕙芳,何炳华.高校服务学习的理论、类型与价值分析[J].浙江工商职业技术学院学报,2014,13(1):57-60.

[10] 夏文红,何芳.大学英语"课程思政"的使命担当[J].人民论坛,2019(30):108-109.

目录外自主设置学科点发展状况及思考①

——以浙江工商大学国土资源统计学博士点为例

苑韶峰②　曹瑞芬③　张　琦④　顾　杰⑤　徐建春⑥

摘　要：教育部修订的《普通高等学校本科专业目录(2012年)》和《学位授予和人才培养学科目录设置与管理办法》充分下放了普通高等学校的自主专业设置权,具备一定条件和优势的高校相继进行自主设置目录外专业(学科)的探索。本文梳理改革开放以来自主设置目录外学科的发展及渊源,分析全国目录外自主设置学科的历程及现状,并以浙江工商大学自主设置目录外二级学科国土资源统计学博士点为例,就国土资源统计学的发展历程及现状进行了研究;并据此分析自主设置目录外学科的优势和约束,探讨目录外自主设置学科的发展策略和方向,为以后各自主设置目录外学科的发展和完善提供借鉴和参考。

关键词：学科建设;专业设置;国土资源统计学

一、目录外自主设置专业(学科)的发展及渊源

《普通高等学校本科专业目录》是我国教育部(原教育委员会)制定与修订的有关普通高等学校和本科专业的目录,是高等教育工作的基本指导性文件之一。⑦《学位授予和人才培养学科目录设置与管理办法》是国家进行学位授权审核与学科管理、学位授予单位开展学位授予与人才培养工作的基本依据⑧。它们规定专业划分、名称及所属门类,是设置和调整专业、实施人才培养、安排招生、授予学位、指导就业,进行教育统计和人才需求预测等工作的重要依据。随着时间的推移和形势的发展,为增加高等院校自主办学范围、扩大专业口径、加强素质教育,教育部出台引导性专业目录,鼓励一些有实

---

①　本文系浙江工商大学高等教育研究重点课题"我校自主设置目录外博士点建设国际化合作方略研究——以国土资源统计学为例",浙江工商大学高等教育研究课题"非法学专业'土地法学'课程教学改革研究"。
②　苑韶峰,浙江工商大学副院长、教授,博士后,博士生导师,研究方向为土地资源管理。
③　曹瑞芬,浙江工商大学副教授,博士,研究方向为土地资源经济。
④　张琦,浙江工商大学讲师,研究方向为土地资源管理。
⑤　顾杰,浙江工商大学教授,博士,研究方向为土地与房地产。
⑥　徐建春,浙江工商大学博士研究员,研究方向为土地资源管理。
⑦　蔡琪:《对普通高校本科专业设置的若干思考》,《高教论坛》2013年第5期,第70—71页。
⑧　季芳芳:《我国研究生学科专业目录建设的回顾和分析》,《统计与管理》2012年第6期,第163—164页。

力的院校在师资力量雄厚、市场有需求的条件下,可以自行设置国家目录外专业并进行招生和学术培养,但其设置需报上级部门备案。

自改革开放以来,我国进行了 5 次大规模的本科学科目录和专业设置调整工作。[①]第一次修订目录于 1987 年颁布实施,修订后的专业种数由 1300 多种调减到 671 种,解决了"十年动乱"所造成的专业设置混乱的局面,专业名称和专业内涵得到整理和规范。但因为认识和管理体制等方面的客观原因,1987 年版专业目录划分过细,专业范围过窄,专业名称不尽科学、统一,门类之间专业重复设置,本科专业门类与学位授予门类不相一致;另外,随着中国社会主义现代化建设事业的发展,有关部门和高等学校提出了一些应用性专业设置问题,也需要统一研究。为了进一步解决存在的问题,原国家教委自 1989 年开始着手进行新一轮专业目录修订工作,并于 1993 年印发《普通高等学校本科专业目录》,修订后目录的学科门类与国务院学务委员会、原国家教委联衔颁布的《授予博士、硕士学位和培养研究生的学科、专业目录》的学科门类基本一致,重点解决专业归并和总体优化问题,形成了体系完整、统一规范、比较科学合理的本科专业目录。为了进一步满足社会经济发展对人才的需求,教育部于 1998 年按照"科学、规范、拓宽"的原则进行第三次修订工作,正式颁布《普通高等学校本科专业目录和专业介绍(1998 年颁布)》。1998 版目录自颁布实施以来,对我国普通高校的专业设置具有指导作用,对高校专业设置产生了很大影响,改变了过去过分强调"专业对口"的教育观念和模式。但随着社会主义市场经济体制的进一步完善,其存在的问题日益暴露出来。一是不能适应经济社会发展、社会需求的变化;二是不能适应高校多类型、人才培养多规格的需要;三是新兴学科和交叉学科专业设置困难,不利于复合型、创新型人才的培养;四是与研究生培养学科目录的专业划分衔接不够。因此,教育部于 2010 年进行新版本专业目录修订,并于 2012 年将《普通高等学校本科专业目录和专业介绍(2012 年颁布)》(以下简称《2012 年目录》)修订完成,同时颁布了《普通高等学校本科专业设置管理规定》(以下简称《规定》)。按照《规定》,高校可以根据专业目录自行设置本科专业,也可以申请设置尚未列入目录的新专业,即目录外自主设置专业(学科)。《规定》首次对高校专业设置实行备案和审批两种制度。其中,设置尚未列入《2012 年目录》的新专业(即目录外专业)需经教育部审批;设置目录内除国家控制布点以外的 400 多个专业均无须审批,而是采取备案的方式,反映出高校专业设置的自主权进一步扩大。《2012 年目录》和《规定》的颁布,很大程度上解决了我国专业设置方面的人才短缺问题,为高校专业设置做出贡献。2020 年,教育部进行了第五次修订工作,在《2012 年目录》基础上,增补了近年来批准增设的目录外新专业,形成了最新的《普通高等学校本科专业目录(2020 年版)》(以下简称《2020 年目录》)。

与本科目录修订历程相似,自 1981 年开展第一批学位授权审核工作开始制定学科专业目录起,我国研究生培养学科目录历经 4 次修订,先后出现了 1983 年试行的《高等学校和科研机构授予博士和硕士学位的学科专业目录(试行草案)》、1990 年和 1997 年颁布的《授予博士、硕士学位和培养研究生的学科、专业目录》和 2011 年的《学位授予和

---

① 丛珊珊:《改革开放 30 年我国高校本科专业设置的演变与思考》,《现代教育科学》2009 年第 7 期,第 62—64页。林冬华:《新中国成立 70 年来本科专业的演变轨迹与实践逻辑》,《黑龙江高教研究》2020 年第 9 期,第 9—13 页。

人才培养学科目录设置和管理办法》这 4 个不断修改、逐步完善的版本。[①] 最新版本的学科专业目录只列出学科门类和一级学科，不再具体设置二级学科，体现了由学科授予单位在一级学科授权权限内自主设置的指导思想。二级学科的自主设置进一步扩大了学位授予单位的办学自主权，有利于适应区域经济社会发展的需求，有利于学科结构调整和创新人才的培养，也在一定程度上解决了学科交叉问题。

二、目录外自主设置专业（学科）现状分析

（一）全国目录外自主设置学科历程及现状

在《普通高等学校本科专业目录和专业介绍（2012 年版）》颁布之前，经各地高校上报教育部审批通过的共有 203 个目录外专业，其中基本专业 116 个、特设专业 87 个。在《2012 版目录》修订后，将这 203 个目录外专业归并删减编入目录中。除教育学特设专业中 12 个目录外专业被撤销无布点外，其他专业均被加入目录，如表 1 所示。

表 1　2012 年编入目录前的目录外基本专业和特设专业数

专业大类	哲学	经济学	法学	教育学	文学	历史学	理学	工学	农学	医学	管理学	艺术类
基本专业	0	5	1	5	18	0	7	38	9	10	18	5
特设专业	1	4	11	12	3	1	5	30	7	7	6	0
专业总计	1	9	12	17	21	1	12	68	16	17	24	5

来源：由 2012 年 9 月教育部发布的普通高等学校本科专业目录新旧专业对照表整理得到。

《2012 版目录》和《规定》的出台，进一步明确了普通高等学校目录外专业的审批备案流程，引导高校主动适应国家和区域经济社会发展需要，不断调整优化学科专业结构，加强专业建设，提高人才培养质量。根据教育部网站历年公示的审批备案结果，2012 年、2013 年无新增目录外专业；2014 年新增 4 个目录外专业，分别为北京外国语大学的土库曼语、加泰罗尼亚语、约鲁巴语和中南大学的铁道工程专业；2015 年经教育部审批新增 38 个目录外专业；2016 年共审批通过 58 个目录外专业；2017 年审批新增 60 个目录外专业；2018 年审批新增 94 个目录外专业；2019 年审批 51 个目录外新专业；2020 年新增审批目录外专业 47 个。2014—2020 年新增目录外专业学科分布如表 2 所示（若干高校开设同一门目录外专业，表 2 以开设次数计）。

表 2　2014—2020 年经教育部审批通过的目录外新专业数

专业大类	哲学	经济学	法学	教育学	文学	历史学	理学	工学	农学	医学	管理学	艺术学
专业数量	0	10	23	9	46	2	20	148	19	14	32	29

来源：由 2014—2020 年教育部公示的普通高等学校本科专业备案和审批结果整理得到。

由表 2 中统计数据可以看出，在 2012 年教育部对本科专业进行改革后，工学、文

---

① 季芳芳：《我国研究生学科专业目录建设的回顾和分析》，《统计与管理》2012 年第 6 期，第 163—164 页。

学、管理学、艺术学以及法学等学科的发展和建设速度较快,新增目录外专业次数较多。哲学、历史学、教育学、经济学等学科的发展建设速度较为缓慢。若按主管部门划分,在7年内设置目录外学科的普通高等学校中,有185所部属高校,其中135所教育部直属,24所工业和信息化部直属,11所公安部直属;有167所省属高校,除上海37所、江苏12所、浙江10所、广东10所、吉林9所、安徽9所、北京8所、山西8所、河南8所、辽宁7所、山东6所、贵州6所,其他省份分布较少(若同一高校开设若干门目录外专业,以开设门数计)。

(二)浙江工商大学自主设置国土资源统计学历程及现状

由于目录外专业的开设必须符合一定的条件和具备一定的优势,因此很多高等院校一直没有开设目录外专业。浙江工商大学于2016年自主设立并成功申报了全国唯一的"国土资源统计学"二级学科博士点。国土资源统计学基于浙江工商大学的统计学、土地科学、城乡规划学、计算机信息科学等相关学科和专业的教学和科研资源,依托"浙江工商大学文科综合实验教学示范中心"国家级平台,"浙江省人文社会科学重点研究基地""土地资源管理省级新兴特色专业"省级平台及"中国土地与城市治理研究院"等校级平台,并依托浙江工商大学全国首批统计学一级学科博士点和博士后流动站、浙江省唯一的经济统计博士点、"土地与房地产"硕士点、土地资源管理系等平台优势,设立国土资源统计学二级学科博士、硕士点和博士后研究平台,分设空间统计学,国土资源调查、动态监测与规划,国土资源核算、绩效和风险评估三个方向。利用浙江工商大学为省属高校的优势及"两部一省"共建的机遇,致力于为浙江乃至全国培养国土资源统计学相关领域的专门高级人才。2017年9月,国土资源统计学博士点完成首批招生并成功招收1名来自非洲加纳的海外博士生,该生现已进入博士毕业论文答辩评审环节。2020年招收1名巴基斯坦博士生。截至2021年4月,已有3名海外留学生报名申请博士生项目。

(三)自主设置目录外学科的优势和约束

1.开设目录外专业有利于合理调整学科与专业结构

以浙江工商大学为例,教育部2010年曾明确提出在高校开展自主设置二级学科博士、硕士学位点的实施意见,推动了高校交叉学科学位点大幅度增加,交叉学科学位点的建设又极大地助推了我国高等教育学科结构的调整优化和创新发展,浙江工商大学的自主设置二级学科博士学位点,正是在此背景下诞生的。2016年设立法治经济学、大数据统计学、国土资源统计学、环境评价与绿色统计、流通经济与管理博士点,2019年设立市场监管博士点,同时这些博士点为了规避招生指标的限制,目前要求只招收国际生,即来华留学生。

2.开设目录外专业有利于凸显办学特色

高校自主设置目录外专业或学科,应结合自身办学优势或以当地的就业人才需求为导向。以浙江工商大学为例,统计学是浙江工商大学传统优势专业之一、浙江省重点建设专业、浙江省重点学科、国家首批特设专业建设点。土地资源管理专业在教学、科研及学生就业方面具有明显优势。① 中科院院士吴传钧曾对以徐建春为学科带头人的浙江工商大学土地资源管理学科的专业做出评价:"我认为是极其适合时需的,该校在经济学科、管理学科和实用工学方面有较强的师资队伍,其中公共管理学院亦已集结了有关土地资源管理有经验而高水平的师资,在工作上已和主管业务部门取得密切联系。"② 国土资源统计学博士点的设置,融合了浙江工商大学两门有特色且发展较快的交叉专业,充分凸显了办学特色。

3.设置目录外专业是学生就业的一把双刃剑

开设目录外专业是积极适应社会需求和抢占制高点的需要。高校在经过充分论证和调研后开设目录外专业,有利于学生就业、创业,并使学校能够抢占该领域的制高点。但自主设置目录外专业也是一把双刃剑,若招聘单位有专业要求限制时,新增目录外专业毕业的学生可能因专业知名度问题受到影响,原本的优势反而会变成劣势。因此,我们在进行目录外专业学生的培养时,一方面,应找准专业定位,明确专业人才培养目标和专业发展方向,注重培养学生的综合素质,提高学生就业、创业能力;另一方面,加大专业宣传力度,做好就业指导工作。

三、目录外自主设置专业(学科)发展建议与策略

(1)开设目录外专业要有明确的学科定位。在申报目录外专业时,要以市场需求和自身办学条件为基础,不能追求申报专业的大而全,要在微观上找准定位。根据《2020年目录》的分类依据,清晰界定专业的名称和内涵,准确编制专业简介,科学设置专业课程,使专业设置、课程内容、教学过程与学生就业对接,也要考虑专业是否具有竞争力,按照需求导向、条件保障、规模适度、持续建设的原则制定专业建设规划。高校在不具备设置新专业的情况下,也不要盲目申报目录外学科,可转而寻求周边高校的资源共享,如扩大北京学院路共同体之间的学术辐射,开设暑期学校培养跨学科爱好者等。③

(2)要考虑师资队伍的建设。在开设目录外专业之前,必须充分考虑专业带头人和教学骨干的挖掘,建立起一支合理的师资队伍。在招生培养之前,要加强对教师的培训,加强教师对新专业知识的了解和学习,使其全面了解目录外专业的开设情况、了解该专业的就业前景,同时积极联系与新专业对口的企业事业单位,做到理论教学与实务的结合,注重对学生职业生涯规划的指导,更进一步加强对新专业的宣传工作。

(3)要善于整合学校资源。目录外专业的设置要体现区域经济发展情况和学科发展的需求,且自主设置的新专业往往是两个及以上学科的交叉融合。因此,目录外学科和专业除借鉴老学科部分课程设置之外,更要摸索、探讨、创新,学校要根据社会需求和

① 苑韶峰:《公共管理学科下的土地资源管理专业发展之思考——以浙江工商大学为例》,《人才培养与教学改革——浙江工商大学教学改革论文集》,浙江工商大学出版社2014年版,第245—250页。苑韶峰、干欣怡、曹瑞芬,等:《地方院校一流本科专业建设的几点思考——以浙江工商大学土地资源管理专业为例》,《人才培养与教学改革——浙江工商大学教学改革论文集》,浙江工商大学出版社2019年版,第25—29页。
② 徐建春、周德、陈盼,等:《土地资源管理(含房地产)特色专业人才培养目标及发展思考》,《人才培养与教学改革——浙江工商大学教学改革论文集》,浙江工商大学出版社2015年版,第29—34页。
③ 张大良、叶赋桂、王长乐,等:《高校如何用好专业自主设置权》,《教育与职业》2014年第1期,第58—60页。

现有师资的情况,将相关专业和现有资源进行整合,为目录外专业提供支撑,使目录外专业和现有专业相互支持,体现集成优势和特色。

(4)可通过合作办学提升专业水平。在高等教育逐步走向国际大众化的大环境下,研究生国际化培养已成为提高研究生的国际竞争力和促进高校发展的主要途径。① 以浙江工商大学自主设置国土资源统计学为例,开展目录外博士点建设的国际化合作方略研究具有重要的理论与现实意义。一方面,可以丰富合作办学理论研究,为合作办学与国际化提供理论参考;另一方面,可以为学校合作办学和学科建设寻求可行的途径,为学校自主设置二级学科博士学位点招生提供长久发展的思路与突破性的进展,进而在全球治理背景下,发挥学校在深入参与"一带一路"倡议中的积极作用。

参考文献

[1] 蔡琪.对普通高校本科专业设置的若干思考[J].高教论坛,2013(5):70-71.

[2] 季芳芳.我国研究生学科专业目录建设的回顾和分析[J].统计与管理,2012(6):163-164.

[3] 丛珊珊.改革开放30年我国高校本科专业设置的演变与思考[J].现代教育科学,2009(7):62-64.

[4] 林冬华.新中国成立70年来本科专业的演变轨迹与实践逻辑[J].黑龙江高教研究,2020(9):9-13.

[5] 苑韶峰.公共管理学科下的土地资源管理专业发展之思考——以浙江工商大学为例[C]//人才培养与教学改革——浙江工商大学教学改革论文集.杭州:浙江工商大学出版社,2014:245-250.

[6] 苑韶峰,干欣怡,曹瑞芬,等.地方院校一流本科专业建设的几点思考——以浙江工商大学土地资源管理专业为例[C]//人才培养与教学改革——浙江工商大学教学改革论文集.杭州:浙江工商大学出版社,2019:25-29.

[7] 徐建春,周德,陈盼,等.土地资源管理(含房地产)特色专业人才培养目标及发展思考[C]//人才培养与教学改革——浙江工商大学教学改革论文集.杭州:浙江工商大学出版社,2015:29-34.

[8] 张大良,叶赋桂,王长乐,等.高校如何用好专业自主设置权[J].教育与职业,2014(1):58-60.

[9] 司俊峰.美国学术型博士学位点评估的演进与特点[J].比较教育研究,2015(2):38-44.

---

① 司俊峰:《美国学术型博士学位点评估的演进与特点》,《比较教育研究》2015年第2期,第38—44页。

党建引领食品质量与安全
国家一流专业课程思政体系的构建①

韩菲菲②　　傅玲琳③　　王彦波④　　张卫斌⑤　　曲道峰⑥

摘　要:课程思政是高校落实立德树人根本任务的理念和实践创新。将高校基层党支部建设与专业课程思政改革有效融合,对于全面贯彻党的教育方针政策、加强高校学生的社会主义核心价值观教育具有重要理论意义和实践价值,是食品质量与安全国家一流专业建设点实干担当精神的重要体现。文章对基于党建引领,推进浙江工商大学食品质量与安全专业课程思政体系构建的实施路径及实践经验进行了讨论,旨在探索"党建引领专业课程思政体系"构建新模式,助推食品质量与安全国家一流专业建设。

关键词:党建引领;课程思政;融合

习近平总书记在全国高校思想政治工作会议上强调,要坚持把立德树人作为中心环节,把思想政治工作贯穿教育教学全过程,实现全程育人、全方位育人,努力开创我国高等教育事业新局面。课程思政是以构建全员、全程、全课程育人格局的形式,将各类课程与思想政治理论课形成协同效应,把"立德树人"作为教育根本任务的一种综合教育理念。在食品质量与安全专业课程教学中融入思政元素,是国家一流专业建设和人才培养的需要,也是"三全育人"的需要。

着眼于新形势下高校思想政治教育水平和层次提升的高校"课程思政"改革,是办好中国特色社会主义大学,坚持立德树人,贯彻全程育人和全方位育人方针的创新性实践路径。高校基层党支部的党员作为教师队伍中的先进分子,以其组织优势、理论优势、政治优势成为课程思政建设的实施主体和生力军。创新性地将"课程思政"与基层党组织教师党员队伍建设有机结合、协同发展,既为"课程思政"提供坚强有力的组织保证,也使"课程思政"成为加强教师党员队伍建设的新要求、新途径,为教师党员发挥先锋模范作用、推动高素质的教师党员队伍建设拓展了新平台,对于实现党的建设融于教

————————————
①　本文系一流专业背景下特色课程"食品包装安全学"教学模式研究,编号1110XJ0520120;自我决定理论视域下"食品包装安全学"课程思政教学实践探索,校级课程思政教学改革项目。
②　韩菲菲,浙江工商大学食品与生物工程学院副研究员,博士,研究方向为食品质量与安全。
③　傅玲琳,浙江工商大学食品与生物工程学院教授,博士,研究方向为食品安全。
④　王彦波,浙江工商大学食品与生物工程学院教授,博士,研究方向为食品质量与安全。
⑤　张卫斌,浙江工商大学食品与生物工程学院,博士,研究方向为食品质量与安全。
⑥　曲道峰,浙江工商大学食品与生物工程学院教授,博士,研究方向为动物性食品安全。

育教学全过程,培养社会主义事业合格建设者和接班人,形成高校思想政治工作新局面具有重要理论与实践意义。

一、国家一流专业构建课程思政体系的必要性

(一)坚持社会主义办学方向,落实立德树人根本任务的需要

党的十九大报告中指出:"要全面贯彻党的教育方针,落实立德树人根本任务,发展素质教育,推进教育公平,培养德智体美全面发展的社会主义建设者和接班人。"不断推进各学科课程思政建设是高校坚持社会主义办学方向、体现立德树人的根本要求以及确保育人工作贯穿教育教学全过程的重要手段。"课程思政"体现了高校加强思想政治教育工作的迫切需求,是高校思想政治工作的重要组成部分,有助于全面提高高校思政工作水平;同时也体现了社会主义大学的办学特色,为实现社会主义大学的培养目标做出保障。

(二)打破传统高等教育理念与丰富专业教学内容,强化教师思想政治素养的需要

将食品质量与安全专业课程内容与课程思政相融合,有助于突破传统工科教育理念的局限,丰富专业教育的内容,使专业知识更具有现实意义。同时,通过对专业知识点的梳理和思政元素的挖掘,可以优化教师教学能力结构,进一步完善专业教学方法体系。加强课程思政建设也提高了对专业教师自身政治素养的要求。专业教师需要在了解大学生的知识结构、思想动态的基础上,设置合理的专业及思政教学目标,采取有针对性的教学方法,达到理想的教学效果。

(三)提升食品质量与安全专业学生综合素养,推进中国特色社会主义建设的需要

关注民生、改善民生是中国特色社会主义的本质属性,也是构建社会主义和谐社会、建设中国特色社会主义的长期历史任务。食品质量与安全专业培养出的人才思想政治素质关系国计民生重大战略问题,决不能忽视。培养学生的家国情怀、职业精神以及进行正确价值观的引导和塑造是实现"三全育人"必不可少的环节。普遍情况下,食品质量与安全专业的学生在学习专业技能上花费的时间较多,而在思想政治理论教育方面的学习投入及热情相对欠缺。因此,通过课程思政的方式把思政教育与专业知识相结合,提升食品质量与安全专业学生的政治素养和职业精神,坚定理想信念,培养家国情怀,有利于真正实现全方位育人目标,为社会主义文化强国建设培养高素质人才。

二、推进食品质量与安全
国家一流专业课程思政体系构建的实施路径

(一)搭建学习平台,加强课程思政教师团队建设

课程思政建设关键在于教师。教师作为课堂教学的第一责任人,应该得到充分的

重视和培养。这需要学校和学院为教师搭建良好的沟通学习平台,一方面,通过专题培训、互动交流、研讨辩论等多种方式,增强教师"育德"意识,提升教师"育德"能力,形成在日常教学中加强思想政治教育的主动意识;另一方面,学校应注重整合思政教师、专任教师以及辅导员队伍,通过多学科背景交叉、资源整合、优势互补的方式,达到"同向同行、协同育人"的效果。

(二)建立评价机制,将"价值引领"纳入专业课程思政评价指标体系

建立课程思政评价机制,能够进一步加强教师群体对课程思政工作的认识,使"育德"功能在课程设计、课堂教学等各方面得以体现。有效的评价机制有助于改进课程思政教学设计,使教师通过评价对教学进行反思,及时形成改进措施,优化课程的思政教育要点设计,提升教学效果。同时,加强课程思政评价机制建设,也是规范管理课程思政的重要手段。目前各大高校都在如火如荼地建设课程思政,如何评价这些课程的教学效果,实现规范的课程管理,需要不断探索和研究,建立体现专业特色的课程评价指标势在必行。

课程思政的落脚点是学生思想政治素养的提高,引导其形成正确的世界观、人生观和价值观。将"价值引领"纳入课程评价指标体系,可以从源头、目标处实现强化课程中"思政教育"的理念。值得注意的是,对课程思政的评价要更注重过程性评价。同时,建立配套的领导机制、运行机制以及相应的激励机制,在人才引进、职称评定等方面有所体现,充分发挥教师的积极主动性,使课程思政落地生根。

(三)将课程思政与党建工作相结合,推动"党建引领专业课程思政体系"构建新模式,为国家一流专业建设服务

课程思政建设离不开学校党委和院系党组织的指导。院系基层党组织应当主动承担起课程思政研究的责任,把课程思政建设与基层党建工作相结合,一方面,可以充分利用多方面资源、搭建党建与专业发展互促平台、丰富教育方式,使课程思政工作得以顺利有序开展;另一方面,也为基层党建工作注入了新的内容,形成"党建引领专业课程思政建设"的新模式,体现党建引领课程思政建设,谱写立德树人新篇章的成果。

三、党建引领与专业课程思政体系构建深度融合的实践

习近平总书记在全国高校思想政治工作会议上强调,要加强高校党的基层组织建设,创新体制机制,改进工作方式,提升党的基层组织做思想政治工作的能力。可见,加强基层教师党支部思想政治工作是基层党支部建设的重要内容和重要举措。浙江工商大学食品安全学科教工党支部是首批全国党建工作样板支部,其党员教师也是浙江工商大学食品质量与安全专业教学团队的骨干教师。食品质量与安全专业获批国家级一流专业建设点后,其在国家、省部级教学平台支撑下,专业排名稳居全国同类专业前列。以国家一流专业以及全国党建工作样板支部建设为契机,食品质量与安全专业教学团队在基层党支部的引领下,从以下几方面进行了党建与专业课程思政教学体系构建的实践。

(一)党建引领,加强顶层设计,明确课程思政建设的出发点

习近平总书记强调,高校党委要对学校工作实行全面领导,加强党员队伍教育管理。开展"课程思政"要强化党的领导,加强顶层设计。

(1)在校党委领导下,构建了"校党委+二级学院党组织+教师党支部+教师党员"多级联动工作模式。校党委发挥领导核心作用,明确各级组织在课程思政建设中的具体责任和任务,做好制度支持,提供资源保障,考量考核评价机制,切实提升课程思政建设的实效性,推动课程思政与教师党员队伍建设融合发展。二级学院党组织和基层党支部通过协同教务主管部门定期邀请名师做课程思政建设报告,举办课程思政教学设计大赛及教学观摩活动、组织课程思政科研立项、建设课程思政精品课程等,全面推进了专业课程思政体系的建设。

(2)树立"课程思政"教育教学理念,真正践行"德育为先"的教学要求。坚持价值引领,牢牢把握宣传思想和意识形态工作的主动权。深入挖掘专业课程思政与教师党支部建设之间的互动关系,引导教师把教学育人和自我修养紧密结合起来,将责任文化融入教风学风建设,贯彻教育教学全过程,增强思政的思想性和亲和力,保障学生在不同阶段的思政教育都"不掉队",有力支撑党建引领下的"专业课程思政体系"的育人模式探索。

(3)实施教学方法的改革。教师党支部充分利用院(系)党组织所创设的条件,与校内马克思主义学院、校外思想政治教育专家建立良好的合作关系。开展教学沙龙、教学观摩、教学研讨、教学评比等活动。从试点课程教学中吸取经验和教训,实现专业课程的育人功能。

(二)加强基层党组织建设,以政治素质过硬、业务能力精湛的教师党员队伍为建设着力点

(1)党员教师是课程思政的实施主体。教育者先受教育,逐渐将政治素养、业务能力提升和自我完善内化为每名教师党员的自觉行为和需求。教师党支部组织广大教师党员认真学习课程思政工作的相关文件,根据专业课、综合素养课的特点开展相关课程研讨,充分挖掘专业课和综合素养课的思政元素,用集体智慧共同探讨如何在确保专业课知识和技能传授的同时,更好地培养学生的职业素养、家国情怀和综合素质,让教师党员在课程思政工作中起到模范带头作用。

(2)在领导机制的构建基础上,需建设针对每门课程的课程思政团队,由党支部书记、专业教师,再加入专业课骨干教师和青年教师、思政理论课教师、学生辅导员等共同参与,发挥各自的作用,组建学科背景多样、能力资源互补的集体,共同完成课程大纲、培养方案、课程体系等内容的制订,争取实现全体成员同向同行的党建引领下的专业课程思政教学团队。

(3)搭建党建网络教育平台,拓宽学习渠道。利用党建网络教育平台,将教师党支部集体及个人学习计划稳步推进,增加学习的灵活性和自由性。同步推出课程思政教学心得交流、教学成果展示、微党课比赛等功能,增强时代感和吸引力,促使学习形式活起来,使教师党员形成好学、乐学的课程思政教学学习氛围。

(三)发挥党员教师先锋模范作用,以形式多样的实践活动为建设工作的关键点

(1)抓住契机,实践"课程思政"教学活动,切实保证"育德能力"不掉队,致力于培养学生的家国情怀、创新精神和创业能力;教学团队引导教师思考"立德树人"与"专业知识"的有效融通,在课程教学中注重专业知识传授、价值体系构建和思政教育理念的融合,并渗入实习实践、学科竞赛和创新创业等第二课堂的育人过程中。以学院教师教学发展中心为平台,积极推动一线优秀教师在课程思政实施策略、创新创业育人实践等方面进行经验分享。组织专业教师梳理并编写《课程思政教学改革优秀案例》,从案例选择、思政引导、实施策略等方面为课程思政教学实践做充分准备。

(2)开展"课程思政"教学研究。在院党委的领导下,食品安全学科教工党支部把课程思政建设作为一项重要任务来抓,全面提升所在支部党员教师的育人意识和育人能力。组建课程思政指导小组,支部书记为组长,支委、教研室主任为小组成员,带领党员教师深入研究课程思政的背景、历史沿革及现状,依托本校的办学理念、育人模式,结合智慧农业专业特点,开展课程思政教学改革。党支部设定建设目标,以系室为单位选取一到两门课程进行试点。党支部内定期开展优秀课例观摩、课程思政教学设计比赛、经验交流会,由指导小组进行评议考核,结合学生评价反馈,对优秀建设成果给予表彰奖励,将考核成绩纳入个人年终绩效考核。在试点课程成功的基础上,向其他专业课程延伸。

(3)编写课程思政教学案例教材。党支部利用专业优势,组织党员教师挖掘专业课程群中与专业课程思政培养目标相匹配、教育成效好、学生反响佳的教学案例,从案例叙述、问题讨论、案例分析及延伸探讨等方面进行"精雕细琢",形成参考性强、推广价值高的"课程思政"典型案例库,把价值理念、政治观点、职业道德、技术伦理、职业操守等"大思政"范畴充分融入案例教材,使教材既有质量,又有温度和触感,做到以"教材思政"丰富知识供给,推进"课程思政"建设与改革。

四、结　语

课程思政是一项复杂的系统工程,离不开党总支和党支部的组织引领与指导、离不开思想政治与课程的深度融合。食品质量与安全专业具有独特的学科属性和知识体系,使其在课程思政工作推进和落实过程中,必须要结合学校及学院的实际情况,遵循学科发展规律,融合专业特色,才能真正把专业能力的培养和思想政治教育有效结合。食品安全学科教工党支部针对学校及学院的具体情况,依据学科特点,从组织机构引领、教学团队建设、育人方法实践三方面进行探索,以党建引领课程思政,实现两者的共建,努力构建全员、全过程的"党建引领专业课程思政体系",为相关专业的基层党支部建设和课程思政建设提供借鉴。

参考文献

[1] 习近平.把思想政治工作贯穿教育教学全过程 开创我国高等教育事业发展新局面[N].人民日报,2016-12-09(1).

[2] 高德毅,宗爱东.课程思政:有效发挥课堂育人主渠道作用的必然选择[J].思想理论教育导刊,2017(1):31-34.

[3] 王素萍.强化协同育人提升思政教育实效[J].中国高等教育,2019(4):55-57.

[4] 魏巍.高校教师党支部思想政治工作针对性实效性研究[J].党史博采,2019(11):61-62.

[5] 何天雄."课程思政"视阈下高校教师育德能力提升路径研究[J].河北青年管理干部学院学报,2019,31(6):54-60.

[6] 张玉岚."课程思政"与教师党员队伍建设协同发展的路径探索[J].辽宁农业职业技术学院学报,2021,115(23):38-40.

[7] 孟津竹,陈四利,韩永强,等."党建+课程思政"体系下高校专业课教师育人队伍的构建[J].高教学刊,2020(10):125-128.

管理专业本科生案例
学习意愿的影响因素研究[①]

潘绵臻[②]　汪思彤[③]　项雪颖[④]　丁宇宇[⑤]　张文芳[⑥]　鲁铖杰[⑦]

摘　要:尽管案例教学被认为是一种重要的管理教育方法,但关于如何促进学生学习意愿的实证研究还较为缺乏。本文基于建构主义学习理论,采用问卷调查法,研究发现案例选择、教学流程及成绩评定对学习意愿有显著正向影响,而教学环境对学习意愿的影响并不显著。

关键词:案例教学;学习意愿;建构主义学习理论

一、研究背景及假设

深化课程改革是提高本科教学质量的重要方式,是落实立德树人根本教育任务的重要途径。(教育部课题组,2019)深化课程改革要求教学方法有所改革,提升课程的互动性和参与性。近年来,教育部要求高校淘汰"水课",倡导"金课"建设。在管理学科教育中,案例教学法有可能提升课堂教学的参与性及互动性。案例教学起源于美国哈佛商学院,它通过特定材料再现实际情境中的问题,组织和引导学生对案例进行阅读、思考、分析、讨论和辩驳等,进而培养学生分析问题和解决问题的能力。(兰霞萍和陈大超,2017)案例教学有助于打造管理专业"金课",促进"双万"专业建设。

可是,案例法教学的实际效果与预期目标的差距仍较大,实施过程中仍存在着一些问题,(张新平和冯晓敏,2015)尤其是部分学生在案例教学中的学习意愿不够强烈。案例教学对学生的学习投入程度及综合能力要求较高,可能会令他有压力感。如何激

---

① 基金项目:浙江工商大学高等教育研究课题"管理案例教学中的学生参与研究:期望-价值理论的视角"(编号:Xgy18022);浙江工商大学省级及以上教学平台自主设立校级教学项目"人力资源管理课程案例教学中学生的参与度研究"(编号:1010XJ2914100-002)。

② 潘绵臻,浙江工商大学工商管理学院副教授,博士,研究方向为案例教学与研究、知识管理。

③ 汪思彤,浙江大学环境与资源学院,博士研究生,研究方向为案例研究与教学。

④ 项雪颖,丽水市生态环境局龙泉分局自然生态科,科员,学士,研究方向为案例研究。

⑤ 丁宇宇,浙江大学光华法学院,硕士研究生,研究方向为案例研究与教学。

⑥ 张文芳,保利地产投资顾问有限公司杭州分公司销售部,项目文员,学士,研究方向为企业管理。

⑦ 鲁铖杰,浙江省机电设计研究院有限公司商务部,职员,学士,研究方向为企业管理。

发学生的学习意愿至关重要,而相关的实证研究还较为缺乏。深入探讨学生学习意愿及其影响因素非常有意义。首先,学习意愿影响着学生的学习行为,是实现案例教学目标的重要认知基础;其次,识别出影响学习意愿的因素可以指导课堂教学改革,提升教学质量;最后,学习意愿的提升是有效案例教学的重要标志之一,有助于案例教学目标的达成。

本研究旨在对管理专业本科生进行深度调研,试图探究教学涉及因素如何影响学习意愿。本研究的理论基础为建构主义学习理论,其核心观点包括:首先,通过真实学习情境的创设,学生在教师的引导下,与其他学生进行协作和会话,通过探索和解决问题来建构知识体系;其次,建构式学习的核心机制是情境创设、协作及会话(何克抗,2017);再次,认为学生不应被定位为知识的被动接受者,而应在任务驱动的学习情境里"讨论中学""做中学";最后,强调以学生为核心的学习方法以及学生作为认知主体具有主观能动性(陈巍等,2018)。基于该理论,本研究提出以下研究假设:(1)教学环境正向影响学习意愿(假设1);(2)案例选择正向影响学习意愿(假设2);(3)教学流程正向影响学习意愿(假设3);(4)成绩评定正向影响学习意愿(假设4)。

二、研究方法

基于前期访谈及现有文献,本研究设计了教学环境、案例选择、教学流程、成绩评定及学习意愿的测量量表。教学环境包括3个测量题项,比如,"该课程采用了适合案例教学的教室布局"。案例选择包括5个测量题项,比如,"我认为该案例教学使用的案例典型性强"。教学流程包括8个测量题项,比如,"该教师在同学回答完问题之后又进行较为详细的点评"。成绩评定包括3个测量题项,比如,"该课程采用多主体评分"。学习意愿包括3个测量题项,比如,"我愿意积极地进行案例学习"。

我们对本校的管理专业本科生进行问卷调查。最终回收问卷198份,有效问卷165份,有效回收率为83%。有效问卷调查的女生109人(占66%),男生56人(占34%)。在专业结构上,工商管理67人(41%),工程管理57人(34%),国际商务15人(9%),会计学11人(7%),市场营销8人(5%),人力资源管理7人(4%)。大一学生110人(67%),大二25人(15%),大三27人(16%),大四3人(2%)。综上所述,样本数据保证了研究的代表性。

三、数据分析

(一)量表的信度与效度

信度用于衡量量表的稳定性及内在一致性程度。本研究采用内在一致性系数 Cronbach's α 来检验量表的信度。教学环境、案例选择、教学流程、成绩评定及学习意愿的α系数分别为0.75、0.85、0.86、0.70及0.75,均大于或等于临界值0.7。因此,本研究的量表信度较高。

效度即有效性,用于衡量量表反映其想要测量内容的程度。本研究采用因子分析来检验量表的效度。在因子分析中,KMO 值为 0.91(大于 0.8),Bartlett 球形检验结果显著(近似卡方值为 1687.64,自由度为 231)。因此,样本数据适合进行因子分析。因子提取方法采用主成分分析法,用最大方差法进行因子旋转操作。最终提取 5 个公因子,累计方差提取为 62%,能够解释原始题项的大部分方差。旋转后的载荷矩阵参见表 1。从表 1 可以看出,各测量题项均载荷在相应的理论构念上,量表具有良好的会聚及区分效度。

表 1　因子载荷矩阵

	教学环境	案例选择	教学组织	成绩评定	学习意愿
TE1	**0.68**	0.07	0.25	0.14	0.14
TE2	**0.76**	0.24	0.18	0.16	0.18
TE3	**0.73**	0.33	0.05	0.11	0.12
CS1	0.09	**0.76**	0.17	0.14	0.17
CS2	0.19	**0.77**	0.19	0.19	0.15
CS3	0.12	**0.76**	0.31	0.11	0.00
CS4	0.32	**0.61**	0.30	0.05	0.19
CS5	0.30	**0.55**	0.25	0.08	0.38
TP1	0.21	0.32	**0.58**	0.11	0.20
TP2	−0.06	0.27	**0.50**	0.27	0.21
TP3	0.13	0.39	**0.56**	0.11	0.30
TP4	0.21	0.26	**0.60**	0.23	0.26
TP5	0.15	0.28	**0.69**	0.02	0.13
TP6	0.33	0.14	**0.50**	0.32	0.32
TP7	0.39	0.11	**0.64**	0.00	0.20
TP8	0.06	0.12	**0.71**	0.22	−0.06
SA1	0.43	0.03	0.37	**0.46**	0.22
SA2	0.12	0.25	0.16	**0.74**	0.09
SA3	0.18	0.10	0.17	**0.74**	0.23
LM1	0.04	0.12	0.14	0.29	**0.73**
LM2	0.27	0.12	0.18	0.10	**0.78**
LM3	0.23	0.33	0.23	0.09	**0.65**

本研究使用 Harman 单因子模型检验共同方法偏差问题。我们将所有题项载荷在一个公因子上进行验证性因子分析,利用结构方程模型软件 AMOS 进行模型拟合。单因子模型拟合结果较差(RMSEA = 0.9,CFI = 9.83,GFI = 0.79,NFI = 0.74),这说明不存在能解释所有题项方差的共同因子。因此,本研究不存在严重的

共同方法偏差。

(二)描述性统计

表2展示了本研究主要变量的均值、标准差及相关系数,主要变量间的相关系数均在0.01水平上显著。随后,本研究进行多元回归分析。

表2 相关系数矩阵

	均值	标准差	1	2	3	4	5	6	7
1.性别	1.66	0.48	NA						
2.年级	1.53	0.83	0.01	NA					
3.教学环境	3.68	0.78	0.07	−0.16*	(0.75)				
4.案例选择	3.87	0.65	0.12	−0.24**	0.55**	(0.85)			
5.教学流程	3.82	0.59	0.09	−0.11	0.56**	0.69**	(0.86)		
6.成绩评定	3.59	0.78	0.02	−0.18*	0.50**	0.48**	0.61**	(0.70)	
7.学习意愿	3.71	0.71	0.11	−0.07	0.49**	0.53**	0.59**	0.53**	(0.75)

注:* 表示 $p<0.05$,** 表示 $p<0.01$;对角线括号中的值为信度系数。

(三)假设检验

本研究采用逐步回归验证研究假设(见表3),模型1只放入控制变量,模型2同时放入控制变量和自变量。从表3可以看出,模型2的 R^2 和调整后 R^2 都显著大于模型1,说明本研究的主要自变量能够增加对学习意愿的解释能力。模型2中,各解释变量间不存在共线问题,VIF 值介于1.02—2.49之间,都小于10。

表3 学习意愿的影响因素回归分析

	模型1	模型2
控制变量:		
性别	0.11(1.41)	0.05(0.79)
年级	−0.07(−0.91)	0.06(1.03)
自变量:		
教学环境		0.15(1.92)
案例选择		0.18*(2.10)
教学流程		0.25**(2.63)
成绩评定		0.22**(2.81)
R^2(调整后 R^2)	**0.02(0.01)**	**0.44(0.41)**

注:* 表示 $p<0.05$,** 表示 $p<0.01$;括号中的数为 t 值。

根据模型2,两个控制变量对学习意愿的影响都不显著。教学环境对学习意愿的回归系数为0.15(t 值为1.92),p 值为0.57,不显著。因此,数据分析结果不支持假设

1,即教学环境布置对学习意愿的预测效应不显著。案例选择对学习意愿的回归系数为
0.18(t 值为 2.10),在 0.05 的风险水平下显著,说明该变量对学习意愿有着显著的正
向预测作用。因此,数据分析结果支持假设 2。教学流程对学习意愿的回归系数为
0.25(t 值为 2.63),在 0.01 的风险水平下显著,即案例分析流程正向预测学习意愿。
因此,假设 3 被支持。成绩评定对学习意愿的回归系数为 0.22(t 值为 2.81),在 0.01
的风险水平下显著,即成绩评定对学习意愿存在正向预测作用。因此,数据分析结果支
持假设 4。

<h2 style="text-align:center">四、结论与讨论</h2>

(一)研究结论

鉴于探讨影响学生案例学习意愿的实证研究仍较为缺乏,本研究基于建构主义学
习理论,提出了 4 个研究假设,采用问卷调查法收集样本数据,主要利用 SPSS 统计软
件包进行数据分析,得出以下结论:案例材料选择对学习意愿有显著的正向影响,案例
分析流程对学习意愿有显著正向影响,成绩评定对学习意愿有显著正向影响。但是,教
学环境对学习意愿的影响不显著,这说明学生对物质性因素不敏感,更加在乎教师的行
为及互动性因素。本研究验证了案例教学是一种重要的建构式学习方法,总体支持了
建构主义学习理论,为其提供了实证证据。

(二)建议与讨论

1.教师应重视案例材料的选择

在进行案例教学时,所选择的案例材料应便于案例教学的实施。首先,教师应选择
紧跟时代潮流、趣味性强的案例(孙俊三和王兵,2015),这更容易激发学生的学习兴趣,
从而使学生愿意去深入了解案例。其次,教师应注意选择典型性强、与授课理论联系紧
密的案例。这样学生才能目标明确,否则,再生动有趣的案例,学生也会感到与课程无
关,缺乏学习意愿。最后,教师在选择案例前,应重视对学生学习需求的分析,对学生的
情况有一个初步的了解,站在学生的角度思考,尽量选择受学生欢迎的案例,从而增强
学生的学习意愿。

2.教师应做好案例教学流程的合理设计

案例教学流程直接关系到教学的效果,流程中的每一个环节至关重要。第一,案例
教学中,教师需要明确自己的角色定位,使课堂自由平等但不混乱,能引领课堂,但不过
分控制。第二,案例教学安排的时间要合理。对于长案例,教师在课前就应该发放将要
讨论的案例材料,要求学生深入阅读案例,并做好小组内的讨论(可以要求学生用一页
纸记录小组内的讨论结果)。对于 1—2 页纸的短案例,教师可以安排随堂讨论,但也应
给学生足够的时间熟悉案例材料,再进行课堂讨论。第三,在案例教学的课堂讨论中,
教师应对学生的发言多加以鼓励,对于偏离主题的讨论适当加以引导,尽可能营造开放
与公平的课堂氛围。第四,教师可以综合案例教学和其他新兴的教学模式,如翻转课堂
及行动学习(苏敬勤和高昕,2020)等,从而进一步激发学生的学习意愿。第五,教师在

点评总结时,要注意将案例与理论相联系,让学生学会运用理论知识分析案例,从而提升案例学习的成就感。

3.教师应合理公正地评分,使评分过程公开透明化

首先,在案例教学过程中,教师可以将一部分评分权分配给学生,采用多主体评分模式。如果学生参与了整个评分过程,了解打分的依据和最终的分数构成,那么学生在面对自己的最终成绩时,会知道这个分数为什么是这样。这样也避免让学生感觉教师是根据个人偏好而评分,以致丧失学习积极性。其次,在案例教学过程中,教师可以明确评分标准,并指导学生如何高效参与讨论,包括如何陈述关键点、如何合理论证以及如何正确把控时间等。这样,学生可以了解到自己的不足之处,从而有针对性地提高自己。最后,教师可以适当提高案例学习在最终成绩中所占比重。在多主体评分的前提下,成绩评定是一个所有人共同参与的过程,提高其比重可以让学生感到自己的意见受到了重视,这样可以激励学生以积极的心态学习,提高学习主动性。

4.谨慎安排案例教学环境

虽然本研究的数据分析结果并不支持教学环境对学习意愿的正向影响,但这并不意味着案例教学环境的设置不重要。教师仍应保持谨慎态度,重视设计能够令学生投入案例学习的教学环境。

参考文献

[1] 陈巍,陈国军,郁汉琪.建构主义理论的项目式教学体系构建[J].实验室研究与探索,2018(2):183-187.

[2] 何克抗.教学支架的含义、类型、设计及其在教学中的应用[J].中国电化教育,2017(4):1-9.

[3] 教育部课题组.深入学习习近平关于教育的重要论述[M].北京:人民出版社,2019:201-214.

[4] 兰霞萍,陈大超.案例教学的问题与出路[J].教学与管理,2017(4):1-4.

[5] 孙俊三,王兵.案例教学:一种有价值追求的自由教育[J].2015(9):77-82.

[6] 苏敬勤,高昕.案例行动学习法——效率与效果的兼顾[J].管理世界,2020(3):226-233.

[7] 张新平,冯晓敏.重思案例教学的知识观、师生观与教学观[J].高等教育研究,2015(11):64-68.

高水平大学建设视域下的
本科生导师制建设①

厉国刚②　郑米玉③

摘　要：建设高水平大学，需要重视本科生教育。从历史和现实角度来说，本科生导师制是本科生人才培养的重要举措。本科生导师制有多种模式，各有特点。实施本科生导师制，对于建设高水平大学来说有其重要的意义，但目前，本科生导师制还有一些不足，需要加以改进、完善和优化。

关键词：高水平大学；本科生导师制；师生关系

本科生导师制最早可以追溯到 14 世纪英国的牛津大学。"所谓本科生导师制，就是高等学校以制度的形式要求专业教师负责对一定数量的本科生进行学习、研究及发展方面的指导。"④本科生导师制可以让更多高水平的老师参与到本科生的管理和指导中，充分发挥优秀师资力量的引路人作用，注重学生的个性化成长，建立起一种更为密切的师生关系，促进学生的健康成长，实现全员、全程、全方位育人。

本科生导师制在 21 世纪初引入我国。早在 2002 年，北京大学、浙江大学等高校就开始了探索，其他大学则在之后陆续跟进，现在已有不少高校在实施这项制度。从某种意义上来说，本科生导师制是我国目前狠抓本科教育质量，培养高素质专业人才的时代要求，在一定程度上能够解决本科生培养整体上从"粗放经营"到"精耕细作"的转型问题，推动高水平大学建设。

一、本科生导师制的模式

目前，经过借鉴学习和本土化改造，我国大致形成了"全程式导师制、半程式导师制、精英式导师制、阶梯式导师制、专项式导师制五种运行模式"⑤，这五种模式各有特色。

---

①　浙江工商大学 2020 年度校高等教育研究课题"高水平大学建设视域下的本科生导师制研究"，项目编号：Xgy20047。

②　厉国刚，浙江工商大学人文与传播学院教师教学发展分中心主任，副教授、硕士生导师、博士，研究方向为品牌传播，数字媒体与智能传播。

③　郑米玉，浙江工商大学人文与传播学院 2020 级新闻与传播硕士，研究方向为新闻传播学。

④　靖国安：《本科生导师制：高校教书育人的制度创新》，《高等教育研究》2005 年第 5 期，第 80—84 页。

⑤　李青：《本科生导师制：模式、问题及对策》，《现代教育管理》2019 年第 12 期，第 69—73 页。

(一)全程式导师

"全程式导师"会伴随学生整个本科阶段的成长。学生从入校起就会进行师生双向选择或者被单向分配一至两位导师,在学生学习、生活和就业的各个方面,导师都全程担负起指导责任,引导学生更好地成长。这种模式能够分阶段、分领域有的放矢地进行指导,简单高效,有助于双向深入沟通,从而构建良好的师生关系。目前很多高校均采用这种形式,但根据自身情况有所差异。

(二)半程式导师

半程式导师并没有统一的模板,它在学生成长的某些环节设置相应的导师,予以有针对性的指导。例如,有些学校在大一时会配备导师,让学生尽快适应大学生活,之后放手让学生自由成长;有些学校则在大三开始时配备专业导师,指导其课程学习;还有些学校只为毕业班配备导师,指导学生的毕业论文设计、升学、找工作、出国留学等。

(三)精英式导师

为了培养卓越人才,精英式导师制就显得很有必要。这种制度下,"导师是从教师中选拔出的教学能力和学术素养俱佳的优秀代表,突出培养精英学生的实践能力,提高专业水平"[①]。针对那些特别选拔的尖子生,有些高校就是采取这种方式予以指导的。

(四)阶梯式导师

阶梯式导师制融合了全程式导师制和半程式导师制的做法,以学生的全程发展为目标,将本科时间划分成不同阶段,根据低年级、高年级学生需求的差异,分别配备不同的导师,因时制宜,促进学生一步步成长。

(五)专项式导师

学生的校园生活涉及吃、穿、住、行、学等各方面,专项式导师制就是根据学生的不同需求,配备专项的指导教师,如专业导师、德育导师、职业导师,为学生打造立体化、全方位的指导和咨询,让学生能够全面发展。

二、实施本科生导师制的意义

本科生导师制有其种种特点,虽然未必需要每所高校都采取这种制度,但其优势是明显的。对于高水平大学建设来说,实施本科生导师制的意义主要体现在以下几个方面。

(一)弥补传统大班授课方式的不足

目前我国的高校本科生教学仍以大班授课为主,老师面对那么多参差不齐的学生

---

① 李青:《本科生导师制:模式、问题及对策》,《现代教育管理》2019年第12期,第69—73页。

很难因材施教,有些学生吃不饱,有些则喂不进。老师上完课往往就不见人影,学生有学习上的问题很难得到及时解决,久而久之,很可能就会丧失了探索、钻研的热情。由于老师和学生缺乏个性化的深入交流,学生的学习效果不尽如人意。

"导师制"强调教师的个性和专业知识,并重视发挥其作用。导师可以为大学生的学习方向、目标和方法提供有益的个人指导,让学生学习更加主动,积极性更高;并且因指导滞后导致的创新潜力掩盖问题,可以在导师及时的一对一指导下得到解决,大学生学习中爆发出的思想火花或许能够形成独特的见解并发挥实际作用,培养大学生的研究能力。因此,人才培养的效果就会更佳。

(二)弥补班主任和辅导员管理制度的不足

由于师资力量的缺乏,现行的班主任或辅导员制度通常是一人需要同时面对数十人甚至数百人,且班主任常忙于大学生的日常琐事、班级学风建设、思想政治教育等,未必能及时发现学生的志趣爱好或者问题,提供有针对性的指导。

实施导师制可以使业务精湛的教师兼任思想政治工作者的身份,充实壮大思想教育队伍,全面参与学生思想工作。本科生导师通过与学生经常性的互动交流,可以及时摸清学生的需求和不足,提供有针对性的建议和指导,帮助大学生尽快实现角色转换,更好地适应大学阶段的学习和生活。同时,本科生与导师的常态化接触,可以使导师及时察觉出思想"盲点",与辅导员积极配合,构筑安全思想网络,有针对性地做好学生的思想政治工作,把问题消灭在萌芽状态;且使学生对老师和学校产生较强的信赖感和认同感,这样的教育会产生春风化雨般的效果,大大增强了学生教育和管理的说服力。

(三)弥补部分高校本科生"学分制"的不足

首创于哈佛大学的学分制是指学生可根据自身情况自主选择课程,然后通过学分、绩点等衡量学生学习质量,达到绩点要求的学生方能毕业的一种管理制度。学分制可以给学生一定的学习和选择自由,让学生更有个性化地发展,这种制度的优势是明显的,因而很多高校在实施。不过,在具体实施中,学分制可能会"走偏","容易出现功利主义、实用主义的思想,学生选择难度较低、学分较高且实践性较强的课程,而传统的基础性、理论性课程较少受到关注"①。学分制容易造成部分课程无学生的尴尬境地,从而导致部分教师为吸引学生选课,在评分时打高分"放水",不利于精品课程的打造,无助于形成教师间的良性竞争。

本科生导师制可以促进指导教师与学生的沟通交流,帮助学生制订学业计划和职业规划等,并能及时纠正其错误思想。学生在与高层次教师的接触中,能够在修满学分的同时培养和锻炼自己的科研创新能力。本科生导师可以与学分制同向并行,互相补充,共同促进。

(四)有利于融洽师生关系

在传统的教育模式中,师生之间的关系相对较远,交流方式也以囿于课程的单向交

---

① 孟成,等:《本科生导师制管理模式下大学生创新创业教育研究》,《科教文汇》2018年第5期,第28—30页。

流为主。老师按照教材和大纲来教,学生则被动地听和学,缺乏互动,谈不上学术的深入交流和讨论,大体是一种填鸭式的教学模式。

本科生导师制为师生沟通建立了完善全面的交流体系,可以谈理想、谈学习,也可以交流生活上的、就业上的事情。导师言传身教,将自己的人格魅力和丰富的人生经验传递给学生,学生在与导师的日常互动中得以学习和成长。导师亦师亦友,教学方式寓教于乐,实现教学相长。

在导师教学中,师生之间形成了平等、协作、积极、和谐的师生关系。一方面,导师鼓励学生积极学习并参与学术研究,培养他们独立思考、认真学习和工作的能力,批判反思的能力。另一方面,导师不只是知识的传声器,而是带着批评的引导。导师帮助学生选择研究方法,指导学生查询资料并进行整理和分析,致力于成为学生的良师益友,从而促进学生全面成长。

三、本科生导师制在我国的现实困境

本科生导师制固然不失为一种制度创新,但是随着近年来提升学历层次的迫切要求,高校招生规模的不断扩大,本科生批量化生产,人才培养缺乏精细化的管理。传统大班授课模式强调效率,再加上教师软实力难以在短时期内显著提升,盲目引进而不加以本土改造难免使得本科生导师制度出现水土不服,存在某些问题。

(一)教育教学理念冲突

教育理念指导着办学方向,必须明确,并能经受挑战。牛津大学本科生导师制的三大基础是"自由教育思想的传统、学院制的内部管理机制、苏格拉底式的教学方法"[①]。与秉持功利主义、实用主义的教学理念不同,牛津大学不仅要求学生掌握基本的专业技能,还需要超越"技能培训",注重培养学生的独立思考能力和批判创新思维。学校下设学院在学校的顶层框架下拥有高度的自主权,学生只有通过学校和学院的双重考核才能进入相应的学院学习。苏格拉底式的教学方法,并不是知识的强行灌输和标准答案的统一,而是通过研讨、探究方式引导学生自主思考、交流,通过思想的不断碰撞形成对问题和世界的认识。

但是我国招生规模大幅扩张,高校人数激增,就业市场的压力增加,高校的毕业生就业率成为衡量高校教学工作的重要指标。因此,学校顺应市场潮流,新增大量与就业相衔接的课程,并成为学生追捧的"宠儿",学生对课程的期望、教师对教学内容的设计与安排无不凸显潜在的职业技能重要性,师生成为这种潮流下的"精致利己主义者"。高等教育的追寻知识和真理、塑造独立人格和有趣灵魂的多元目标变为以就业为唯一导向,大学也成为"职业人才培训学校"。所以,本科生导师制的内核精神和我国当前的教育导向相去甚远。

---

① 傅钰涵:《英国本科生导师制的形成基础及历史演进过程》,《教育观察》2020 年第 9 卷第 45 期,第 126—129 期。

（二）导师资源尤其是高水平导师欠缺

近年来，高校本科生扩招规模不断加大，研究生扩招比例也不断提升。根据2020年全国教育事业统计主要结果，"全国普通本专科共招生967.45万人，在校生3285.29万人。招收研究生110.66万人，在学研究生313.96万人。全国普通高等学校共有专任教师183.30万人"①。由此可见，生师比差不多在20∶1，对比国外名校的6∶1，甚至3∶1的生师比，差距很大。斯坦福大学、加州理工学院、耶鲁大学、普林斯顿大学、哥伦比亚大学等名校都严格控制学生规模，使生师比保持在相对合理的水平。

大学教师的精力十分有限，如果所指导的本科生过多，很容易出现指导乏力的状况，导师既难以有效指导每个学生，也会压缩导师学术研究时间，反而难以达到因材施教的理想效果，所谓的辅导交流常常流于形式。因此，解决导师资源的缺乏，尤其是质量欠缺问题，是提升本科生导师制实效性的前提。

（三）双向自主选择落实不够，导师职责定位模糊

虽然部分高校名义上规定本科生和导师双向自主选择，但是在实际操作中学院为了节省时间成本和平衡师资力量，通常直接为每个学生硬性分配导师。而师生之间双向交流、互相认知的匮乏可能会挫伤师生双方的积极性。另外，如果部分教师不愿承担导师角色和任务，学生也没有和导师交流沟通的欲望，那么承载双向成长美好愿景的本科生导师制就会沦为强加在导师和学生肩上的任务和指标。

除此之外，面面俱到的"人生导师"高要求，可能使教师承担超载的身心压力，且这种功能求全、职责泛化问题不仅容易混淆本科生导师与研究生导师的差别，而且丧失了辅导员或班主任倾向思想政治工作和日常事务管理与专业教师倾向学生学习能力和科研能力提升的职责边界，导师角色定位和权责模糊化。如若学生出现问题，两者之间也有可能出现推诿卸责的情况。

（四）缺乏统一、有效的激励及评价机制

当前高校普遍存在"唯论文论""唯科研论"，因为论文发表数量和科研成果成为教师晋升、职称评定的唯一硬件。而对学生指导的工作任务更多体现的是一种行政任务，缺乏统一清晰的衡量标准以及有效的激励评价机制，甚至教授给本科生上课的正常教学制度在部分高校都沦为形式和过场。这种绩效考核制度使得高层次教师的价值取向被扭曲，教师只得将有限的时间和注意力等宝贵资源转移到科研上，用于教学和学生沟通交流的时间被压缩到逼仄的角落。

四、本科生导师制的优化措施

面对目前本科生导师制在具体实施过程中的种种不足，如何采取有效的改进、优化

---

① 发展规划局：《2020年全国教育事业统计主要结果》，http://www.moe.gov.cn/jyb_xwfb/gzdt_gzdt/s5987/202103/t20210301_516062.html。

措施,从而推动高水平大学建设?我们认为主要可以做好以下几方面的事情。

(一)做好顶层设计

良好的管理体系是顺利实施导师制的前提,"本科生导师制"牵一发而动全身,涉及各方力量的协调和各种资源要素的整合。因此,高校不能盲目地嫁接式移植国外和国内其他学校的制度。

学校需要成立专门的教学组织研究小组,科学借鉴和论证其他大学成功经验,结合我国教育现状和制度设计,并在对校情进行充分论证的基础上,广泛听取各学院教师的心声和意见,明确本科生导师制的各项制度安排,为其良性运行搞好顶层设计。

(二)采用灵活的指导模式

本科生导师制需要因地制宜,并不存在一个"放之四海而皆准"的模式,也没有可以直接挪用的模板。根据学校、学生、师资状况的不同,本科生导师制需要有针对性实施。例如,英国牛津大学、剑桥大学"一对一"的个人辅导制;美国普林斯顿大学的分年级、分小组、分阶段的指导模式。① 形式是多样的,不必统一。"在指导教师资源不足的情况下,以下四种模式应优先予以考虑:社团导师制、项目导师制、论文导师制和英才导师制"。② 学校应该给予下属学院高度的自主权,允许学院根据本学院情况实时探索和改进本科生导师制,及时优化完善。学院也应在充分调查的基础上,对学生进行分类,按阶段实行导师制,本着双方自愿的原则,因人而异,因材施教,进行师生的高度匹配。

(三)制定科学的考评、奖惩制度

本科生导师制也要注重对指导教师的激励和监督。一方面,需要充分调动各位导师的积极性,让各位导师能够确实履行职责;另一方面,需要加强科学的考评,实施有效监督。还有就是需要采取合理的奖惩制度,对优秀导师予以政策倾斜,给予物质和精神奖励;对于不合格的导师,则及时予以调整或清退。

对学生也要进行考核,导师可制定相应的考评体系,施行切实可行的奖惩措施。学生考核由导师评价、学生自身评价和团队其他学生评价三方结合进行。对考核优秀的学生应该给予表扬和奖励,对考核不合格的学生采取批评教育,帮助其改正。只有在完善的、规范的考评、奖惩制度下,本科生导师制才能真正落地。

参考文献

[1] 刘济良,王洪席.本科生导师制:症结与超越[J].教育研究,2013,34(11):53-56.
[2] 李青.本科生导师制:模式、问题及对策[J].现代教育管理,2019(12):69-73.
[3] 罗国基.近年来高校本科生导师制研究综述[J].东华理工学院学报(社会科学版),2007(4):429-434.
[4] 丁林.高校深入推进本科生导师制的三个关键问题[J].教育研究,2010(9):106-109.
[5] 靖国安.本科生导师制:高校教书育人的制度创新[J].高等教育研究,2005(5):80-84.

① 刘济良、王洪席:《本科生导师制:症结与超越》,《教育研究》2013 年第 34 卷第 11 期,第 53—56 页。
② 丁林:《高校深入推进本科生导师制的三个关键问题》,《教育研究》2010 年第 31 卷第 9 期,第 106—109 页。

[6] 徐岚,卢乃桂."成长的窗户"还是"冰冷的制度"? ——一所研究型大学本科生导师制的质性
　　研究[J].中国人民大学教育学刊,2011(1):48-65.

[7] 傅钰涵.英国本科生导师制的形成基础及历史演进过程[J].教育观察,2020,9(45):126-129.

[8] 孟成,等.本科生导师制管理模式下大学生创新创业教育研究[J].科教文汇,2018(5):
　　28-30.

新文科视域下高校新闻传播教育的理念创新与建设进路①

李　蓉②

摘　要：新闻传播人才培养切实参与新文科建设,已经成为我国高等教育事业发展的重要构成部分,这要求高校新闻传播教育必须积极转变思路,以适应新形势的要求。结合目前新闻传播教育实际中存在的问题,本文提出需要进行理念创新,即以新文科建设为引领,突出新闻传播的思政元素和马克思主义新闻观教育;融合人文教育与理工教育,培养"新闻＋技术＋文化"的复合型全媒体人;依托"部校共建"平台,发挥"学界＋业界"双师型队伍优势,形成校媒协同育人机制;专业建设与人才培养需要通过跟踪毕业生的就业情况,考察地方经济发展与人才培养之间的关系。之后,从五方面提出发展之路,一是落实课程思政,优化育人体系;二是打破学科壁垒,推进"人工智能＋"建设;三是加强师资队伍高质量建设,打造精品师资团队;四是加强制度建设,完善各类评价体系;五是加强实践教学,进行协同育人。

关键词：新文科;理念创新;建设进路

2019年2月,教育部高等教育司司长吴岩在《加强新文科建设 培养新时代新闻传播人才》一文中指出:"新闻传播教育是新文科建设中的重要组成部分。在新的教育形势下,新闻传播教育要打开新的发展局面,努力培养具有国际视野、中国特色的卓越人才,满足社会对新闻传播人才的需要。"2021年,吴岩司长再次强调:"高等文科教育应精准把握高等教育新形势,构建以育人育才为中心的哲学社会科学发展新格局,加快培养新时代文科人才,全面提升国家文化软实力。"③

新闻传播人才培养切实参与新文科建设,已经成为我国高等教育事业发展的重要构成部分,这要求高校新闻传播教育必须积极转变思路,以适应新形势的要求。结合目前新闻传播教育实际,我们发现其存在的问题有:(1)课程思政元素与新闻传播教育融入度不够,尤其是如何将马克思主义新闻观教育、"四全"媒体概念、"四力"建设等充分予以落实。(2)新闻传播专业建设内涵式发展与理念陈旧之间有矛盾。目前新闻传播领域正处于急速发展时期,而受制于传统文科思维,专业建设未能及时跟进,定位不清

---

①　本文系校新文科项目"新文科视域下高校新闻传播专业内涵建设与人才培养模式研究"的研究成果,同时是校研究生教学研究与教学改革项目"新文科视域下新闻与传播专业硕士实践教学路径探索"的研究成果。
②　李蓉,浙江工商大学人文与传播学院副院长,教授,博士,主要研究方向为新闻传播学。
③　吴岩:《积势蓄势谋势 识变应变求变》,《中国高等教育》2021年第1期,第4页。

晰,缺乏特色,存在理论与实践相脱节等问题。(3)人才培养模式僵化,缺乏注重以生为本的理念。面对急遽发展的传媒业现状,培养方案的制订缺乏统一布局和系统规划,导致学科、专业和课程之间衔接生硬,学生难以具备与社会需求全方位匹配的自我成长能力。(4)制度建设滞后,缺乏分类评价机制和效果反馈机制。尤其是对于教学质量的监控和管理,采取简单的一刀切量化管理,这些难以调动师资队伍积极性。

一、新文科视域下新闻传播学专业发展的主思路

在新文科背景下,新闻传播学专业教育必须积极转变思路,以落实"立德树人"为根本任务,与时俱进,通过"跨学院、跨学科、跨专业"实现专业内涵式发展和人才培养模式创新,并与学校发展相结合,走共赢之路,从以下几方面着手。

(1)以新文科建设为引领,突出新闻传播的思政元素和马克思主义新闻观教育。"新闻业务的高境界是推出'三有'(有思想、有温度、有品质)新闻作品。思想是新闻作品的魂,与思政的关系十分密切。思政课程应该是帮助新闻学子铸魂的重要渠道,而课程思政则将使他们在'有思想'方面得到启发。"[1]一是通过转变育人观念,全面提升教师对于课程思政的认知,进而提升教师的课程思政素养。作为高校教师必须要有高度的思想自觉意识,注重对于学生的价值引领。二是加强顶层设计,注重学科统筹和系统规划。根据不同学科进行分类设计,建构"学科—专业—课程"的课程思政内容体系。通过跨学科跨专业跨部门合作,形成"校—院—系"之间的课程思政合力,建构人人协同、课课协同、部部协同,通过资源共享、人员互助、信息互通展开课程思政教育。在马克思主义新闻观教育方面,要注重与当下中国社会国情政策相结合,而不是空谈理论,特别是注重培养学生形成正确的职业观念和道德伦理意识。同时,可加强与马克思主义学院开展深入的教学和实践方面的合作。

(2)融合人文教育与理工教育,培养"新闻+技术+文化"的复合型全媒体人。目前正值新闻传播领域发生巨大变革,随着融媒体的进一步发展,新闻传播教育又将与计算机技术、统计学、经济学、管理学形成跨学科融合。"从文本意义上看,新闻学属于人文社会科学;从传播通道和公共平台的技术支撑方面看,新闻学又属于理工结合的新技术领域,媒介即信息;如果从对社会的价值诉求方面看,新闻学具有极强的社会评判和舆论功能。"[2]这就需要跨学院展开合作、以联合培养的方式探究新的人才培养模式。以协作意识为中心,打通相关课程、教师之间壁垒,给予学生自主合作的机会。以恪守专业本位与延展专业辐射的理念,在保障新闻传播专业课程的前提下,充分依托学校学术与教学的优势背景,跨学院合作引进优势教学资源,形成一般专业课与特色专业课的互补互动,突显人才培养的特色与针对性。

(3)依托"部校共建"平台,发挥"学界+业界"双师型队伍优势,形成校媒协同育人机制。依托"部校共建"平台,通过与新闻单位充分合作办学,开拓教学资源,实现与传媒行业深度融合型立体课堂。通过与主流媒体共建新闻传播专业,充分合作办学,开拓

① 丁柏铨:《新闻学科课程思政:特殊性、有效性及实施路径》,《当代传播》2020 年第 6 期,第 11 页。
② 方延明:《"新文科"建设:何以必要及如何可能》,《江海学刊》2020 年第 5 期,第 126 页。

教学资源,切实落实马克思主义新闻观教育。以实训平台为依托,带领学生实地考察参观,注重新闻实践人才的培养。互联网技术快速发展,媒介融合颠覆新闻生产与传播方式,全媒体时代需要多元知识背景、熟谙多样传播手段的新型传播人才。

(4)专业建设与人才培养需要通过跟踪毕业生的就业情况,考察地方经济发展与人才培养之间的关系。浙江是经济强省、文化大省。区域经济的发展为新闻传播的人才培养提供了很好的就业市场环境,尤其是浙江省在新闻传播领域的改革又走在了全国前列。身处这样的环境,如何对接人才需求去优化课程结构体系,强化传媒经济、财经新闻的特色教学内容与内涵。在融媒体传播背景中紧密对接互联网经济发展,通过考察"00后"大学生的就业需求与学习兴趣特点,构建以新媒体传播为平台的创新实践教学方法与体系尤为必要。

二、新文科视域下新闻传播学专业内涵式发展的主进路

根据前文探讨的新文科视域下新闻传播教育在理念创新的主要思路,进而探索新闻传播内涵式建设的新进路,具体分为以下几个方面。

(1)落实课程思政,优化育人体系。强化思想引领和价值塑造,构建"思想政治教育、职业道德教育、专业知识教育""三位一体"新闻传播类专业的育人体系。

"用马克思主义新闻观来构建卓越新闻人才的德性教育,即以马克思主义新闻观和习近平关于新闻舆论工作的重要论述为指导,从源头树立学生正确的新闻价值观、伦理观。"[1]在这方面,浙江工商大学人文与传播学院新闻传播专业做了积极的探索,如将"马克思主义新闻观"作为专业必修课列入培养方案,邀请浙报理论部专家和经验丰富的老师共同主讲;面向全校各专业开展"当代马克思主义新闻观"系列讲座;专业教师多次参加马克思主义新闻观方面的课程培训和研讨,深化理论素养。专业老师主持思政类教学项目5项;多名老师参与了《马克思主义新闻观大辞典》的撰写工作,共发表马克思主义新闻观论文7篇;专业教师参加省微党课比赛,以"担当时代先锋 讲好中国故事"为主题获省级三等奖;指导学生拍摄党建记录片《梁家河》等。

在"中国新闻传播大讲堂"启动后,第一时间由授课老师把视频中媒体人讲述的来自武汉抗疫前线的报道引入课堂教学,通过组织学生观看和讨论并撰写心得,推出了"课程思政"专栏系列报道。作为新文科四大关键突破点之一的"中国新闻传播大讲堂"率先启动,这系列课程也给新闻传播教学带来了新的思考,即如何联合业界讲好思政课:(1)以点授业,总结新闻报道的专业技巧;(2)以线理机,分析媒体的采编运作机制;(3)以面传道,思考媒体的职责与使命[2]。通过多元的方式树立起学生的家国情怀和人文精神。

(2)打破学科壁垒,推进"人工智能+"建设。与计算机学院、统计学院等进行跨专业融合课堂建设,展开传感器新闻、无人机新闻、数据新闻、舆情调研等的教学,通过学

---

① 白贵、杨强:《"新文科"背景下新闻传播教育的新形势与新进路》,《出版广角》2019年第9期,第31页。

② 高晓虹、王晓红、冷爽:《"新文科"语境下的新闻传播学科建设路径探析——以"中国新闻传播大讲堂"为案例》,《现代出版》2020年第1期,第8页。

习,学生兼具新闻传播和信息技术的技能,成为全媒体发展的未来领导者。着力于建设校内外优质实践教学基地,打造"三台一室一工厂",即融媒体实践平台、虚拟仿真实践平台、AR/VR实践平台、健康传播实验室、短视频工厂,强化学生实践应用能力的培养。加大数字新闻发展,服务经济社会。强调新商科与新文科的融合,在坚持财经新闻特色的基础上,加大对于数字新闻的探索,充分对接浙江数字经济、服务特色区域文化,致力于教学方法手段更新、教学内涵开拓与融入地方社会的三结合。新文科发展需要"'短平快'的'项目驱动式'协同育人模式;'流动而稳定'的'教学做创一体化'工作室模式;'技术赋能'的'全流程'新文科传媒教育的平台;'科普＋思政',全方位引导学生形成正确价值观"[①]。

(3)加强师资队伍高质量建设,打造精品师资团队。坚持"外引内培"师资队伍建设方针,广泛延揽人才。鼓励老师去国内外高校访学,去各类媒体、宣传部门挂职锻炼,参加传媒业务技能培训。精品师资通过打造学术训练营、举办读书会等形式,辅导学生考研、考公和面试。专业老师积极发挥智库团队作用,开展专项调研。持续推进金课建设、一流课程建设、双语课程和新形态教材建设。打造线上、线下、线上线下混合式、虚拟仿真、社会实践五大类金课,凝聚师资的优势和方向,集中打造有特色的课程体系,形成课程版图。提升专业课程的高阶性、创新性和挑战性,使教育更紧密融入社会,拉近行业与产业之间的关系,实现知识结构与实际运用的有效联结。鼓励老师进行教学创新,实现教学转型,即"本土化向国际化新闻教育视野转型、单一型向融合型学科知识结构转型、讲授型向作品型课堂教学模式转型、廉价型向投入型新闻传播教育转型"[②]。

(4)加强制度建设,完善各类评价体系。通过科学制定各项考核制度激励机制、考核机制、监督机制、评估机制等来激发教师的教学热情,真正做到教学注重实效,营造良好的教学氛围。"要将评价体系的重心落在'立德树人'的总任务上,以学生成长和发展为标准,完善教师职称聘任的评价体系,要将文章数、项目量、批示级、人才衔等科研考核指标,转向以教学质量为重心,学生成长发展为标尺的评价指标体系,形成教书育人与实践育人相统一,让思想政治教育内化于心、外化于行。"[③]一是建立"学院－系部－校外"三方互动的教学管理制度。建立由教学副院长、系主任、专业负责人、教学督导及专职教学管理人员组成的教学质量管理队伍,建立日常化的教学检查巡视制度。邀请校外人士和社会用人单位走进课堂听课,听取业界对于教学质量的反馈。二是建立"检查－监督－激励"三位一体的质量保障制度。严格落实学校教学管理制度,规范课堂教学、实习实践、毕业论文等重要教学环节。建立青年教师导师制,提高课堂教学水平;激励学生参与各类教学竞赛。三是建立"跟踪－反馈－提升"的专业持续改进机制。注重教学质量建设的持续性效益,构建多方参与的人才培养质量评价机制;定期评估培养目标达成情况。开展教师和学生座谈会,注重教学评价。通过一系列评价体系的建立,为专业建设的长效发展提供重要动力,推进课程思政建设的常态化、规范化、制度化。

(5)加强实践教学,进行协同育人。一是依托部校共建平台,引入业界的最新知识

① 段纳:《新文科背景下校地合作协同育人模式探索》,《青年记者》2020年第11期(中),第106页。
② 阳海洪、荣光宗:《新文科背景下新闻传播教育的观念创新与路径转型》,《西部学刊》2019年第19期,第107页。
③ 高燕:《课程思政建设的关键问题与解决路径》,《中国高等教育》2017年第Z3期,第14页。

和观念。通过高校和业界互聘挂职、项目合作等举措展开深入合作。如:在课堂教学方面,持续邀请业界精英进课堂,确保理论教学与业务实践教学的融会贯通,每年不少于10人次;在课程思政与党建方面,学院与浙江在线党委共建新闻传播学科党支部,与浙报党建品牌"天目思享会"联合开展校内活动;每年安排学生去浙报实习,通过践行"四力",建构符合"四全媒体"需要的教学培养体系和人才梯队。二是全方面加强实践能力和职业素养的培养,做好过程化记录。强月新教授指出:"要树立在繁杂信息环境中的专业判断、职业操守和责任意识,在政务传播、企业传播、新闻传播、视觉传播等更加广泛的信息传播工作中,体现专业优势和公共服务意识。"①这当中尤其要注重学生的过程性培养,学院在这方面采取实地调研、观摩考察、实践指导等方式,并且将这一过程以专栏化的方式进行记录,推出了一系列专栏。如设立"新媒观察"专栏,记录了新闻与传播专硕生实践教学情况,通过导师带学生去实地考察,调研省内融媒体建设,以此践行和增强"四力",深刻领会"四全媒体"建设内涵,目前已经成功举行了8期,分别考察了美洋金融传播公司、"live新生团·首届校园短视频主播大赛"开幕式、浙江日报报业集团、西兴历史街区、VR沉浸式虚拟现实仿真体验、风盛传媒股份有限公司、浙江国际影视中心、时尚传播拍摄实践等。"媒体调研"专栏:由老师带领学生去省内媒体进行调研,指导学生毕业设计,对业界情况进行及时总结,学生先后去了湖州融媒体中心、柯桥融媒体中心等。这些实践活动是新闻传播专硕人才培养的新探索和新尝试,并且通过人文研会公众号和人文与传播学院官微进行推送,形成过程性记录。

综上所述,新文科建设着力于"新",中国新闻传播教育的理念创新和建设发展并非一蹴而就的,需要在不断强化价值引领、思想塑造的过程中前行。

参考文献

[1] 吴岩.积势蓄势谋势 识变应变求变[J].中国高等教育,2021(1):4-7.

[2] 方延明."新文科"建设:何以必要及如何可能[J].江海学刊,2020(5):122-129.

[3] 阳海洪,荣光宗.新文科背景下新闻传播教育的观念创新与路径转型[J].西部学刊,2019(19):104-107.

[4] 唐衍军.新文科教育引领新闻人才培养理念创新[J].新闻论坛,2020(2):111-113.

[5] 秦瑜明.重构智能传媒教育转型下的人文素养教育价值[J].现代出版,2019(3):8-10.

[6] 孔令顺,王晓冬.新文科背景下的传媒教育转型[J].教育传媒研究,2020(2):19-22.

[7] 段纳.新文科背景下校地合作协同育人模式探索[J].青年记者,2020(32):106-107.

[8] 丁柏铨.新闻学科课程思政:特殊性、有效性及实施路径[J].当代传播,2020(6):9-13,30.

[9] 高晓虹,王晓红,冷爽."新文科"语境下的新闻传播学科建设路径探析——以"中国新闻传播大讲堂"为案例[J].现代出版,2020(1):5-10.

[10] 强月新,孔钰钦.新文科视野下的新闻传播人才培养[J].中国编辑,2020(10):58-64.

[11] 白贵,杨强."新文科"背景下新闻传播教育的新形势与新进路[J].出版广角,2019(9):29-32.

---

① 强月新、孔钰钦:《新文科视野下的新闻传播人才培养》,《中国编辑》2020年第10期,第62页。

基于新工科理念的线上线下
混合课程教学模式改革[①]

施永清[②]　　顾振宇[③]　　王向阳[④]　　沈　忱[⑤]　　杨玥熹[⑥]

摘　要：基于新工科CDIO理念，专业课程群教师协同开展教改，共同构建线上线下教育模式，提供丰富视频材料，加强师生互动，实施高度个性化、分层次教学，建立多维化考核体系。新模式向学生提供差异化指导，激发学习兴趣，提升学生实践能力和创新能力，推动课程持续改进。

关键词：新工科；线上线下混合模式；多维化考核

中国制造业经过四十多年的快速发展，取得了非常可喜的进步，但是并不强大，还没有实现升级。目前浙江区域经济发展存在很多不足，正进入增速换挡、结构调整阶段，对人才的需求处于非常迫切的状况。然而我国工科人才培养普遍存在与企业实际需求相脱节的情况，教育没有与产业融合，学生缺乏进入企业谋求发展的动力。浙江工商大学食品与生物工程学院食品科学与工程、食品质量与安全专业在深入了解区域经济发展、行业发展趋势及人才需求的基础上，围绕社会对毕业生知识、能力、素质的要求，结合学院自身特色、办学资源，最终确定人才培养目标。学院多年来始终把培养高质量本科生放在首位。用人单位普遍认为我们学院毕业生基础知识扎实，解决实际问题能力强。食品添加剂、食品物流学、食品包装学、食品工业新技术和新设备、食品工厂设计作为专业课程群，面向大三、大四本科生在春、秋两学期开设。CDIO（Conceive-Design-Implement-Operate）是按照构思（Conceive）—设计（Design）—实施（Implement）—运行（Operate）的系统工程教育理念。课程群教师基于CDIO理念以学生为中心，以专业工程实践项目为引导，坚持线上线下混合模式教学改革，加强师生互动，培养学生积极探究、创新精神。

① 本文系新工科背景下食品工业新技术和新设备助推双创人才培养模式探索研究项目，编号YJG2021202。浙江省"十三五"优势专业（食品科学与工程）建设课题食品物流学OBE－CDIO模式教学改革研究项目，编号1110XJ0518001。
② 施永清，浙江工商大学食品与生物工程学院教授级高工，硕士，研究方向为现代食品加工与包装教学与研究。
③ 顾振宇，浙江工商大学食品与生物工程学院党委书记，教授，硕士，研究方向为现代食品制造。
④ 王向阳，浙江工商大学食品与生物工程学院教授，博士，研究方向为农产品贮藏。
⑤ 沈忱，浙江工商大学食品与生物工程学院副教授，博士，研究方向为现代食品制造。
⑥ 杨玥熹，浙江工商大学食品与生物工程学院讲师，博士，研究方向为现代食品制造。

一、专业课程群建设

(一)加强工程实践

1.充实工程素材

教师集体教研,分工合作,在线上环节按照 CDIO 理念采用工程项目任务式学习形式发布教学资源,聚焦食品产业链,促进学生主动思考。各专业课程教师按照学生的毕业要求,互相沟通教学计划,理顺各课程之间的衔接,依据学生各个成长阶段特征,明确每一门专业课程的内容、方式、目标等要求,构建以学生为中心的教学生态。利用丰富的工程图片、三维空间展示和教学视频资源进行教学,给予学生直观形象的感受。教师积极交流课程教育新观点、新方法,结合实际充分展示科研前沿和新技术,让课程内容更加充实丰富。引导学生开展各自感兴趣的体验式的主题项目学习,观看知识点视频完成自主预习,训练学生发现问题提出疑问,主动思考解决问题的方法。通过相关随堂测试、课堂练习等环节掌握学生自主学习情况。教师按照由浅入深、由简单到复杂的认知规律给学生设计一些实践项目和课堂讨论题目,激发学生积极争辩、深入讨论科技问题。运用线上教学大数据分析学生学习轨迹,细化线下课堂教学内容协助学生解决项目工程难题。

2.个性化教育放飞梦想

在多年专业课程教学实践中,发现学生自学能力参差不齐,个性发展差异明显,学生特别需要针对性强的教学指导。教师需要尊重学生个体差异,从实际出发,依据各阶段学生特征制定学习任务,因材施教,才能获得有效务实的教学效果,增加学生的获得感。教师以学生为中心开展教学和学习活动设计,力求"短、趣味",布置难易适度的工程项目任务。教师针对不同课程内容结合区域经济特点设计讨论题目,引导学生对知识进一步思考、巩固与拓展延伸,训练学生探索、解决问题。关注论坛中讨论动态,及时、有效地协助学生分析问题解决困难。通过在线学习大数据了解学情,跟踪学生学习全过程、准确评价学习效果,针对每个学生特点推送学习资料,提供个性化的辅导。对于困难学生尤其需要帮助学生了解自己在学习中的优势和问题,循序渐进。当今是实现伟大梦想的时代,各位老师把对于未来的好奇心和探索未知的科学精神传授给学生,引导学生放飞梦想。

3.师生互动携手前行

线上教学引领学生按照自己的个性喜好和学习风格选择模块,在项目任务驱动下,学生从被动学习走向自主学习。在课堂中不敢当众发言的内向学生在网络平台上没有顾虑,积极参与,大胆提问,发表个人观点。教师更多扮演引领者的角色,将课堂主动权交给学生,激发学生的内驱力。教师线上运用丰富资源支撑,时刻把握学生学习进度,控制好节奏,及时反馈学生。教师把各专业课程核心内容分解成若干知识点,并且精心准备对应的题目。上课前教师提前发放资料,上课时教师先讲知识概念,再分析概念背后的复杂机制,然后进一步解释理论脉络。通过寻找切入点,采用学生喜闻乐见的方式,增强互动,层层推进学生的思维训练,改善育人效果。教师以学生为中心,通过微信、钉钉直播、会议视频、学习通、超星等平台,把学生的主体性融入教学中,让学生思考起来,让师生互动起来。学生通过微信群随时提问,同学间在线互评,老师及时解答,使所有问题一目了然。教师协助学生进行项目规划、方法创新、解决问题、意义构建,获得终身自主学习发展的能力。教师根据线上学生状态大数据实时分析,进行精准评价及精准施教,使学生有更多获得感。

(二)团队活动共同进步

在 CDIO 理念下专业课程增设团队实践模块,让学生自由选择合作项目,然后深入探究,亲身实践,提升分析问题、解决问题的能力。通过团队活动重点培养学生的团队协作意识和社会责任感。教师巧设问题让学生展开激烈讨论,改变传统课堂教学中学生被动学习的方式。教师按照 CDIO 理念,以"项目为主线、教师为主导、学生为主体"进行改革,按照由浅入深、由小到大的规律安排实践主题分项,引导学生从食品工程实际项目框架入手,先划分项目整体功能区块、架构和逻辑关系。团队成员一起调查食品冷链过程及安全控制,培养良好的批判性思维能力,解决实际问题能力以及沟通交流能力。团队汇报演讲中学生畅所欲言,教师答疑解惑促进学生更积极了解专业发展前景。

(三)多元化考评体系

基于 CDIO 理念采用多元化评价手段,来考查学生知识掌握、能力培养以及态度养成情况。过程性考核中有效进行定量与定性相结合的方法激发学生努力学习。学生过程性成绩包括:平时成绩,包括到课情况、线上和线下课堂讨论表现、课后作业情况等;实践调查和方案设计成绩,包括调查报告、创新设计方案等;期末考试成绩。依据各模块的内容课时比例,赋予不同的学分比例,每个板块不同的主题与项目也进行量化考核。通过增设食品工程综合题,促使学生综合运用所学知识解决实际问题。运用线上学习状况大数据考核分析学生对专业理论知识和技能的掌握程度,同时把团队精神、创新精神纳入考核体系。根据学生签到情况、课程视频观看情况、章节测验成绩、访问次数、讨论参与情况、作业上交和批改情况等多个要素设置了课程平时成绩自动计分模式,成绩计算方法公开。学生在参加各项教学活动时,由系统自动统计计分。学生可以随时查看本人的平时成绩变化情况,这一评价方式显著提高了学生使用在线课程的积极性。最终成绩不仅体现学生对专业知识和技能掌握程度,而且显示学生全过程学习状态和团队合作精神。

二、新工科 CDIO 理念下教改结果与评价

(一)面向实际项目引导

丰富线上视频材料注重提升实践能力,提升学生敬业精神、诚信品质。教师充分利用信息技术的便利,建构并实施"学习中心"的教学主张,积极开展基于项目情境的互动式、探究式教学,帮助学生主动学习和丰富体验。由于线上学习模式让学生可在不同时间、不同地点,根据自己的情况来灵活掌握学习节奏和进度,甚至学习不同内容,因此,

需要老师针对学生的不同问题,及时反馈解决,提高效率。线上线下同步更新充实教学内容,线上QQ群、微信群问题,线下自由讨论,学生们获得更多提问机会,促进互相交流,独立深刻思考,满足各层次学生的求学需要。这为课堂从灌输式教育向引导学生自主学习转变提供了契机。在CDIO理念中将以实际工程项目为导向的教育与企业生产发展深度融合,强化学生工程实践能力和创新能力的培养,激发学生投身区域经济建设的积极性,在服务地方经济发展中磨炼自己。学生尝试解决工程项目困难,放宽眼界,提高实践能力,为走上社会进行艰苦创业做好心理准备。

(二)新考评体系激发学生主动探究

基于CDIO理念的多元化考评体系注重过程性评价,充分体现"教为主导、学为主体"的思路,由平时成绩、实践成绩和期末考试成绩等多个模块组成。在线学习情况大数据成为平时成绩和实践成绩的重要组成部分,学生可随时查看本人的成绩变化,便于找差距补漏洞,激发争优热情。学生在真实项目任务情境中,经历所学的理解、应用、巩固,体会学习的价值,感受解决问题的快乐。让学生个人成长与食品行业发展实现共振,获得真正的发展。在实践项目汇报演讲中想说话的学生都有话可说,互动效果特别好。学生完成学习清单后,再通过多元化考核体系进行有效的自测自评。教师关注学生在线成绩动态变化,主动为学生学习提供支持和指导,加强与学生的日常沟通互动。新考核体系增强学生活跃度和黏性,有利于培养学生良好的自学习惯、提升自学品质和训练自学能力。教师协助学生拟定好学习目标,告诉学生每堂课的训练任务和要求,并且指导学生采用优秀的学习方法。同学们通过钉钉视频会议开展激情洋溢的讨论,实现同学间头脑风暴和智慧碰撞。

三、结　语

专业课程群教师通过不断深化课程教学改革实践,打破传统的单向传授的做法。线上线下教育模式有目的地通过项目情境创设,引导学生深入思考,彰显学生的主体性。帮助学生更好地掌握理论知识点,提高个人综合素质,培养团队协作精神,提高实践能力。CDIO理念引导创新教师教学方式、学生学习方式、教学组织形式和教学评价方式。利用网络交流平台传播专业知识和技能,让学生主动进入专业课程教育活动过程。教师从单向的知识传授转变成注重引导、运用有效的监督和及时反馈来推动学生主动学习,促使学生高效完成项目任务,并且形成一个良性的可持续发展的互动模式。学生自主学习积极性得以提高,团队实践兴趣渐浓,通过食品供应链调查等认知活动,对食品工程课程实际应用的理解不再抽象,了解食品行业规范及行业责任,树立为满足人民美好生活需求而不断努力的决心和信心,塑造胸怀天下的家国情怀,提升学生就业和创业能力。通过线上线下课程建设和教学改革,有利于加快发展中国特色优质教育,加快提升学生的创新能力,实现国家的长治久安。

参考文献

[1] 姜俊艳,孙晓君,魏金枝.CDIO 教育模式的运用与探讨[J].黑龙江教育学院学报,2016,35(6):53-54.

[2] 张芳,邹俊.后 MOOC 时代 SPOC 线上线下混合教学模式的实践与探索[J].湖北经济学院学报(人文社会科学版),2018,15(11):148-151.

[3] 吴丽丽.线上线下混合式教学模式的探索与实践——以"生活活动的组织与实施"课程为例[J].宁波教育学院学报,2019,21(6):6-10.

新文科背景下法学教育的现实图景与变革

舒瑶芝① 杨 鸽②

摘 要:在互联网和新兴科技的推动下,新文科被赋予更深刻的内涵,其应用于法学教育领域时表现为具有中国特色的学科交叉融合及更具时代特征的特色教学。新文科背景下,对复合型人才教育的培养应在扎实学科知识、弘扬人文精神的基础上,强化法学理论与实践的结合,以科技跨越学科界限,创新法学教育方法来应对挑战,使高校所培养的法律人才能够更好地满足社会需求,回应时代的召唤。

关键词:新文科;学科交叉;人才培养

近年来,随着法治进程的推进,法学教育取得了长足发展。而经济腾飞与社会转型,技术的快速发展使得大数据、数字化等进入日常生活,法学教育面临着科技产生的新形式与基于现实发展的新要求。习近平在哲学社会科学工作座谈会上指出:"我国哲学社会科学学科体系已基本确立,但还存在一些亟待解决的问题,主要是一些学科设置同社会发展联系不够紧密,学科体系不够健全,新兴学科、交叉学科建设比较薄弱。"新文科建设的理念正是在此背景下提出的。

一、新文科建设的内涵解读

(一)新文科的概念场景

当代中国新文科建设的理念的提出,是基于国际国内形势发生深刻变化,面对人才培养所面临的新的背景和需求而做出的一个重大学科调整、变革和优化。③ 我国的新文科是在中国国情之上提出的关于人才培养的方向。新文科更根本的使命在于回应新历史条件下"人"的观念的变化,因为人文学科是关于"人"的学问。④ 在社会经济急速发展下,以"人工智能""大数据"为代表的科技力量的崛起,并开始将这股力量推进法学领域。习近平总书记强调:"一个没有发达的自然科学的国家不可能走在世界前列,一个没有繁荣的哲学社会科学的国家也不可能走在世界前列。着力构建中国特色哲学社

---

① 舒瑶芝,浙江工商大学法学院教授,博士,研究方向为司法制度、法学教育。
② 杨鸽,浙江工商大学法学院硕士研究生,研究方向为诉讼法学。
③ 夏文斌:《新文科建设的目标、内涵与路径》,《北京教育(高教)》2021年第5期。
④ 陶东风:《新文科新在何处》,《探索与争鸣》2020年第1期。

会科学,在指导思想、学科体系、学术体系、话语体系等方面充分体现中国特色、中国风格、中国气派。"[1]这就要求法学人才的培养应当从实践出发,从中国国情出发。

事实上,新文科相对于传统文科而言被赋予了更深刻的内涵,它要求学生在具备更扎实的理论基础之上,以打破自己的专业课程界限为关键点,拓宽自己的学术视野而进行的综合性学习,新文科下的法学教育是国家自上而下进行的使人才更符合社会需求的一种期待。人工智能技术已经进入社会生活,新文科下的法学教育是在技术加持下的跨专业与学科的教育,其体现在不仅要求学生具有法律思维与法律推理能力,更要求以人工智能作为高校的辅助工具帮助学生在原本的学科范围内进行相关扩展,改变传统的法律思维,以技术为依托与当下的新兴产业进行有机结合,培养新时代的法律人才。

(二)新文科的表现形态

1.中国特色下学科的交叉应用

新文科是相对于传统文科而言的,是对传统文科的提升,其目的在于打破专业壁垒和学科障碍。[2] 新文科建设是提升综合国力的需要,是坚定文化自信的需要,是培养时代新人的需要,是建设教育强国的需要,是文科融合发展的需要。[3] 对于时代变化所提出的新要求,法学教育应对自身的课程设置及时灵活地进行更新与调整,新文科背景下的学科交叉不仅意味着文科内各专业的学科交叉,也意味着文理之间的融合。中国的文科发展应有中国自己的特色,不能仅仅停留在对西方理论的吸收与借鉴方面。[4] 文科是社会主义先进文化的重要载体,是在世界舞台上发出中国声音的重要内容。因此,高校应在法学与国际接轨的同时就当下中国所需、世界所需的多元型跨学科专业人才进行培养。当下社会所需的人才并不意味着文科与理科之间的割裂,而是将文科与理科的专业知识与技能进行融会贯通的人才。交叉融合是新文科建设的普遍特征,必须以思想解放和积极主动的精神状态推动交叉融合。[5] 法学教育的课程设置应当以中国国情作为基准点进行跨学科的课程选择与学习,学科的交叉应当体现中国的文化自信与社会需求。

2.以数字化促进的个性化教学

数字化时代意味着可以在时间上实现"瞬时"的交流,学生除了能够在课堂进行法律知识的学习外,还可以根据自身情况在网络平台上获取资源,拓宽自己的知识面进行学科交叉的自我学习,个性化教学的本意是尊重学生个性而定制的教学,其最核心的特点之一是以人为本。数字化应用的目的不仅能够将教师从烦琐的工作中解放出来,还意味着教师能够通过智能化应用、大数据分析来掌握当下的每个学生的学习情况,人工智能并不具备法律意识,自然也不能具备培养学生法律素养的能力,但人工智能可作为辅助学生提高法律素质的工具在个性化教学中发挥着重要作用。相对于传统的纸质化

信息的反馈,大数据能从更广泛的角度进行客观上的说明以期达到不同专业的互相涉猎,可以大数据为载体建立学生的电子学习档案,在师生的实时互动中分析学习效果,从而进行个性化指导。

2020年就业蓝皮书指出,数字化人才需求不断增加,本科毕业生从事信息软件的传输服务的比例达到了8.9%,经济较发达地区是其主要就业地,就薪资而言,数字化人才的薪资起步相对较高。专业薪资与就业比例往往与社会需求相关联。在新文科背景下应当加强数字化平台的建设,构建数字化、信息化与法学人才培养之间的桥梁。

二、新文科背景下法学教育的时代需求

新文科要求法学教育在本来的学科范围内拓展学科的边界,拓展学科领域范围,丰富学科内涵,学科交叉是新学科题中的应有之义,而跨专业、跨学科、跨事业离不开扎实的基础知识。

(一)夯实基础学科,延展学科内涵

随着社会分工的复杂化,简单重复性工作逐渐被工具所替代,社会对复合型人才的需求开始增长,然而复合型人才是在某一专业具有突出能力的同时还具备相关的其他技能的人才,拥有本专业扎实的基础知识是成为复合型人才的关键。无论当下社会如何发展,法学专业对学生提高其理论与实践中对文书、理论的概括抽象能力,分析加工能力,职业素养能力的要求不会变。人工智能的发展拓展了学科边界,赋予了法学教育以更广泛的内涵。学科交叉并不意味着法学与任意一门学科的交互融合,而是在掌握基础法学理论的前提下,以社会发展为引导、社会需求为指向学习与法学相关的其他学科,从而促进法学更好地与时代发展相结合。新文科背景下的学科交叉仍旧是以本专业为核心的交叉,是拓展学科外延的交叉。尤其是法学专业的跨学科交叉,必须以掌握扎实的基础知识作为新文科建设下法学与其他学科交叉融合的基石。基础知识掌握不好,也就无法实现学科与学科之间的融会贯通。

(二)提升理论素养,弘扬人文精神

法学作为一门人文学科,始终不变的是立德树人的核心价值观,新文科建设的本质仍然是对中国优秀传统文化的传播与继承。马克思说:"法律是社会经济关系的记录。"我国法学学科的发展与更新,不仅要借鉴外国优秀的相关经验,更要以中国国情为主进行学科建设,直面中国现实,回答中国的真实问题。在新文科背景下,掌握好法学的基础理论才能进行有益的拓展与探索,法学是一门与民生、经济、社会紧密关联的学科,所涉及的多个领域都关涉法学,而专业知识的完善与拓展可以提升在立法、执法、司法领域的综合性思考。人文精神是一个国家、民族、个人内心的文化活动灵魂,是不断完善自己、提高自己的信念与价值取向。人文精神的内涵表明其具有很强的本土性,我国的法学人文精神应当是提升我国法学教育的本土性适应社会需求,新文科背景下的法学教育应当将法治精神和法治文化贯彻到人的价值理想追求中,将人文精神贯彻于法律精神中。学生运用理论解决实际问题时不自觉地拓展法学的知识面,实践中的学科交

又融合相比法学理论往往要明显得多,然而法学不同于其他专业,理论是法学的基石,对于法学教育而言,法学理论是法学生开启法律大门的第一把钥匙。因此,学生在扎实学习基础法学理论后,应当以法律作为自己行为的标准,在实践中践行法律的思想,在为社会提供法律人才的同时也为人类法治文明的进步贡献力量。

(三)强化实践应用,趋同法治目标

法学是一门理论性与实践性都非常强的学科,法律人才具有综合性,包含着理论和实践多个层次。[①] 智能的发展和产业的变革快速地调整着社会实践对人才的需求走向综合化、技能化、实践化。[②] 法学在高校教育中过多地关注法学理论与科研,对实务的侧重往往限于毕业前实习等有限的资源,且实习时间较短,学生往往还未将法学理论和实践相结合便匆匆结束,对实务的了解往往并不会达到学校的预期,而学生在进入社会时的"适应期"实际是一段从理论知识向实际操作转化的适应期。总体来说,高校在法学教育的实务板块较为保守,即便是课堂上的案例分析也只就本专业的内容进行详细分析,很少涉及其他的专业知识,然而实务中的案例分析往往是综合性判断,带有很强的逻辑思维能力,尤其是法律人在实务中的判断大多是基于经验做出的;然而法学理论的最终目的是应用于实践,法学理论终究是在动态的司法体制内运行的。此种理论与实践脱离的现象在法学教育中表现得较为明显,然而并不能说明目前所学的理论是错误的,出现脱节现象除学校观念保守之外,其原因之一在于:在理论向实践的转化过程中未做好衔接,一方面,过少的实务经验使得学生在实习开始时并不能参与到案件的实操层面;另一方面,短暂的实习期使得其积累的经验还不足以支撑实务操作时便已经结束。在高校的实践课中,实习更多是作为一门为了获取学分而存在的课程,大多数学生并不会在实践课外找法律相关的实习工作,或者找不到令自己的法律相关能力得到充分锻炼的实习工作。

高校所培养的法学人才与社会的脱节应当引起反思,法治人才的输送除了应具备良好的理论功底外,也应当具有将理论转换为实践的能力,法治目标的实现终究是贯穿于司法过程中,而司法过程的运行、正义观念的实现离不开理论与实践兼备的人才。

三、新文科背景下法学教育的范式变革

人工智能技术在与法学高等教育深度融合的同时,也在深刻地改变着传统法学高等教育的结构和内涵。[③] 习近平总书记指出:"要运用互联网和大数据技术,加强哲学社会科学图书文献、网络、数据库等基础设施和信息化建设,加快国家哲学社会科学文献中心建设,构建方便快捷、资源共享的哲学社会科学研究信息化平台。"创新是哲学社会发展的永恒主题,新文科背景下技术的快速发展与更新给了学科的交叉融合、知识的资源整合、跨学科打通提供了一条简约方便的路径。

---

① 徐显明:《高等教育新时代与卓越法治人才培养》,《中国大学教学》2019 年第 10 期。
② 李海良:《新文科发展之路:传承、融通与嬗变》,《北京教育(高教)》2021 年第 5 期。
③ 季连帅、何颖:《人工智能时代法学高等教育的变革与应对》,《黑龙江社会科学》2020 年第 1 期。

(一)以问题为导向,创新法学教育方法

我国的法学教育自中华人民共和国成立初期以来取得了较大的成就,教学的分层化使得在法学教育结构中存在着高端人才较少、中端人才不足、低端人才过剩的情况。高端人才大多具有多元的知识体系,跨学科的知识面。除了教育理念外,法学教育的体系和结构能够直接影响到高校培养生产人才的质量和数量。社会的进步与数字化的应用,法学传统的教育模式已经不能满足日益增长的社会多元类型人才的需要,应当考虑如何创新法学教育方法来适应人工智能时代法治建设的新理念。人工智能时代的到来使得教育资源在网络平台最大化地被共建共享,教育模式必然要走向智能化。但同时在法学领域也引发了一些令人关注的问题,对于高校的科研教学中对实务的发力不足,应当考虑如何将人工智能与实务层面相连接,以实现资源的节约和时间空间利用的最大化。法学教育体系应当与时代发展相适应,创新教育结构,改进教育方法,人工智能与大数据应当从理论与实践两个方向进行高效率应用,尤其是在高校相对于理论教学而言并不十分侧重实务的情况下,利用技术手段将实务中应当掌握的基本技能以场景复原、案例教学、职业办公的形式来丰富法律的实践性教学,在对理论知识掌握良好的基础之上,以数字化的形式辅助实务的扩展。

(二)以科技为支撑,打破学科思维界限

随着社会分工的日益复杂化,大学也出现了分层现象,那种大而全的教育理念被分层理念所替代。① 法学教育的多元化、专业的分层化、社会需求的复杂化要求法学教育中应以科技为支撑,打破学科的思维界限。新文科并不仅仅意味着推进文理交叉的广度和深度,也应包括传统思维与科技思维相结合,理论教学与社会服务相一致的理念,其对于学科的调整是基于社会发展而做出的。

习近平总书记在致"国际人工智能与教育大会"的贺信中指出:"把握全球人工智能发展态势,找准突破口和主攻方向,培养大批具有创新能力与合作精神的人工智能高端人才,是教育的重要使命。"2018 年 10 月,政法委与教育部联合发布的《意见》指出:"扩渠道发展'互联网+法学教育',推动法学专业教育与现代信息技术的深度融合。"新文科下的法学具有学科交叉的特点,因此法学教育也应以学科交叉作为培养法治人才的关键点。人工智能目前在教学中仍然是一种弱智能应用,但是在网络平台上的数字资源的整合使得学生可以根据自己的兴趣选择自己喜欢的法学相关课程,抑或是选择虽不与法学直接相关但却给予以法学思考的课程。然而网络课程的应用早已开展却并未取得预期效果,原因之一可能在于网络课程的切身体验感远不如线下课程深切,那么利用人工智能在高校课堂上将法学与其他学科之间的知识碰撞呈现在学生面前,可能是打破思维固有界限的破解之道。

(三)以需求为指向,衔接法律人才定位

高校从法学是应用型学科的功能定位出发,所培养输送的人才资源应以社会需求

---

① 朱立恒:《中国法学教育改革的基本思路》,《法学杂志》2008 年第 1 期。

为指向。向社会输送应用复合型法学人才的任务,是对实施依法治国方略建设社会主义国家所建设的人才培养平台的必然要求。新时代的中国法学教育必须服务于全面建设社会主义现代化强国这一宏伟目标,聚焦和服务于全面依法治国的基本方略。[①] 改革开放以来经济腾飞与高科技力量的崛起,单一性人才日益难以满足复杂社会分工所提出的要求,而随着全球化水平的提高,社会对复合型人才的需求量越来越大。高等教育要担负起人才培养的摇篮、科技创新的重镇、人文精神的高地,充分发挥引领作用。[②] 美国学者白璧得曾经说过:"尽管整个世界似乎都醉心于量化的生活,大学却必须牢记自己的任务是使自己的毕业生成为高质量的人。"[③]新文科背景下以社会需求为导向衔接人才的发展培养是当前高校应当转型和改革的方向,培养高素质、高层次的法律人才就要把握好当下信息社会所带来的新机遇与新挑战,重视实践的创新能力,培养学生成为具有法律思维与法治理念的具有时代特征的法律人才。以人工智能促进法律的发展,有利于落实"互联网+法学教育"的政策,培养社会所需的多元型跨学科法律人才。

四、结　语

当下对于国内经济与世界经济的接轨与融合,社会对高校培养的法律人才提出了更高的要求,对法学理论的学习终究要回归到社会的实践中,复合型人才的培养是在新文科背景下为了衔接社会需求而提出的教学目标,创新教学方法,加强人工智能的辅助性应用,深化理论功底,加深实务经验,使中国特色法学理论与教育在世界教育舞台上展现自己的风采。

参考文献

[1] 夏文斌.新文科建设的目标、内涵与路径[J].北京教育(高教),2021(5):33-36.

[2] 陶东风.新文科新在何处[J].探索与争鸣,2020(1):8-10.

[3] 习近平.在哲学社会科学工作座谈会上的讲话[J].人民日报,2016-05-19(2).

[4] 冯果.新理念与法学教育创新[J].中国大学教学,2019(10):32-36.

[5] 樊丽明.凝心聚力创新建设开创文科教育新未来[J].中国高等教育,2020(24):4-5.

[6] 黄启兵,田晓明."新文科"的来源、特性及建设路径[J].苏州大学学报(教育科学版),2020,8(2):75-83.

[7] 童兵.新文科建设和新闻教育改革路径的拓展[J].中国编辑,2021(2):4-7.

[8] 徐显明.高等教育新时代与卓越法治人才培养[J].中国大学教学,2019(10):7-11.

[9] 李海良.新文科发展之路:传承、融通与嬗变[J].北京教育(高教),2021(5):37-41.

[10] 季连帅,何颖.人工智能时代法学高等教育的变革与应对[J].黑龙江社会科学,2020(1):123-128.

[11] 朱立恒.中国法学教育改革的基本思路[J].法学杂志,2008(1):108-111.

---

① 冯果:《论新时代法学教育的公共精神向度》,《中国大学教学》2018年第10期。

② 吴岩:《加强新文科建设　培养新时代新闻传播人才》,《中国编辑》2019年第2期。

③ 光峰:《在量化时代造就有质的人——白璧得〈文学与美国的大学〉的读后感》,《合肥工业大学学报》(社会科学版)2005年第6期。

线上线下混合教学模式下
"信号与系统"课堂教学改革探索[①]

林丽莉[②]　王秀萍[③]　沈文丽[④]　赵中伟[⑤]　倪郑威[⑥]

摘　要:在教学信息化、智能化的浪潮下,线上线下混合教学模式俨然成为高校教学改革的重要发展方向。本文针对"信号与系统"课程在实际教学中存在的问题,秉承"以学生为中心"的教育理念,依托爱课程中国大学 MOOC 网站的异步 SPOCs 和钉钉网上教学平台,进行线上线下混合教学改革探索,为后续的教学改革提供一定的借鉴和指导。

关键词:在线教学;混合式教学;课堂教学改革

引　言

随着人工智能、大数据、云计算和物联网等新技术和产业的兴起及迅猛发展,互联网与传统行业领域不断融合,互联网已经渗透到我们生活和工作中的方方面面,对教育行业也产生了前所未有的巨大影响。

2016 年,教育部《教育信息化"十三五"规划》中,提出了构建"人人皆学、处处能学、时时可学"、与国家教育现代化发展目标相适应的教育信息化体系。

2019 年,教育部关于深化本科教育教学改革指出,要积极发展"互联网+教育"、探索智能教育新形态,推导课堂教学革命。

2020 年暴发的新冠肺炎疫情,使得几乎所有教师都主动或被动开启了多种形式的线上教学。疫情的驱使和国家的支持,激发了线上教学、直播课堂的蓬勃发展。随着疫情的好转,师生基本恢复了在实体教室中上课,但线上教学依然发挥着重要作用。正如教育部高教司司长吴岩总结道:"疫情期间的在线教学,改变了教师的'教'、改变了学生的'学'、改变了学校的'管'、改变了教育的'形态'。我们再也不可能也不应该回到疫情发生之前的教与学的状态。在线教学已经转化为'平时机制'和'质量行动',转变为'新

---

① 本文系浙江工商大学线上线下混合式教学改革项目。
② 林丽莉,浙江工商大学信息与电子工程学院副教授,博士,研究方向为智能信息处理。
③ 王秀萍,浙江工商大学信息与电子工程学院讲师,博士,研究方向为机器人及人工智能。
④ 沈文丽,浙江工商大学信息与电子工程学院讲师,博士,研究方向为无线通信。
⑤ 赵中伟,浙江工商大学信息与电子工程学院副教授,研究方向为电力物联网及人工智能。
⑥ 倪郑威,浙江工商大学信息与电子工程学院副研究员,博士,研究方向为通信理论与机器学习。

常态'。"

在当前这一新的历史形态下,我们作为一线高校教师,应该顺应时代潮流,积极主动学习新技术,更新教学理念,深化信息化教学改革。

一、传统教学模式中存在的问题

"信号与系统"课程是信息、电子、通信、控制等专业方向的核心必修课,是后续多门重要专业课程(如"数字信号处理""通信原理""控制理论")的先修课程,也是众多高校研究生入学考试课程。显然,提高该课程的教学质量,对于提高相关专业的高层次人才培养质量起着举足轻重的作用。在"信号与系统"的传统课堂教学中,主要存在以下问题。

(一)教学手段落后,教学方式乏善可陈

传统教学模式主要是"教师讲课、学生听课、课后练习"。课堂上,主要以教材和教师讲授为中心,学生主要是听课和记笔记,知识信息主要是单向传递,师生互动交流不够。课后练习则属于教师无法把控的环节,导致部分学生不重视,严重影响学习效果。

(二)学生学习兴趣不足

"信号与系统"课程具有理论性强、公式多、性质多、运算多、证明多的特点。部分理论较为深难,需要有较好的数学基础,较强的逻辑推导能力。这些特点要求学生在学习的时候必须保持清晰的头脑和严谨的逻辑思维能力。然而,传统的"满堂灌式"教学模式,极易"催眠"学生,使其茫然不知所学。长而久之,学生便失去学习兴趣。

(三)学生学习动力、能力双不足

传统教学模式下,学生过于依赖教师讲解,一味地被动接受老师传递的信息,缺乏探究精神,知其然而不知其所以然,而且学生普遍缺乏学习动力,导致自我学习能力无法得到发展和提升。因此,如何激发学生学习动力,进而发展其学习能力,是一个亟待解决的重要问题。

二、线上线下混合教学模式构建及实施

线上教学作为一种新的教学常态,广获好评。利用线上教学平台,可以将教学视频、课件、讨论、作业及测试等组织成在线课程。线上课程具有可实现大规模教学、碎片化学习、私人化学习、可重复学习、不受时间和空间限制的学习等优点。然而,线上教学也存在诸多不足,如:教师很难实时、充分关注学生的学习状态,教师难以调动线上课堂的学习气氛,学生学习的约束性不强,学习效果难以保证,等等。

线下教学作为传统的教学方式,需要学生在实体教室里与教师进行面对面的教学,在信息表达、传递效率和互动交流方面仍然具有线上教学所无法替代的优势。

线上线下混合教学模式融合了两者的优点,形成互补,能够更好地满足不同层次学

生的个性化需求。我们尝试以学生的学习效果为中心,以学生的预期学习成果为目标进行教学设计,通过课前、课中、课后教学内容的合理规划,激发学生的学习兴趣及主动性,提升教学效果。

为此,我们首先对"信号与系统"课程的知识体系进行梳理、提炼,并以模块化方式加以体现,使学生在掌握细节知识的同时,又能整体把握。在此基础上,进行线上线下混合教学模式设计,并尝试多种形式的线下课堂教学。

(一)模块化课程知识体系梳理

"信号与系统"课程主要讲授"信号"与"系统"两大知识体系,两者紧密联系,辩证统一。脱离"系统"的"信号"毫无意义,脱离"信号"的"系统"则毫无价值。因此,我们需要研究的是"系统"中的"信号",或者是有"信号"的"系统",两者相互依存,无法割离。

在课程体系的梳理过程中,我们将相关知识点汇聚成一个个模块,如图1所示。

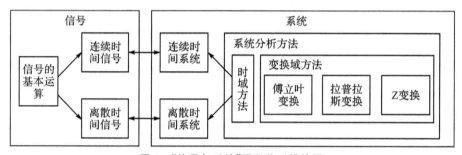

图1 "信号与系统"课程体系模块图

讲课时,先分模块讲解,再讲解各模块之间的关联,使学生既熟悉每个细节,又能在学完全部知识点之后对整个课程有一个系统性的理解和把握。

(二)线上线下混合教学模式设计及实施

依托爱课程中国大学MOOC网站的异步SPOCs和钉钉互联网平台,我们设计了"信号与系统"课程的线上线下混合教学模式,主要包含四个循环往复的环节:教师线上准备、学生线上自主学习、师生线下课堂教学、学生线上线下练习巩固,如图2所示。

(1)教师线上准备。教师在学期初发布课程教学大纲和教学计划。每次上课前需查看学生反馈意见并给出答复、发布教学资料、发布学习公告或任务清单、发布讨论问题、发布作业、发布每周测试。

发布的教学资料主要是通过SPOCs引进西安电子科技大学郭宝龙教授的国家级精品课程"信号与系统"的学习视频和课件。对于一些具有工程应用背景的重要知识点,譬如傅立叶变换的频移性质,我们会单独制作PPT课件并录制好相应的讲解视频,发布到学习平台上。

(2)学生线上自主学习。学生在课前应该先查看教师发布的学习公告或任务清单,然后带着问题观看视频、查阅资料,形成自己的学习体验,参与线上问题讨论。

学生通过线上自主学习,要达到:对于较简单的教学内容能够透彻了解,对于复杂的教学内容能够掌握到七八分的程度。

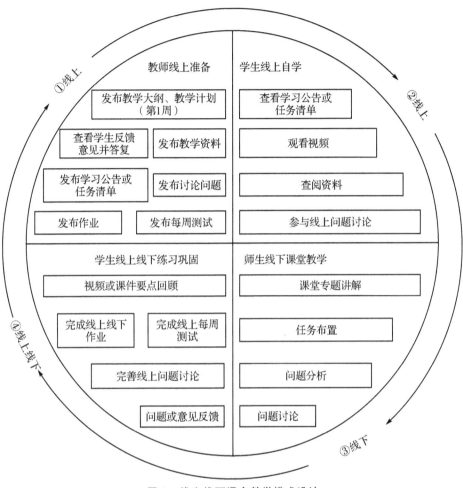

图 2　线上线下混合教学模式设计

（3）师生线下课堂教学。受课时所限，对于较简单的教学内容，学生完成线上自主学习之后，教师不再在线下课堂重复讲解。教师会选择课程重点和难点做专题讲解，并布置任务。学生根据任务分组，认真分析问题，参与讨论，阐述方案。

在这个环节，我们针对讲解内容的特点，主要尝试了三种课堂教学方式：案例式教学、问题式教学、主题式教学。具体内容将在下面加以详细介绍。

（4）学生线上线下练习巩固。这个环节要求学生整合线上线下学习所得，完成线上线下作业，完成线上每周测试，并进一步完善第 2 环节中的线上问题讨论。如有问题或意见则可通过线上或线下方式反馈。

（三）线下课堂教学方式改革

在图 2 中的"师生线下课堂教学"环节，为了活跃课堂气氛，提高学生学习兴趣和主动性，我们主要尝试了案例式教学、问题式教学、主题式教学三种课堂教学方式。

1.案例式教学

案例式教学是指根据一定的教学目标，以合适的案例为载体，由学习者在真实的问题情境之中进行探究,以促进其决策能力、问题求解能力,以及口头与书面的表达能力提高的一种教学方式。

具体以"信号与系统"课程为例,为了使学生牢固掌握傅立叶变换的频移性质,我们以现代通信系统中信号的调制、解调案例为载体,让学生在这一真实问题中探究频移性质的原理及实际应用,并要求学生用口头及书面语言加以描述、归纳、总结。该案例还可以进一步拓展到通信系统的频分复用技术中。

2. 问题式教学

问题式教学是指把学习活动设置到复杂的、有意义的问题情境中,通过学习者的合作解决实际的或真实的问题,来学习隐含于问题背后的科学知识,形成解决问题的技能,并提升自主学习能力的一种学习方式。

具体以"信号与系统"课程为例,为了能让学生透彻理解并掌握频率域分析方法,我们可以首先给学生一个简单的通信系统,譬如说一个倒频系统,让学生采用频率域分析的方法研究这个系统到底是如何实现倒频的。让学生带着问题学,可以激发学生的求知欲望,在学习了"信号与系统"的频率域分析方法的同时,也学习了一些隐藏在问题背后的现代通信系统知识,激发了学生的学习兴趣和主动性,同时也提升了他们的自学能力。

3. 主题式教学

主题式教学是指学生围绕一个主题通过充分发掘和利用各种不同的资源,并遵循科学研究的一般规范和步骤而进行的一种学习方式。其目的是提升学习者的问题解决能力、探究和创新的能力,促进学习者的学科素养和信息素养同时得到提升。

以"信号与系统"课程为例,在学习图 1 中的"拉普拉斯变换"模块时,为了让学生能全面掌握这种变换方法,我们便把拉普拉斯变换作为一个主题。启发学生从拉普拉斯变换的引出定义出发,充分利用各种资源探究拉普拉斯变换与前面已经学习过的傅立叶变换之间的区别与联系,探寻两者之间什么时候可以转换,以及如何转换等问题。这使得学生在学习新知识的同时,又利用各种手段和资源把已学知识又复习了一遍,在提高学生专业素质的同时,也提升了学生自己探究、解决问题的能力。

三、建立新的考核评价机制

以往的"信号与系统"的课程评价机制比较简单,通常是期末考试占 70%,平时成绩占 30%。平时成绩主要参考作业情况及出勤率。不少学生平时不认真学,等到期末考试之前才开始突击学习。突击学习的弊端非常明显,许多知识点是以死记硬背的方式在短时间内掌握下来的,而不是建立在理解和融会贯通的基础上,因此非常不牢靠,通常会很快忘记。等到下学期相关课程要用到其先修课"信号与系统"的知识时,已经所剩无几,严重影响专业学习。因此,有必要通过建立完善的课程考核评价机制对学生的学习行为加以引导。

为了引导学生在平时的学习过程中投入更多的精力,线上线下混合教学模式下的"信号与系统"课程考核评价包括四部分:课程参与度(15%)、线下作业(20%)、线上测试(15%)及期末考试(50%)。其中,"课程参与度"的评价标准主要参考三个方面:线上资源浏览观看时长,课程任务完成数,讨论参与数等;线下课程随堂问答,讨论参与数;问题回答及讨论观点的质量。

该评价机制更加注重学习过程,降低了期末卷面占比,而将平时的学习过程赋予较高的权值。充分利用了线上网络平台对课程视频的观看时长、次数,讨论问答和测试等学习过程的数据记录功能,通过数据统计分析,形成对课程学习的客观评价。

四、结　语

依托中国大学 MOOC 的 SPOCs 和钉钉网络教学平台及线下多媒体教室,本文提出了线上线下混合教学模式及实施方案,积极推进"信号与系统"课程的教学方式改革。以学生为中心的线上线下混合教学模式培养了学生学习的主动性和自觉性,提升了学生分析问题和解决问题的能力,激发了学生的专业学习兴趣,增强了学生的专业认同度。

问卷调查表明,本级学生中,89.2％的同学更适应改革后的教学模式。在本学期结束后,我们将分别针对往年的传统教学模式、去年的线上教学、今年的线上线下混合教学模式下的课程目标达成度进行分析、对比和验证。

我们还将对学生学习态度、学习兴趣及学习感受进行问卷设计、调查和分析,从而对线上线下混合教学模式的教学效果进行尽可能全面客观的评价。在此基础上,分析教学过程中可能存在的问题,并回头调整相应教学模块及课程教学资源,形成课程教学的持续改进。

参考文献

[1] 赵俊芳,崔莹.翻转课堂的内在意蕴及高校教育改革的未来走向[J].中国高教研究,2016 (6):147-148.

[2] 于华楠."互联网＋多层次"视角下"信号与系统"课程案例教学模式研究[J].无线互联科技, 2020,4(5):30-32.

[3] 李晶晶,常玲,马丽娜.基于"线上＋线下"相结合的"信号与线性系统"课程教学模式研究与实践[J].无线互联科技,2021,3(5):60-61.

[4] 李志远."数字信号处理"在线课程建设与效果[J].教育教学论坛,2021(21):207-208.

[5] 刑利霞.新工科背景下基于OBE理念的实践教学改革思考[J].教育教学研究,2020(7):151- 152.

[6] 贺利坚.变化着的"上课"[J].中国计算机学会通讯,2021,17(1):50-56.

基于学生团队差异性的
通识选修课混合式教学模式建构

——以"文物与中国文化"课程为例①

商月怀②

摘　要：通识选修课的学生团队差异性学情,是提高课程教学质量的重要挑战之一。混合式教学模式改变了以课堂、教师、教案为中心的传统课堂教学模式,能更有效地针对学生团队差异性实施差异教学。"文物与中国文化"课程通过混合式教学模式改革,实施学生课外自主学习、课内探究的教学形式,以小组项目训练学生协作学习能力,用分层任务考核学生学习效果,切实把通识选修课从教师主导的知识传授转变为学生主体的能力训练课,努力打造课程的高阶性和挑战度,注重选课学生的学习获得以及教师的教学效能感。

关键词：学生团队差异性；混合式教学模式；通识选修课

通识课是大学课程体系中的重要组成部分,特别是通识选修课是国内很多高校实施通识教育或素质教育的主要课程。课程目标直接回答"培养什么人"的问题③,也是培养大学生的世界观、价值观和人生观,独立思考能力和批判精神,提高大学生的文化涵养、审美情趣、团队精神、人文修养和科学素质的重要课程。

一、通识选修课程的学生团队差异性问题

课程是人才培养的核心要素,课程质量直接决定人才培养质量。④ 作为专业课程以外的通识选修课,是本科课程建设中最薄弱的环节,成了很多高校"水课"的重灾区。如何提升通识选修课程的教学质量？ 现有的研究围绕着通识课的课程设计、教学方式和考核评价等方面,把解决问题的路径放在了教师、课堂和课程上,思路和方法固然都没有问题,但普遍忽略了一个学情事实:高校通识选修课是面向全校学生(或线上校内

---

① 本文系浙江工商大学 2019 年校际线上线下混合式教学改革项目"'文物与中国文化'课程线上线下混合式教学改革项目"(课题编号:1140XJ2919131)的研究成果。

② 商月怀,浙江工商大学人文与传播学院副教授,硕士,从事教学教育管理和创新创业教育。

③ 梅赐琪:《遵循三大规律的通识教育课程思政模式创新——以清华大学"写作与沟通"课为例》,《思想政治教育研究》2020 年第 3 期。

④ 《教育部关于一流本科课程建设的实施意见》,中华人民共和国教育部政府门户网站(moe.gov.cn)。

外各类学生)开设的公选课;换句话说,忽视了教学过程中的一个重要变量——学生团队差异性问题。

学生团队差异性属于学情分析的重要内容,对课程目标、教学内容、课程体系、教学方法、学生评价,以及教师教学效能感都有重要影响。对比专业课程和通识选修课程的教学,学生团队差异性特别明显。什么是学生团队差异性?学生团队差异性具有主体身份性,所以很多文献刻意地在学情分析中忽略它。从研究文献来看,学生团队差异性确实没有一个严格的定义,但从差异性教学、差异化教学、差异教学的研究文献来看,学生(个体或群体)差异性存在是差异性教学研究的前提。[①] 在教育史上,主体差异性一直是教育关注的母题之一。主体差异性可分为个体差异性和群体差异性;又表现为教育起点上的主体差异、教育过程中的主体差异,以及教育目标上的主体差异。教育起点上的主体差异是教育史普遍认可的差异,无论是孔子的"因材施教"教育思想,还是西方昆体良的个性教育思想,普遍认同存在受教育主体的差异性。教育过程中的主体差异体现在主体的学习行为和各种评价结果上,"成绩"往往被视作主体的天赋、动机、努力以及教师教学技能的显性表现。教育目标上的主体差异与上述两种差异相比,在教育史上争议最多。有教育家认为教育目标是固定一致的,不能实现教育目标的原因是教育起点上差异和教育过程中差异导致的;也有教育家认为教育目标从来不会一致,因为每个受教育者实现的或可能达到的教育目标是不一样的,世界上根本不存在完全一致的教育目标;还有教育家认为教育目标不是个体的教育目标,教育目标是社会教育目标。[②] 我们认为,教育主体的差异性是普遍存在的,受教育者达到教师设定的最低教育目标即视作教育目的的实现,这个最低教育目标是历史的、客观的和社会的。基于这样的认知,在以班级为单位的具体教学环节中,学生差异性主要体现为群体差异性,即学生团队的差异性。个体差异性在所有教学活动中普遍存在,且在不同的教学活动中个体表现也不固定。在以班级为单位的教学活动中,以学生团队差异性为基础开展有针对性的差异教学才具有一般性的意义。

学生团队差异性如何界定?学生团队差异性的本质是学习动机、努力程度以及学习能力差异。界定学生团队差异性,必须以显性表征作为差异分类的标准,如学生主修的专业、年级、学习效果、学习行为以及教育层次等作为聚类分析的依据。这些差异性自然不能是固定的,且要尽量减少身份、性别标准而力求体现学生的能力基础。通识选修课无论是采用传统课堂讲授模式,还是采用线上教学模式、线上线下混合式教学模式,学生团队差异性普遍存在。产生这种现象的原因在于"任意选修"这个行为,在同一所学校,学生团队差异性的外在表征主要是主修专业和年级的差异;而面向社会的线上课程,选课学生团队差异性的外在表征更加多元,准确识别学生团队差异性从而开展"因材施教"、差异化教学的难度更大。

固然,我们不能随意夸大学生团队差异性因素,但也不能忽略这个客观学情事实。通识选修课程终究有学科依归,学生则存在各种不同的专业、年级、学习经历的差异,学

---

① 张静、姚建欣、丁林:《学习进阶视角下混合式教学模式的构建与实验——以"大学物理"课程为例》,《现代教育技术》2020年第10期。

② 曾继耘:《主体观的变迁与差异教学思想的嬗变——论差异教学思想的历史源流与现代启示》,《教育理论与实践》2008年第4期。

生对课程相关内容的了解程度、学习兴趣、学习能力、学习目标也是千差万别的。通识选修课是注重知识传授,还是强调能力训练和前沿问题探究,面对学生团队差异性确实很难把握。加之很多学校对于通识课选修学生人数、课堂管理、教学质量,都明显区别专业课教学要求。线下传统通识选修课的学生团队差异性已经很明显,当面向网络开设线上课程时,学生团队差异性不仅增加了教学的难度,而且彻底改变了通识选修课的教学难题。

二、通识选修课"文物与中国文化"混合式教学模式的实验

以学生为中心,以学习成果为导向,对学生团队差异性学情问题主动精准定位,根据人才培养要求和目标进行反向设计"文物与中国文化"课程,努力提升课程的高阶性,突出课程的创新性,增加课程的挑战度。

(一)课程教学的基本情况

"文物与中国文化"是一门面向全校、校际各专业学生开设的线下、线上通识选修课程。2019年前该课程一直采用传统课堂教学模式,2019—2020学年第一学期课程(校内、校际)采用线上线下混合式教学模式,线上采用中国MOOC资源课程和其他视频资料,线下采用课堂讲授、小组讨论、分组实践和翻转课堂的形式开展教学活动。学生小组进行学生团队差异性识别,然后按照专业或近似专业进行分组,以小组为单位布置课程学习内容、实践作业,考试试题则以选答题方式实行分层答题。2020年度开设线上校际通识选修课,2020年上半年线上教学因为疫情基本按照传统课堂教学模式开展,2020—2021学年第一学期校际选修课按照学校分组开展线下实践学习,以学校为单位考核课程学习效果。2020—2021学年第一学期在新疆理工学院开设线下课程,面向全校2018级各专业学生,采用传统课堂讲授模式,学生课外自主学习中国MOOC资源课程和其他视频资料。

(二)课程教学的数据采集

课程教学实验因2020年暴发的疫情被迫中断,实验数据主要采用课堂学习行为和期末考试成绩,其中课堂学习行为包括平时出勤、小组任务成绩、作业情况和在线自主学习知识测试成绩。以2018—2019学年第一学期传统课堂教学(校内和校际)为对照组,参考数据主要是平时成绩和期末考试成绩。实验组选择的是2019—2020学年第一学期(校内、校际)学生的平时成绩和期末成绩。同时将2020—2021学年第一学期校际线上课程和新疆理工学院的线下课程作为平行对照组分析。

2018—2019学年第一学期对照组教学活动前未开展学生团队差异性识别。实验组进行了学生团队差异性识别,根据测试成绩以成绩划段分组。校内通识选修课从分组数据来看专业或相近专业基本在一组。校际未进行测试,直接按照专业或近似专业分组。考虑到选课学生人数的变化,便于数据分析以小组人数在5人以上的为样本,其余小组不纳入数据分析。平行对照组校际线上课程按学校分组,线下课程不分组,按照传统课堂教学模式开展。对照组数据和平行对照组线下课程数据按照实验组分组数据

取平均值。以对照组平均值为标准,记作 0;实验组或平行对照组成绩高于对照组的记作 +1,最高为 +5;低于对照组成绩的记作 -1,最低为 -5。实验数据如表 1 所示。

表 1 "文物与中国文化"课程教学实验数据

组　别	校　内	校　际
对照组	0	0
实验组	+5	+2
线上平行对照组		+1
线下平行对照组	-5	

分析数据可以看出,对学生团体差异性进行识别并有针对性地开展差异教学,与对照组相比呈现明显的正向性。按专业识别学生团体差异性,校内效果显著于校际,特别是对比校际线上平行组数据,影响因素可能是学校总体学生团队差异性。线下平行组数据反映课外学生自主学习线上资料,对提升课程教学质量效果不大,影响教学效果的主要因素还是两所不同学校总体学生团队差异性。

三、传统课堂教学模式与混合式教学模式应对学生团队差异性策略比较

根据学生团队差异性存在的阶段,可以把差异性分为课前识别、课中识别和课后识别。传统课堂教学模式并非不关注学生团队差异性,只注重选课前学生团队差异性识别,而课程环节学生团队差异性识别往往在课程考核阶段。相比于传统课堂教学模式来说,混合式教学模式的优点是拓展了"课堂"时空,多种教育资源和多元教学形式满足了教学环节差异教学的需求,恰好可以解决学生团队差异性的现状。当然,真正解决问题还是要主动面对学生团队差异性,结合通识选修课程的教学目标积极开展混合式教学模式改革。

学生选课行为就是学生团队差异性的识别过程。现在通识选修课的教学管理模式是基于消除个体差异性的歧视,从"有教无类"的观念出发,以教育经验和课程选修前置条件为基础,由班级、教师、教室和学期构成的时空结构限制就是学生团体差异性识别过程。常用的手段有限制专业、人数、年级以及先修课程等等。限制措施有积极的限制,如理工类专业学生必须选修人文社科学分;也有消极的限制,如人文某专业限制选修近似专业的通识课。在传统课堂教学模式中,教学内容和教学目标先于选课学生完成编制,课前学生团队差异性以一种先验的方式体现在教师课程设置、内容安排和目标制定上,通识选修课程以课堂、教师、教案为中心依次展开。课程内容先于学生而设定,这里面存在的缺陷显而易见。当以班级"课堂"线下时空组织教学活动时,通过选课行为来识别学生团体差异性,作用是很有限的。

教学环节识别学生团队差异性则体现了对个体差异性的尊重。通过课中识别学生团队差异性是整个教学活动中最关键的,也是传统课堂教学模式最现实可操作的方案。而混合式教学模式可以突破线下"班级"的时空限制,学生团队差异性识别可以延伸到

开课前线上学生自主学习阶段。同时在教学中采用变革课堂管理、调整教学内容、优化教学方式和跟踪教学考评来实现差异教学。传统课堂教学模式因为以线下课堂为中心,在线下班级这个时空限制下,课堂管理主要是到课率、抬头率,教师凭经验从课堂纪律和互动行为中调整教学的节奏、内容和方式;教学方式有课堂讲授、翻转课堂、主题讨论以及其他视频和实践环节;教学内容以事先确定的教案展开为主线;效果评价辅以随堂测试和课程作业。传统课堂教学模式的课中识别,以教师为中心、以课堂为时空、以个体差异识别为内容,针对学习过程难题是否存在普遍性来调整教学内容和教学目标。学生团队差异性以一种个体差异性积累的方式经验性地体现在教师的教学过程中。混合式教学模式可以改变传统线下"课堂"的时空束缚,通过开课前的学生团队差异性识别构建以学生为中心的差异性教学活动。只有准确定位学生团队差异性,才能在通识选修课中有针对性地开展高阶性、创新性、挑战性的教学。

课后识别学生团队差异性是指通过学习目标实现来评价教学效果。传统课堂教学模式把考试成绩作为一种结果,评价学生的课程学习付出、能力和效果,不能完整体现学生在课程学习前后的变化、学习的努力和能力的获得,也不能全面反映教师教学的效果。考试成绩作为个体差异,而不是作为学生团队差异性呈现出来,不能反映学生在其所在的学生团队中的横向比较和获得的进步。因此,课后识别学生团队差异性应该建立在学生团队差异性教学基础上,以能力的体现、学习的努力、成绩的进步、学生的获得作为评价的指标,对照设定的人才培养目标和课程教学目标,综合判断教师和学生实施差异化教学的效果。

传统课堂教学模式一般体现为"以课堂为中心、以教师为中心、以教案为中心"开展教学活动,学生在整个教学活动时空上的主体能动性作用不大,教师识别学生团体差异性并开展差异化教学的空间也不足,导致了老师只能按照假定的学生团队差异性,按照既定的教学方案、设定的教学目标开展教学活动。相比于传统课堂教学模式,混合式教学模式拓宽了学生自主学习、教师教学活动的时间和空间,利用信息技术采集的数据也能便捷、快速地识别学生自主学习的过程和效果,便于教师通过数据处理、识别团队的差异性,从而有利于教师及时调整教学内容、教学方式和教学目标。混合式教学模式在课后的考核评价上,同样拓宽了传统课堂教学模式的数据种类,有利于教师分层、多元、科学评价学生在课程中学习的努力程度和取得的进步。同时从教师的教学目标来看,当学生团队差异性作为一个群体变量,按照群体评价学生的进步和学习效果,也更能反映课程教学目标达成度。

四、基于学生团队差异性的"文物与中国文化"课程混合式教学模式的建构

因材施教,只有分析透、把握准、目标明,才能有的放矢地"施教"。解决通识选修课学生团队差异性问题的最终落脚点还是抓好差异性教学,通过拓展课堂时空、优化课程内容、强化教学过程、改革考核方式来实施差异化教学。"文物与中国文化"课程基于学习成果导向教育(OBE)理念,通过识别学生团队差异性,依据高阶性、创新性和挑战性的课程要求,针对不同学生团体反向设计课程教学内容,并根据教学进度有针对性地建

立评价和持续改进机制。① 具体的混合式教学模式建构逻辑如图1所示。

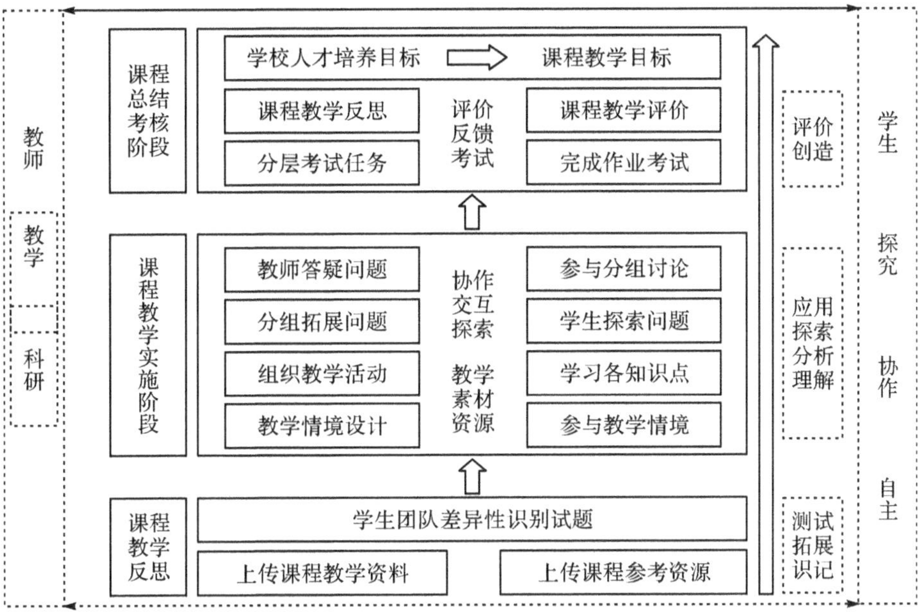

图1 "文物与中国文化"课程混合式教学模式

在设计基于学生团队差异性的"文物与中国文化"混合式教学模式时,突出了以下特征②:一是强调以学生为中心,凸显学生在教学中的主体性,强调学生在教学过程中的获得。坚持在教学设计、教学技术、资源配置和教学评价中以学生为中心,考虑学生体验式学习、小组协作学习以及社会化学习。二是注重教学过程中的互动和交流,强调探究式教学。以问题为导向,引导学生的学习意向、兴趣,根据学生团队差异性设定教学目标。充分利用线上线下混合式教学方式,为学生提供丰富的自主学习内容和探究式学习资源,同时利用信息化平台搜集数据分析学生在学习过程中存在的问题与不足,及时解决问题。三是重视学生团队差异性。充分考虑学生的不同需求、不同兴趣、水平层次、学习能力等,以学生团队差异性为基础提供差异化的学习资源和教学引导。四是注重学生创新能力的培养。力求将创新能力培养贯穿整个教学活动,在教学情境设计、教学活动设计和小组协同学习中,积极调动学生的学习能动性,开展创新性、探究式、体验式的学习。③

"文物与中国文化"通识选修课通过上述教学改革,立足新时代经济社会发展需求和"大商科"人才培养目标,优化重构教学内容与课程体系,实施基于学生团队差异性的差异化教学,从知识、能力、素质的目标出发,通过该课程的理论教学、学生自主学习、分组探究式研讨和相关实践训练,培养具有国际视野、人文情怀、专业素养的应用型、复合型和创新型的"大商科"人才。

尽管"文物与中国文化"通识选修课基于学生团队差异性,在混合式教学模式改革

---

① 翟苗、张睿、刘恒彪:《高校混合式教学形成性评价指标研究》,《现代教育技术》2020年第9期。
② 王怀波、李冀红、杨现民:《高校混合式教学中深浅层学习行为差异研究》,《电化教育研究》2017年第12期。
③ 单妍、李志厚:《基于教育高质量发展的混合式教学模式建构》,《教育理论与实践》2019年第35期。

中做了一些探索,力求改善通识选修课学生团队差异性带来的教学问题,但如何科学、熟练使用混合式教学模式,并利用混合式教学搜集教学过程中的反馈数据,及时根据数据调整教学,真正开展因材施教差异化教学,把课程建设成为"高阶性、创新性和挑战性"课程,仍需要继续努力实践、探索和改进。

参考文献

[1] 梅赐琪.遵循三大规律的通识教育课程思政模式创新——以清华大学"写作与沟通"课为例[J].思想政治教育研究,2020(3):99-104.

[2] 张静,姚建欣,丁林.学习进阶视角下混合式教学模式的构建与实验——以"大学物理"课程为例[J].现代教育技术,2020(10):65-70.

[3] 曾继耘.主体观的变迁与差异教学思想的嬗变——论差异教学思想的历史源流与现代启示[J].教育理论与实践,2008(4):52-56.

[4] 翟苗,张睿,刘恒彪.高校混合式教学形成性评价指标研究[J].现代教育技术,2020,30(9):35-41.

[5] 王怀波,李冀红,杨现民.高校混合式教学中深浅层学习者行为差异研究[J].电化教育研究,2017,38(12):44-50.

[6] 单妍,李志厚.基于教育高质量发展的混合式教学模式建构[J].教育理论与实践,2019,39(35):48-51.

[7] 汤勃,孔建益,曾良才,等."互联网+"混合式教学研究[J].高教发展与评估,2018,34(3):90-99,117-118.

[8] 曹海艳,孙跃东,罗尧成,等."以学生为中心"的高校混合式教学课程学习设计思考[J].高等工程教育研究,2021(1):187-192.

[9] 罗映红.高校混合式教学模式构建与实践探索[J].高教探索,2019(12):48-55.

[10] 陈凯泉,高蕾,孟祥红.高校混合式教学中的线上学习路径挖掘及对教学改革的启示——以某大学"生物化学"课程为例[J].高教探索,2020(5):5-13.

[11] 谭爽.指向深度学习的高校"混合式教学"模式构建[J].中国高等教育,2019(6):51-53.

教学改革篇

JIAOXUE GAIGE PIAN

基于 Blackboard 平台的
交叉学科适时教学模式研究①

李　进②　肖　瑶③

摘　要:交叉学科具有多学科、交叉性、边缘性和综合性的特点,往往对学生的课堂学习、自主学习和实践能力都有着很高的要求。针对目前高校交叉学科教学中存在的主要问题,本文介绍一种面向交叉学科的适时教学模式——JiTT 教学模式,构建了基于 Blackboard 平台的 JiTT 教学模式,阐述教学资源的安排,最后探讨基于 Blackboard 平台的交叉学科适时教学模式的实施建议。

关键词:交叉学科;Blackboard 平台;适时教学模式

引　言

《国家中长期教育改革和发展规划纲要(2010—2020 年)》指出,"注重学思结合。激发学生的好奇心,培养学生的兴趣爱好,营造独立思考、自由探索、勇于创新的良好环境","强化信息技术应用。提高教师应用信息技术水平,更新教学观念,改进教学方法,提高教学效果。鼓励学生利用信息手段主动学习、自主学习,增强运用信息技术分析解决问题的能力"。可见,以学生为主体,提高学生的自主学习、实践能力和创新能力是教育教学工作的根本原则,提高人才培养质量的关键是提高学生的基本素养和核心专业能力,采用现代信息技术和网络教学改革高校教学是更新教学理念、创新教学方法和提高高校教学质量的主要手段,直接关系到学生的培养质量。

将现代信息技术和网络教学融入教学中是高等教育改革的必然趋势(张公鹏,杨鹏,2014)。适时教学模式是美国空军学院和美国普渡大学的诺瓦克教授(Gregor Novak),为了解决长期教学过程中遇到的各种教学问题所提出的一种科学有效的教学方法。张雅亭(2013)研究了基于 QQ 平台的适时教学模式在高中信息技术教学中的应用,并进行实验研究。茹琦(2013)分析和探讨了适时教学模式的内涵和流程,并以"工

---

① 本文系浙江工商大学教学项目"'Logistics Information System'课程建设研究"(平台编号:1310XJ0518003);浙江工商大学研究生教育改革项目"'生产运作管理'研究生精品示范课程"的研究成果。

② 李进,浙江工商大学管理工程与电子商务学院教授,博士,研究方向为高等教育改革。

③ 肖瑶,浙江工商大学管理学院本科生,学士,研究方向为高等教育教学。

程力学"课程为例,验证了适时教学模式在高职教育中的重要性和可行性。张芳和陈伟(2012)针对传统高职教学模式存在的缺陷,提出了基于网络技术的适时教学模式,并给出了实施适时教学模式的基本步骤。李文旭(2011)对大学生的上网情况和网络工具的使用情况做了调查,对网络教学资源管理系统、网络 Blog、腾讯 QQ 聊天工具做了大量的研究分析,探讨了基于网络的适时教学模式。丁林婷(2013)对学生的学习情况、课堂教学方式等方面进行问卷调查并分析其所存在的问题,尝试将适时模式应用于"C 语言程序设计"教学中。

现代科学技术的发展使得多学科相互渗透、相互融合,成为交叉学科,交叉学科具有多学科、交叉性、边缘性和综合性的特点。因此,交叉学科往往对学生的课堂学习、自主学习和实践能力都有着很高的要求。随着国内高校对网络教学的重视,适时教学模式逐渐运用到了高校中,对实际应用的研究也在不断增加,相对以前有了很大进步;但是,这些研究还未能实现适时教学模式在交叉学科方面的应用研究,由于缺乏对交叉学科特点的研究,无法对症下药,也无法充分体现适时教学模式的价值。因此,本文针对交叉学科的特点,提出基于 Blackboard 平台的交叉学科适时教学模式,并探讨其实施建议。

一、交叉学科教学中存在的主要问题

高校交叉学科教学中主要存在以下几个方面的问题。

(1)教学模式陈旧,教学过程中的互动和学生自主性能力的培养有待加强。交叉学科的特点是知识面宽、实践性强且学科交叉。由于学时有限和缺乏实践经验,教学模式还停留在原有的重知识传授、轻能力培养的被动式学习模式上,教师应不断尝试先进的课程授课模式的使用以提高教学质量,如案例式、项目式、抛锚式、头脑风暴式、适时教学式、WebQuest 和任务驱动式等。(吴玉学,2010)

(2)重课内,轻课外,缺少面向"课前—课中—课后"全过程的教学指导与协调。许多高校目前交叉学科的教学基本都以课内讲授为主,课堂几小时的教学信息量大,学生只能被动听,很难当堂消化,而课后一旦有了问题也无法与教师及时沟通,没有实现教与学的结合。因此应加强课前、课中和课后全过程的学习指导与传授,激发学生学习的主动性和积极性。

(3)"因系施教"而非"因材施教"。为了适应不断发展的市场、经济与社会环境和多样化的就业环境需要,学生的培养路径与发展前景应呈现多元化。学生培养路径的最终选择权应归于学生本体。然而,目前高校交叉学科课程设置多以"学校、系、所"为对象,将学生培养为各个学校与院、系理想的教育目标,缺乏以学生为中心,使学生具备自我发展与选择能力的"因材施教"的创新性培养模式。

(4)教学手段落后,现代信息化教育技术应用单一。21 世纪是科学技术不断创新的时代,现代化的教学手段将会为教学创新提供良好的条件。教师必须学会在教学过程中穿插运用投影、幻灯片、录像等辅助教学手段,并学会应用计算机网络教学以及开发、应用多媒体教学软件。传统的教学模式存在着许多弊端,改革教学模式已迫在眉睫,引入信息化,建立全新的教学模式势在必行。

二、基于 Balckboard 平台的交叉学科适时教学模式的构建

(一)适时教学模式与 Blackboard 平台

适时教学模式起源于美国(Just-in-Time Teaching,JiTT),是一种将信息技术与课堂教学相结合的新型教学模式。这种教学模式主要包括两个方面:一是基于网络信息化的学习任务;二是积极有效的学生主动学习课堂教学。这种教学模式能激发学生的学习主动性,有效消除传统教学模式中的弊端,对高等院校教学尤为适用。

适时教学模式的基本步骤为:(1)教师发布学习资源及预习问题设计;(2)学生自主学习并按时完成任务,将结果反馈给教师;(3)教师根据学生预习情况调整教学计划;(4)课堂集体讨论学习;(5)教师引导学生综合进行难题探讨。适时教学模式是一种以"反馈链"为核心的循环过程,预习使学生有所准备,在课堂讨论时能够积极参与,主动学习,反馈保证教学计划修改具有针对性,节省不必要的时间耗费,课后题探讨使学生深入学习,成为真正的学习主动者。

Blackboard 是由美国 Blackboard 公司开发的一个数字化的教学平台,是国内外应用最为广泛的教学平台之一,为教师和学生营造了网络化教与学的学习环境,其主要功能包括内容资源管理、在线交流管理、考核管理、系统管理,具有功能稳定、简单易用、资源丰富、可移植性强等特点。

(二)基于 Blackboard 平台的交叉学科适时教学模式的构建

适时教学模式的实现需要网络环境的支持,结合交叉学科的特点及对学生自主学习和实践能力的要求,本文将构建基于 Blackboard 平台的交叉学科适时教学模式,简称为 Bb-JiTT 教学模式。其模式流程如图1所示,基本流程可概括为以下几步。

(1)教师登录 Blackboard 平台,将准备好的预习资料以及为学生设计的预习任务上传到平台的内容模块。

(2)学生进入 Blackboard 平台选择课程并自主学习,学习结束后进行测试,其间可返回查看课程内容,测试完成后提交答案,平台批改后将结果通过透视图的方式展现给教师,学生可将预习中遇到的问题发给教师,也可在 BBS 模块中求助。

(3)教师利用平台统计信息、学生的电子邮件以及学生在 BBS 上的讨论情况总结的预习效果,并据此调整教学计划。

(4)教师采用改进的教学计划开展课程。课堂以学生讨论、辩论为主,其中还可以穿插角色扮演、演示等活动。

(5)根据学生的预习以及课堂学习情况,教师利用 BBS 模块发起讨论,引导学生探讨疑难问题,使学生对所学知识有更深入的理解,并激发创新思维。

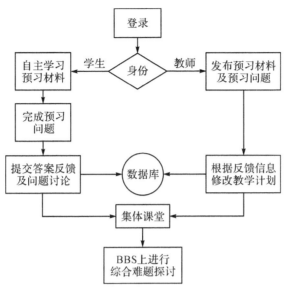

图 1　Bb-JiTT 教学模式流程

三、教学资源的安排

教学资源的安排是 Bb-JiTT 教学模式实施的关键,恰当合理地安排教学资源可以使模式的实施效果更佳。

(一)预习材料设计

预习材料包括学习材料和阅读材料。学习材料由教师根据教学大纲、教学内容制作课件、图片、文本、视频等并上传到 Blackboard 平台的内容模块,材料中必须涵盖下次授课的主要内容。此外,材料的具体设计还应与课程性质相结合,在课件中必须包含充足的例题,如果是具有实践操作要求的交叉学科课程,仅仅使用课件还不够,老师应为学生准备一些操作视频,生动立体地展现教学内容。

阅读材料是教师通过网络、电子数据库等寻找的与授课内容有关的论文、著作,应用成功的案例、网页链接等额外学习资源,学生需要从这些材料中获取相关知识的研究现状和应用方法等。

(二)问题设计

问题设计包括预习问题设计与综合难题设计。预习问题用于检测学生的预习情况,其中包含基础题以及中等难度题,基础题用于检测学生对主要知识点的掌握情况,教师可把知识点上传到 Blackboard 的试题库,由 Blackboard 平台自动生成试题,包括选择题、填空题、简答题等;中等难度题用于考查学生对知识点的理解程度,这些题目应该具有一定深度,可以结合阅读材料出题。

综合难题是教师引导学生课后在 BBS 模块中讨论的题目,对于已经掌握课程内容的学生,教师可以发布一些具有启发性的复合型题目,激发学生深入思考;而对于未能完全掌握课程内容的学生,教师可以发布一些较简单的问题,帮助学生熟悉和掌握。

(三)课堂教学活动设计

Bb-JiTT 模式下的课堂是学习者主动学习的课堂,教学活动不再仅仅是教师讲课,而应该更多地让学生参与其中,过程如图 2 所示。

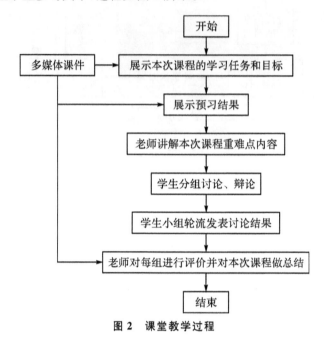

图 2　课堂教学过程

四、基于 Balckboard 平台的交叉学科适时教学模式实施建议

在交叉学科的教学中运用 Bb-JiTT 教学模式进行信息化的教学,教学资源更加丰富,学生与学生之间、学生与教师之间的交流也更加频繁。结合交叉学科中面临的主要问题和特点,对于 Bb-JiTT 教学模式的实施,本文提出以下几点建议。

(一)改变教学方式

随着交叉学科适时教学模式的实施,教师需要改变传统的教学方式。在传统的教学模式中,教师按照课本授课,教学计划固定不变,是课堂的中心,而 Bb-JiTT 教学模式是将网络与课堂结合的教学模式,以学生为主体,因此教师必须适应环境的变化,不仅要提前熟悉授课内容,还需为学生收集预习材料和预习问题,并根据学生的反馈信息及时修改教学计划,在课堂教学中成为引领者。

(二)引导学生转变学习方式

教学模式的改变要求学生的学习思路也随之变化。首先,学生必须在老师的引导下自主预习并完成老师布置的任务,为集体课堂做准备,在课堂上积极参与讨论、辩论,然后独立认真完成老师布置的"难题探究"任务,深入学习,并与实际生活相结合,掌握好的学习方法。

(三)完善 Blackboard 平台

Blackboard 平台虽已具备丰富的功能模块,但在细节方面还需要完善。目前大多仅仅使用了比较简单的预警系统和适应性规则,未来可以建立更复杂的运行机制和规则,使平台更加智能化。此外,有不少使用者反映平台的试题评判方法太死板,只有与正确答案内容、位置完全一致才能判定为正确。因此改进试题的评判方法势在必行,以便交叉学科的 JiTT 教学模式在实施中更加切合实际,事半功倍。

(四)加强信息化教育

JiTT 教学模式以信息技术为辅助,加强信息化教育是重点之一。对学生来说,平台的使用只是简单的登录、查看、填写等操作;而教师对平台的操作相对复杂,而且一些习惯于传统教学方式的教师对信息技术的使用并不是很熟练。因此,各大高校可有针对性地开设培训班,加强信息化教育,提高教学的信息化水平,保证交叉学科的 Bb-JiTT 教学模式能够顺利实施。

(五)扩充和丰富数据资源及图书资源

交叉学科的 Bb-JiTT 教学模式需要庞大的课外学习资源做支撑。在该模式下,学生不再拘泥于固定的教材,而是博览群书,取其精华,拓展知识面,以求获得更多的知识。因此,高校应增加电子数据资源和专业图书资源。此外,随着数据量及图书量的增大,应加强对资源管理系统的维护,为学生学习材料的准备提供丰富的基础和保障。

参考文献

[1] 张公鹏,杨鹏.高校移动式教学管理实践中的问题与对策研究[J].黑龙江高教研究,2014(2):166-168.

[2] 张雅亭.适时教学模式在高中信息技术教学中的应用研究[D].长春:东北师范大学,2013.

[3] 茹琦.适时教学模式在高职课程教学中的应用研究——以"工程力学"为例[J].苏州市职业大学学报,2013(2):87-89.

[4] 张芳,陈伟,郭慧玲.高职教学应用适时教学模式的研究[J].高教高职研究,2012(80):160-161.

[5] 李文旭.适时教学模式在"视频艺术与 DV"课程应用研究[D].长沙:湖南大学,2011.

[6] 丁林婷.JiTT 教学模式及其在高职计算机教学中应用研究——以"C 语言程序设计"为例[D].福州:福建师范大学,2013.

[7] 吴玉学.JiTT 模式在高校课程教学中的应用研究——以"JSP 程序设计"教学为例[D].金华:浙江师范大学,2010.

面向"现代设计史"翻转课堂的
深度体验教学设计[①]

宫 政[②]

摘 要：文章以浙江工商大学艺术设计学院本科课程"现代设计史"为教改研究对象，首先分析了该课程以"MOOC视频＋案例解析＋产业实勘＋专题讨论"四大模块为基础的翻转课堂模式。然后，通过访谈和观察的调研方法获取学生反馈，并运用体验范围框架（ESF），分析翻转课堂中产业实勘和专题讨论环节对引导学生深度体验的重要性。最后，总结以深度体验为目标的教学方法和组织模式，探索面向设计理论类课程的体验式教学设计要点。

关键词：体验教学；沉浸式场景；专题讨论

"现代设计史"作为视觉传达和产品设计专业的一门必修理论课，既为专业实践课提供学理支撑、与其互为补充，又肩负着提升设计洞察、美育启迪心灵的综合素养培养任务，在艺术设计专业教学中占有不可替代的重要位置。近年来，随着数字媒体技术和移动互联网的快速发展，以慕课、微课为依托的翻转课堂教学模式，正在成为"现代设计史"等理论类课程改革的方向。

翻转课堂教学模式的本质是为了实践"以生为本"的理念，尊重学生的差异，因材施教，引导兴趣，主动学习是其根本。本文结合近两年来"现代设计史"翻转课堂的建设经验，针对当下学生的认知习惯、聚焦设计学科知识特点，提出以深度体验为目标，以"理论导入＋案例解析＋场景体验＋讨论反思"为结构的翻转课堂教学设计方案。

一、"现代设计史"翻转课堂教学设计

（一）以"体验"为教学目的

传统的设计理论教学，常被定义为知识传授式课堂，教学模式无外乎通过文字媒介、图片媒介、影视媒介、场景媒介来优化学生的学习体验，以达到传授知识的目的，"体

① 本文为浙江工商大学 2019 校级线上线下混合式教学改革项目"现代设计史"项目（编号：1090XJ2919145）、2019 校级教学项目"面向现代史课堂教学的深层体验设计研究"的结题成果。

② 宫政，浙江工商大学艺术设计学院讲师，博士，研究方向为设计史论、服务设计。

验"被作为一种教学手段。"现代设计史"翻转课堂建设以"体验"为目的,"以学生为本"代替了"以知识为本",课堂上不再以解答学生的未知为最终目标,而是通过一系列考察活动和专题讨论引发学生思考:如何认识设计以及什么才是好的设计,希望学生带着疑问结束课程,在自己的专业实践中寻找答案,拨开云雾见青天。基于这一理念,如何引导学生实现深度体验,是教学设计的关键目标。

(二)线上线下混合共建"四大模块"

"现代设计史"课程结构由四大模块构成:线上理论导入、线下案例解析、线下场景体验、线上线下讨论反思(图1)。对于基础理论知识点,要求学生在线自学 MOOC 视频、完成前测题目。课堂上,教师通过案例深度解析,帮助学生回溯知识点并重点理解设计与商业和产业的关系。产业实勘注重将"设计"还原到它真实运作的产业环境中,以"场景"为单元延伸教学情境。通过构建一系列可视、可触、可听的感知场景,引导学生沉浸其中,激发对设计意义的思考。最后,通过专题讨论,激发学生将感知经验向理性思维转化。只有在感知和认知的互动过程中,才能形成一个真正的学习体验心理场景,实现以"体验"为目标的教学。

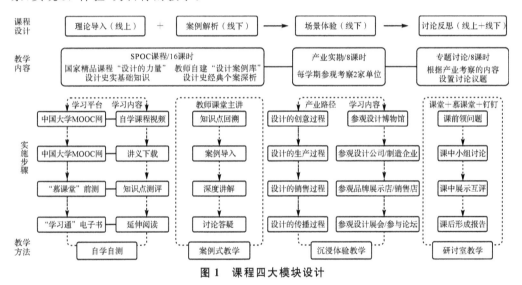

图1 课程四大模块设计

(三)以"产业实勘""专题讨论"为重点

协同校外资源,通过产业实勘,共建"沉浸体验场景"。教师需要提前构思好校外体验场景,并形成一个系统方案,从设计创意到加工制造,再到营销推广,最终实现品牌塑造,形成基于产业链的体验场景闭环。如考察设计工作室、加工工厂、设计周或设计展览等,带领学生走进经典、实勘产业、对话设计师。近两年来,陆续对接中国国际设计博物馆、杭州文博会、杭州品物流形设计机构等校外单位,展开考察。

为了获得更深入的学习体验,教师还需通过主题性的专题讨论,引导学生将自己的理解表达出来,以讨论促进反思,形成自己的见解。教师除了需要对设计前沿问题具有反思能力和敏感度之外,还需要提前与学生交流,建立深度了解,发现学生的需求,拟定具有现实意义和学科前沿的议题。通过小组讨论,抛砖引玉,学生能够独立思考,在历史与现实的对照之间找到自己的视角。

二、翻转课堂教学中的深度体验设计

(一)体验的三个维度

通常情况下,体验是主观的,我们难以设计体验中的所有细节和情感效应,只能为了更好的体验而设计。基于体验的复杂性,从一个更抽象的纵深角度,延森(Jesper L. Jensen,2014)将一个整体的体验分为三个维度:"实体(工具维度)、流程/行动(使用维度)和意义(深层维度)"①。当我们全身心投入一段经历中,并领悟到深层意义时,便达到了体验的深层维度。工具维度和使用维度都是实现深层维度体验的手段。例如,在使用绘图软件做设计方案时,你通过熟练应用手绘板和键盘快捷键,迅速地将大脑里的构思完美表现出来,在这段手脑合一、沉浸其中的过程中,你忘记了手中的工具,也忘记了时间,只体会到愉悦的绘图过程,并且颇具成就感,这就属于深层维度体验。

当我们把"现代设计史"课程当作一个体验对象,对这门课的学习体验便可分为以下三个维度:工具维度——通过视觉、听觉、触觉等途径了解"设计"在创意、生产、销售等环节是怎样运作的,即学生掌握了某些具体史论知识;使用维度——通过思考与分析能判断历史与现实中的"设计"是什么,即学生运用掌握的知识去辨别历史、思考现实问题;深层维度——明白"设计"在产业间为什么如此运作,能把握设计与技术、商业、艺术间的互动机制和发展规律,即学生能通过独立思考,融会贯通,将理论转化为思想。在这三个体验维度中,关注的核心问题分别是:"设计"是怎样运作的?"设计"是什么?"设计"为什么如此运作?即从了解知识,到运用知识,再到形成自己的观念体系。

(二)深层体验的意义结构与意义维度

为了更进一步分析深层体验,延森根据体验的目的和体验的影响,绘制了体验范围框架(Experience Scope Framework,ESF),有助于清晰呈现深层体验的意义结构与意义维度②(图2)。在 ESF 中,x 轴分别指向明确的确定性目标和开放性的不确定性目标。例如,在参观中国国际设计博物馆前,教师会提前发放讲义,提醒学生参观时留心关注现代主义部分设计作品(引导学生以目标为导向来参观体验),但在博物馆现场,学生极有可能会受到其他作品的吸引,根据自己的兴趣来参观(展开以全方位为导向的参观体验)。y 轴分别指向与当下有关的直接效应和与未来有关的衍生效应。例如,在工厂近距离、多视角观看设计产品,学生获得了感受深刻的直接效应,随后它可能会产生的衍生效应是启发某些学生的创意实践。以目标为导向的体验结果,可帮助完成当下的学习任务并影响未来的专业成就,以全方位为导向的体验结果,可增加学习过程的幸

---

① Jesper L. Jensen:Designing for Profound Experiences[J]. Design Issues,Number 3 Summer 2014,Vol 30:41.

② Jesper L. Jensen:Designing for Profound Experiences[J]. Design Issues,Number 3 Summer 2014,Vol 30:50.

福感以及影响设计价值观的形成。ESF 可以帮助我们识别深层体验的意义结构并把它们可视化。反之，作为一个方法论框架，ESF 也可以成为设计深层体验的工具。

图2 体验范围框架 ESF

（三）促进"现代设计史"深度体验的意义结构分析

笔者通过观察、访谈等人类学调研方法，将"现代设计史"翻转课堂中的学习反馈做了收集。在此基础上，将反馈结果进行归纳提取，列出了 17 项与深度体验相关的内容（图3）。在学习体验的意义结构中，以全方位为导向的体验加深了以目标为导向的体验；反之，以目标为导向的体验也会激发以全方位为导向的体验，两者间的相互协作促进了设计价值观的形成。例如，在考察竹制家具公司时，教师希望学生真正理解工艺在设计落地过程中的重要作用。学生近距离观看了技术师傅根据竹子特性调整竹椅结构，意识到材料、工艺对产品外观设计的制约。通过产业考察，大家意识到"设计"不仅仅是审美层面的创新，它更是一个产业或多个产业间的系统协作。

在教学的最后环节，教师会设计几堂讨论课，没有针对问题的讨论，就没有将感知经验向思维认知转化的途径。只有在感知和认知的互动过程中，才能形成一个真正的学习体验场景，实现以"体验"为目的的教学（图4）。在这一过程中，构建场景、参与沉浸、交流讨论都成为体验教学的实施抓手。借此抓手，调动学生的感知觉、思维、情感、意志、价值观全面参与其中，使其体会到学习的意义。

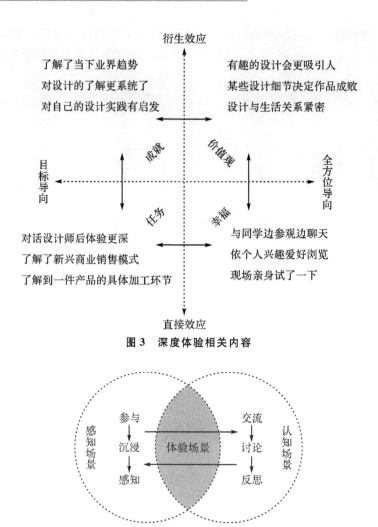

图3 深度体验相关内容

图4 从感知到认知的学习体验场景

三、以深度体验为核心的翻转课堂教学启示

（一）构建系统化的体验"场景"

历时性（时间）、情景化（空间）、互动性是影响体验设计的三个核心因素，但仅仅具备这些因素并不足以保证深度体验的实现。杜威（John Dewey）在其《艺术即经验》中讨论了体验兼具主观与客观的两方面特性："读者的阅读体验参与了小说情节的发展；而情节需要舞台，需要在空间中发展，需要在时间中展开。"[①]"舞台"即"场景"，实现深度体验离不开"场景"。

以深度体验为核心来设计体验"场景"，还需注意系统性。通过身临其境感知设计

---

① 约翰·杜威：《艺术即经验》，高建平译，商务印书馆2018年版，第49页。

在产业链中的运作,思考设计与艺术、技术、经济、文化的关系。基于设计运作的具体社会背景来构建系统化的体验"场景",更易激发深度体验。以杭州为例,作为互联网经济的高地,电商和新零售业都极为繁荣,以此为契机,教师可规划一系列基于互联网经济的设计运作场景;同时,杭州周边拥有发达的服装纺织、小家电等产业集群,它们的强大体现了中国设计从"山寨"走向"创新"的历程,以此为背景可规划一系列基于制造产业链的设计运作场景。

(二)目标导向与全方位导向自由切换

当下,人工智能已对教育行业产生了冲击。与教师相比,智能机器人能更准确地根据每个学生的学习行为数据来提供知识服务,但在情绪引导、兴趣培养及情感互动方面,教师依然占据无可替代的地位。通过营造一个开放的环境,学生可在目标导向与全方位导向之间自由切换,其学习主动性得以激发。在开放的环境中,学生不仅可以按自己的方式去完成老师要求的学习任务,还可以自己确定新的任务,并自主完成。目标导向与全方位导向的划分依据,时常是模糊的、不确定的,正是开放环境中体验目标的不确定性,带来了更丰富的学习反馈。教师应积极创造条件,营造一个包容更广泛个人兴趣目标的开放环境。

(三)讨论环节对深度体验的强化作用

"在一段由'期许(Expectation)、事件(Event)、影响(Impact)'构成的体验历程当中……只有当事件沉淀为记忆,发展成为值得分享的故事,才能真正意义上完成体验的建构,为一段特殊的经历画上句号。"①引发体验活动的"期许"包括教师预先设置的任务目标和学生自主设置的兴趣目标,不论出于何种动机,讨论都会主动唤起对经历"事件"的思考与回忆,加深其"影响"效果。因此,课堂上的讨论环节,一方面,既是对个人感知和认知的总结,也是对所经历事件(活动)的体验深化;另一方面,讨论也是激发独立思考,催生个体反思的驱动力,其影响将延伸至课外。教师在设计讨论环节时,应注意根据学生参与的感知场景,去设计一些具体的问题,实现对所经历事件的总结。在此基础上,再设计一些抽象的问题,启发学生反思内省。

参考文献
[1] 郑巨欣.世界设计史[M].杭州:浙江人民美术出版社,2014.
[2] 布鲁斯·布朗,理查德·布坎南,等.设计问题:体验与交互(第四辑)[M].北京:清华大学出版社,2017.

---

① 辛向阳:《从用户体验到体验设计》,《包装工程》2019年第4期,第63页。

环境工程专业督、评、导一体化
教学质量保障体系的研究与构建[①]

江博琼[②]　张　轶[③]　陈　婷[④]　宋英琦[⑤]

摘　要：高校教学督导，不应满足于为教务处或行政管理部门服务，而应转向"教学改革"这个中心，为"教学改革"服务，并且高校教学督导工作应规范管理、做好专业引领和文化认同。环境工程专业作为第一批国家一流本科专业，督、评、导教学质量保障体系的构建从机制建立、队伍建设和闭环评价方面做出了一系列的创新和改进措施。

关键词：保障机制；评价方式；改进闭环

一、国内外研究现状及趋势

《21世纪的高等教育：展望与行动世界宣言》提出：要把学生及其需要作为关心的重点。William Spady 提出的 OBE（成果导向教育）理念，已成为世界教育改革的主流理念，并贯穿于工程教育认证标准的始终。高校内部教学督导是我国高校内部一项传统的教学质量管理活动，但对此研究相对不多。华东师范大学教育学部高等教育研究所曾针对高校内部教学督导工作效果展开研究，发现以上海4所研究型高校为例，教学督导规范化程度和督导人员工作水平较高，但督导工作产生的影响相对不足。表现在督导的人员组成、学科背景限制了评价的客观性和科学性，并且督导的工作"督"远大于"导"。因此高校教学督导，不应满足于为教务处或行政管理部门服务，而应转向"教学改革"这个中心，为"教学改革"服务，并且高校教学督导工作应规范管理、做好专业引领和文化认同。

但上述工作从学校层面难以进行全面的规划和实施，因此国内高校目前普遍的做法是下移教学质量监控重心，建立二级教学质量监控体系，即充分发挥学院教学质量保

---

①　本文系浙江省高等教育学会2020年度高等教育研究课题研究项目"面向国家级一流本科专业建设的督、评、导一体化教学质量保障体系的研究与构建"，浙江省2021年度课程思政教学研究项目"国家一流本科专业——环境工程课程群课程思政教学框架构建探索"。
②　江博琼，浙江工商大学环境科学与工程学院党委副书记、副院长，教授，博士，研究方向为大气复合污染控制。
③　张轶，浙江工商大学环境科学与工程学院系主任，教授，博士，研究方向为水污染处理技术。
④　陈婷，浙江工商大学环境科学与工程学院副系主任，副教授，博士，研究方向为有机废弃物资源化处理与利用。
⑤　宋英琦，浙江工商大学环境科学与工程学院实验师，硕士，研究方向为环境实验检测技术。

障的主体责任,实现教学质量监控责任的分解。不仅需要对一线教学进行督导,还包括对影响教学质量和办学水平的各项工作的督导;并且需要建立结构合理、具有高素质的督导队伍,教师与行政相结合,将督教、督学拓展到督管,进而从教学过程督察、指导提升到教学质量评价。

二、环境工程专业督、评、导一体化
教学质量保障体系的建立过程

针对国内外教学督导的发展趋势和环境工程专业国际级一流本科专业建设的需求,需要建立起一套完善的督、评、导一体化教学质量保障机制,有效提升整体学风教风,改进教学质量,帮助教师更新教育理念、改进教育方法,从而促进专业教学质量的提升。具体改进途径如下。

(一)三级教学质量监控管理机制的建立

浙江工商大学环境工程专业一直以来遵循 OBE 培养模式,以社会需求作为培养目标的基础、以学校定位形成专业特色,在学校教学监督的基础上,建立学院、专业的教学保障体系,形成三级教学质量监控管理机制,如图 1 所示。

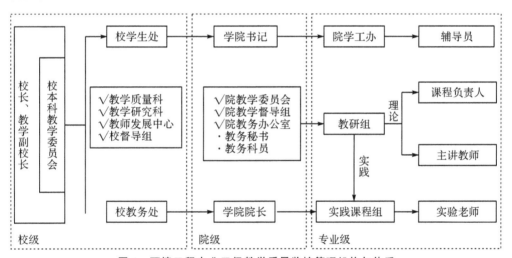

图 1　环境工程专业三级教学质量监控管理机构与体系

在此基础上,环境工程专业形成了课程体系设置和评价修订机制、教学大纲的制定和审查机制、教学过程监督检查机制及课程考核方式和内容审查机制等一系列机制用于教学质量保障(见图 2),并于 2019 年 12 月获批环境工程国家级一流本科专业建设点。针对目前的教学质量保障体系,大部分机制都运行情况良好,但相较之下,教学过程仅采用了较为简单的监督检查,使得评价对教学活动及教学管理全过程的检查、监督、及时发现问题并进行分析指导的功能显出薄弱环节。因此,从环境工程国家级一流本科专业建设的角度出发,需要建立起一套完善的督、评、导一体化教学质量保障机制,有效提升整体学风教风,改进教学质量,帮助教师更新教育理念、改进教育方法,从而促进专业教学质量的提升。

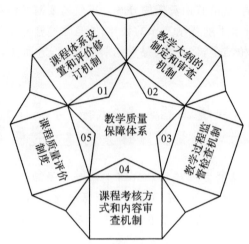

图 2　环境工程专业质量保障体系组成部分

(二)多维度、全方位评价方式的建立

根据专业定位和专业特色,完成顶层设计,收集行业专家、用人单位、毕业生反馈和利益相关第三方的信息,形成校外反馈回路;结合专业认证对在校学生的调研,了解学生的专业认可、学习投入等信息;再结合教学督导的听课反馈和自查,从社会、学生和督导评价三方面进行全方位的数据分析,得出教学质量提升的关键环节,如图 3 所示。根据环境工程专业在工程专业认证阶段的工作基础,设有多种调查形式,包括毕业五年及以上的毕业生问卷、用人单位问卷、应届毕业生专业认可度等问卷,同时在两年一次的培养方案调整过程中征询行业专家、第三方利益相关方意见,因此已具有充足的调研数据,可以就社会需求、学生满意度、学生学习动力等多方面进行数据汇总与分析。

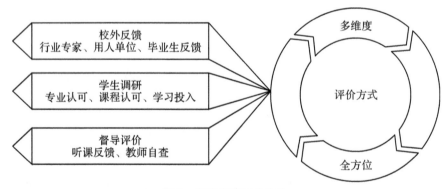

图 3　多维度的评价方式

(三)监控—评价—改进闭环的形成

细化课程类别,拓展督导范围,形成一支专业的年轻督导队伍;将督导对象从教师情况向学生情况转变,注重学生能力的培养;将督导的重点从常规教学检查向教学建设与改革转变;结合多维度评价的数据分析,在教研组内对同类课程进行研讨交流,最终向教师提出可实施的改革方案,用于教学质量的改进。利用多维度的数据评价结果作

数据支撑,将教学改革的环节进行分解细化,得出影响学生能力培养的关键性因素,以之作为教师教学和学院教学行政部门的重点工作,以提升学生能力为指导精神,将成功的教学案例逐步推向各专业课程。持续改进闭环,如图 4 所示。

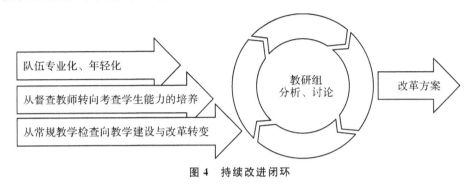

图 4 持续改进闭环

(四)保障机制的完善

专业进行顶层设计,将国家一流专业需求细化至教学层面的各个环节,以课程组—教研组组成督导中心,将教师教学改革措施与学生的能力培养相结合并进行评价,同时推进学院的行政部门在教学质量提升中的工作,将实践结果上报学院,以学院文件的形式建立长效保障机制,做到"一课一档案、一师一档案、一生一档案";以课程组、教研组为中心,结合环境工程专业教师年轻化的特色,鼓励年轻教授、青年教师共同参与到督导工作中来,将课程进行进一步细分,鼓励同类课程组进入同一教研组,形成相互的督、评,从而形成可行的改革方案,引导教师进行教学改革。从教师工作考评、教师激励、职称晋升等方面,鼓励教师参与督导队伍的建设;以教研组为中心,形成教学改革的研究报告,提交至学院党政联席会讨论通过,形成学院文件,促进专业教师间督、学、导角色的互换,以及与教学行政部门的紧密结合,从而建立长效的教学保障机制。

三、建设效果

针对目前环境工程专业教学质量保障体系中的薄弱环节,从评价方式、持续改进和机制保障三方面,全面构建专业的督、评、导体系,形成高效的自我管理、自我约束、自我完善的教学质量长效保障机制,稳步提升环境工程专业教学质量,完成国家级一流专业验收。其效果如下:

(1)拓展了评价方式。将专业内的教学过程监督检查拓展至校内和校外多重评价环节,形成多维度、全方位的评价方式。

(2)形成了监控—评价—改进闭环。从督教到督学、督管,以督引导,形成信息采集—分析评估—反馈调控的多回路持续改进闭环,有效指导教学改革、提升专业教学质量。

(3)完善了保障机制。以教研组和课程负责人为基础,调整督导工作重心,建立制度化、科学化、系统化的督、评、导长效保障机制。

力,对主动适应经济社会发展新常态,促进信息技术与教育教学深度融合,构建网络化、数字化、个性化、选择性的教育体系,提升高等教育创新力和人才培养质量具有重要意义。

当前,各个高校都在积极推动教育信息化和课堂教学创新。2019年11月,浙江工商大学金融学院金融学专业的"投资与理财"课程已被认定为国家级首批一流线上课程,"国际金融学""个人金融"等课程已被认定为浙江省第二批精品在线开放课程,"货币银行学"已被立项为浙江省第三批精品在线开放课程建设项目。按照浙江省教育厅提出的"学校先建设、线上先应用、后评价认定"的精品在线开放课程建设方式,如何利用MOOC平台进行混合式教学模式创新,以实现大范围的优质资源共享,推动跨校、跨区域在线学习、翻转课堂、线上与线下混合式学习等,是在线开放课程建设后的重要内容。因此,基于MOOC平台进行混合式教学模式创新研究,将金融现实问题与教学内容相结合,引导学生去思考、讨论,强调以学生自主学习为中心,充分发挥学生的学习积极性。

一、金融学专业课程教学现状

通过对近些年教学实践的观察,我们发现传统的金融学专业教学活动中存在着一些突出矛盾和问题,具体表现在以下几个方面:

(1)课程内容与金融快速发展之间的矛盾;

(2)金融理论与实践能力之间的矛盾;

(3)金融理论教学与人才社会适应性之间的矛盾;

(4)课程内容多与学生学习时间有限之间的矛盾;

(5)教师课堂讲授与学生自主学习之间的矛盾;

(6)教师面授与智能手机、新媒体传播之间的矛盾;

(7)实践教学薄弱与社会对学生动手能力要求高之间的矛盾;

(8)教师科研学术压力与教学质量提高之间的矛盾。

这些矛盾和问题最直接的表现在于课程教学环节和考核环节。比如,一般情况下,每节课结束教师会布置一定量的作业,包括让学生自觉阅读一些专业书籍或论文等。但是,相当一部分学生对待作业的态度不够认真,经常敷衍了事,甚至抄袭作假。而对任课教师而言,在各种考评机制的裹挟下,要花更多时间写论文、跑课题、抓项目,这势必会造成留给批改作业、与学生讨论作业的时间减少。因此,针对现行课程考试工作中存在的问题和薄弱环节,需进一步深化课程考核改革,充分发挥考核在教学中的检测、诊断、反馈和激励功能,提高人才培养质量。

为实现金融学专业人才培养目标,让学生拥有较好的信息获取与金融数据分析能力,具备较强的金融业务操作技能,必须采取行之有效的教学改革方案。金融学院"投资与理财""国际金融学""个人金融"等课程已在浙江省高等学校精品在线开放课程平台上线。利用课程网络平台让学生在线自主学习,通过在线测试检查每个章节知识点的学习效果,单元测试题中既有习题的参考答案,还有具体的演算过程和详尽的解答步骤,让学生明白知识点是什么,为什么会做错,应该怎样正确理解和解答问题等,做到

"学中考"和"考中学"。

随着大规模 MOOC 的开设,线上学习与线下学习相结合的混合教学成为一种趋势,翻转课堂应运而生。翻转课堂的本质在于回归教学活动的逻辑起点——学生的自主学习。在教学活动中,"学"是本,教师"教"的目的是学生的"学",学生的学习是教育的真正逻辑起点。当今 MOOC 课程的兴起,给传统教育带来了新挑战。通过互联网,在 MOOC 平台上嵌入课程讲座视频、PPT 课件、拓展阅读资料、案例材料、单元学习效果测试、在线答疑等,教与学的行为随时随地都可以进行,极大地方便了师生的教与学。MOOC 课程为分布在互联网各处的海量内容提供了一个集合点,将这些内容聚合并提供给学生,让学生自主学习。

伴随着 MOOC 平台上课程的不断增加,学生的注册数也在快速增长。由于 MOOC 的课程平台一般不设学生的准入门槛,学生只要注册即可参加课程学习,导致选课的学生水平参差不齐,在缺乏面授的情景下互动不够,而且学生自主学习过程缺乏监督,以至于出现 MOOC 课程注册率高、完成率低的现象。这不仅影响了教师教学的积极性,也损害了学生自主学习的自信心。因此,MOOC 设计时,面对不同的学生、不同的学习环境、不同的学习手段应重新设计教学活动和教学环节,合理安排教学视频、测试、作业、讨论在教学中的分量。

二、金融学专业课程混合式教学改革目标与内容

(一)混合式教学改革目标

随着信息化时代的到来,传统的教学活动已不能适应信息时代发展对教育提出的要求,以信息技术为背景,以学生个性化自主学习为特征的现代教学范式已成为教育发展趋势。反思传统的金融学专业课程教学活动,针对存在的诸多问题和矛盾,需要加以解决。基于 MOOC 平台进行混合式教学模式改革,按照"问题—探讨—反思—提升"的主线条组织教学,运用信息技术优势,基于"互联网+教学"手段,进行系统的教学改革,形成 MOOC 课程平台与课堂面授相结合的有特色的混合教学模式。混合式教学既贯彻启发式和案例式教学理念,又能化繁就简,保证教学效果。通过对教案的精心组织编排、主讲教师的教学技能精湛发挥、讲课视频制作的精益求精、教学拓展资料的丰富完善、网上互动交流的便捷通畅,促使学生在获取金融知识的同时增长金融智慧,并运用智慧反思金融知识的盲区,让学生真正领悟"学而习之,知而识之,文而化之"的学习真谛。通过教学改革建立良好的师师、师生、生生之间的协作关系,构建校内和校外之间的协作,激发学生自主学习的热情,让课堂"活"起来。

(二)混合式教学改革内容

根据金融学专业的培养目标,课程教学改革需要在教育理念、教学内容以及教学方法上突出"与时俱进""复合性"和"应用性"等特色。金融学专业的教学以"教学相融、实践见长"为教学理念,通过基于 MOOC 的混合式教学模式,提升学生的实践应用能力和综合分析能力。

在线开放课程平台对外开放功能的逐步完善和浙江省高等学校学分银行制度的实施，相信课程的共享范围将进一步拓宽，示范作用将不断扩大。

(1)面向校内学生。拟通过开设公开课、直播课以及在学校官网微信推送等方式推介课程，并进行线上线下相结合的混合式教学活动。

(2)面向校外高校学生。通过举办示范课、课程研讨会的形式，与拟利用本课程的慕课资源的兄弟高校任课教师进行研讨。通过开展翻转课堂、线上与线下混合式学习的示范作用，动员更多的校外学生参加课程学习，以提高课程的应用范围。

(3)面向社会学习者。继续向社会学习者长期开放。通过加强与商业银行、保险公司的合作，将课程推广到相关金融机构，更好地服务于社会，体现社会价值。

3. 建设与课程配套的新形态教材。依据课程教学目标，结合学习者在线自主学习的特点，在吸收国内外相关课程资料的基础上，组织课程团队成员编写一本与课程平台相衔接的新形态教材，为学习者的自主学习提供更大的帮助，同时也可以进一步扩大课程的影响力。

4. 运用大数据技术，开展教学研究。充分利用课程平台的统计数据，一方面，对选课人群的完成率、结课率、流失率进行分析研究，了解学习者对课程的黏性和满意度；另一方面，从课程的学习数据出发，分析研究学习者的学习参与过程、互动交流活跃程度、知识模块的利用情况、考核成绩分布等方面的数据轨迹，找出异常值或者关联数据中非关联的异常部分，查找异常的原因并进行分解。在此基础上，研究在线开放教学过程中的规律性以及存在的问题，有针对性地改进在线开放课程的教学内容和教学方法，进一步提高教学水平与教学质量。

(二)混合式教学改革的实施(见图 1)

1. 利用翻转课堂进行教学模式改革。在课前，学生按照每一章节的学习任务单，利用 MOOC 提供的学习内容自主在线学习，完成学习任务单中的测试题、作业题。在课堂上，学生需要完成章节的测验，以检查自主学习效果，教师针对存在的问题进行讲解。

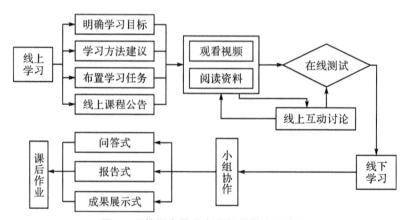

图 1　翻转课堂的混合式教学模式实施图

（1）学习资料的发布。在每一章学习前，发布各章节知识点的视频讲解、PPT 课件、拓展阅读资料和讨论题等学习内容，让学生提前自主学习。教师根据教学计划设定的阶段性学习任务逐步开放每一章节的学习内容，在规定的期限内，学生可以自主决定完成时间。

（2）面授的组织。任课教师凭借教学实践以启发引导的教学方法组织课堂，一般实行小班化任务驱动和分组讲解。课堂上充分发挥学生的学习积极性和主动性，让学生展示学习感悟，教师穿插点评、提问、讨论和总结。在适当的时候，引导学生开展金融专题性的学术研究，鼓励学生撰写学术论文，并帮助推荐优秀论文公开发表。

（3）学习状况的动态评估。利用 MOOC 平台功能，了解每一个学生的视频观看、单元测试成绩、作业完成情况、参与讨论次数、花费的学习时间等，鼓励先进，鞭策落后，保证学习质量。

（4）教学进度的总体把握。MOOC 课程的后台大数据可以让教师全程掌握每一个学生的学习情况，了解各章节学习内容的完成情况，了解每一个知识点的掌握情况，以及学生在线学习的时间、学习笔记等情况，总体把握课程的重点、难点，便于改进讲授方式等。

2.建设并逐步完善教学资源模块。互联网金融、大数据、云计算、智能投顾等快速发展深刻影响并改变着传统金融业，全球金融业正在发生影响未来的深刻变化，这些变化既对金融业发展提出了新要求，也对金融人才培养提出了更高期望。为了构建数字化的教学环境，对 MOOC 课程平台的四大教学模块内容进行进一步完善、更新，以实现教学大纲、讲解视频、PPT 课件、拓展阅读资料、测试题库、作业题库、金融实验数据库等教学资料与时俱进。充分利用金融实验室的数据资源，积极开展实验教学活动，利用金融实验室数据模拟系统，锻炼学生的操作能力，加深学生对金融学专业理论知识的理解。

3.构建形成性的考核机制。建立以基础知识、基本理论、实践技能为基础，综合运用能力为重点，学习态度为参照的课程综合考核体系，提出"综合化—过程化—多样化"的形成性课程考核机制。

四、金融学专业课程混合式教学改革特色与创新

（一）混合式教学改革的特色

1.以学生自主学习为中心，重构课程体系。与传统教学的被动倾听学习不同，项目尤其注重学习者在线自主学习的体验，以"知识立方体"为基本单元，按人的生命周期理论串联成一个完整的金融知识体系。在此基础上，学习者可以根据自身的知识背景和投资风险偏好特征，从不同起点和视角自主选择"知识立方体"，个性化定制学习方案，成为主动的知识探究者，提高在线自主学习效果。

2.以典型问题为导向，构建知识立方体。与一般课程平铺直叙地介绍知识点不同，项目以"问题—探讨—反思—提升"为向度构建"知识立方体"。从凝练不同生命阶段的典型金融问题出发，充分发挥网络信息技术优势，探讨具体可行的路径，反思"误区"和

"盲区"，传递金融知识，增长智慧，力求举一反三，引发思考。

3."学中考"＋"考中学"，创新考核方式。与传统教学注重结果考核的做法不同，将过程考核和结果考核相结合，强调过程考核。以丰富的单元测试题、课后作业题和讨论话题等教学资料为依托，采用全方位、立体化、开放式的自助考核方式进行过程考核。学习者通过在线学习、在线考核来诊断自主学习的效果，实现"学中考"和"考中学"，这种形成性考核方式可以更加客观地评价学习效果。

4.理论联系实际，注重实践能力的培养。借助金融实验室软件、大数据资源开展实践教学活动，比如模拟网上银行业务、数字货币支付结算、模拟股票市场交易等。通过互联网访问股票交易所、期货交易所以及商业银行等网站，了解金融业务前沿。运用R语言软件进行投资决策，增强学生对所学内容的感性认识，同时也可以培养学生的实践能力。

5.以MOOC规范为指引，开展混合式教学。遵循MOOC建设规范，设计混合式教学的接口，提升教学整体框架的标准化水平。每一个教学视频平均时长约13分钟，每个"知识立方体"都是一个相对独立的教学单元。教学体系完整、内容丰富、容量大。通过视频授课、网上直播、自主测试、作业互评、在线答疑、互动讨论以及课堂面授等线上线下相结合的方式开展混合式教学，以培养学习者的思辨能力、创新能力和研究能力。

（二）混合式教学改革的创新

1.运用翻转课堂进行教学模式的改革。基于已在中国大学MOOC、浙江省高等学校在线开放课程共享平台开设的"投资与理财""国际金融学""个人金融""R语言及其在金融中的运用""货币银行学"等MOOC课程，通过翻转课堂进行混合式教学改革。每一门专业课程均以关键问题为导向，以经典案例为载体开展混合式教学活动。

2.构建案例与实验教学模块。通过组织学生开展案例讨论，培养学生分析问题和解决问题的能力。通过金融大数据实验，完成实验报告并组织学生讨论，学生在关注金融发展前沿和现实问题的同时，学习兴趣不断被激发，实践能力也得到了锻炼。

3.构建形成性考核机制。目前已在MOOC平台建立内容丰富的练习题库，通过单元测试倒逼学生自主学习，利用MOOC平台让学生在线练习，检查每个章节的学习效果，让学生明白知识点是什么，为什么会做错，应该怎样正确理解和解答问题，等等，做到"学中考"和"考中学"。

参考文献

[1] 段军山."货币银行学"精品课程改革研究与实践[J].中国远程教育,2011(3):60-67.

[2] 周春喜.个人金融课程的教学改革探索与实践[J].人才培养与教学改革,2017:160-166.

[3] 周春喜,楼迎军."投资与理财"通识课程的教学探索与实践[J].金融教学与研究,2014(5):73-76.

[4] 许传华.对金融学专业省级精品课程建设的探讨——以"货币银行学"课程建设为例[J].湖北经济学院学报(人文社科版),2017(1):23-26.

[5] 于歆杰.论混合式教学的六大关系[J].中国大学教育,2019(5):14-28.

[6] 龙映宏,杨红卫,陈明锐,等.基于翻转课堂的混合式教学探讨[J].海南大学学报(自然科学版),2017(6):195-200.

空间经济学"讨论＋习题"式教学改革研究

程 艳[①] 贺 亮[②]

摘 要:空间经济学现有课程特色体现在"讨论＋习题"式教学的应用场景和设计路径之上。研究发现,通过"教授＋助教""定制化＋信息化""数字资源＋教材支撑"和"全程化＋多样化"评价机制等教学模式的创新,能够实现教学关系的动态化调整、教学工具的现代化跟进和教学素材的国际化推进。

关键词:空间经济学;"讨论＋习题"式教学;教学改革

空间经济学是一门研究经济活动空间分布规律的原理性课程,融合了经济地理学、区域经济学、城市经济学、交通运输经济学和国际经济学等专业课的综合知识,培养学生不仅能以规范化的视角推导经济理论,更能结合历史脉络来辩证性地思考与继承理论的逻辑一致性和经验相关性。然而,现实课堂教学存在的主要问题有:(1)静态教学关系主导课堂教学。教师受制于教学学时,课堂通常采取注入式教学方法,压缩提问和讨论时间,甚至取消课堂讨论以至于无法实现"师生共体"的交互式学习关系。(2)信息化和立体化的教学素材建设滞后,传统教学工具无法实现"双通道"教学。推行教育的真正价值在于实现"价值塑造、能力培养和知识传授"三位一体的教学目标(赵秀红,2016;王帅国,2017),由"为教服务"转向"为学服务",才能帮助学生内化和拓展专业知识(陆国栋,等;2015)。(3)课程考核以考勤和课程习题为主,注重课堂到课率和习题完成率而忽视学生逻辑推导和知识内化等通用能力的考核,导致学生使用数学"语言"分析和论证经济学结论的能力有所欠缺、逻辑思维逐渐僵化。

解决上述问题的根本在于课堂教学方法的创新,这与高质量的高等教育内涵相符。教育质量评价主要涉及两个层次的内容:一是高校教学成果的评价;二是高校的学术研究、出版和项目开发等方面的评价。事实上,国内外学者在探索教育质量的过程中早已达成共识——课堂教学是提高教育质量的核心所在。(ArifSaria et al.,2016)Mária Ǒurišová et al.(2015)指出,高校教学成果评价不仅要发现学生在学习过程中的进步,而且还要衡量教学对于学生获得就业、终身学习机会和个人成功的技能或能力所做的贡献。因此,严抓课堂教学质量,改革空间经济学课程的教学方法,在充分理解空间经济学理论的基础上,培养学生管理空间数据、整合空间信息和开展空间分析的能力,才

---

① 程艳,浙江工商大学经济学院经济系副主任,教授,经济学博士,研究方向为产业经济学。
② 贺亮,浙江工商大学经济学院硕士研究生,研究方向为空间经济学。

能培养可持续发展的高素质创新型人才。"讨论＋习题"式教学的探究比较符合现实课堂实践的改革路径。

一、"讨论＋习题"式教学方法的应用

所谓"讨论＋习题"式教学,是指根据教学目的、内容、学生的认知水平和知识规律,采用启发、讨论、汇报和习题总结等办法传授知识、培养能力的一种教学方法,有助于发挥学生的主观能动性,最大限度地了解和掌握学生个体和总体的知识储备和认知状况,培养学生分析问题、解决问题的能力。以空间经济学课程为例,"讨论＋习题"式教学的应用主要体现在四个方面。

第一,教学理念翻转化。空间经济学课程注重知识传授,强调教师作为教学主体,容易形成单向式知识灌输,学生的"就学权利"并未得到真正的保障。"讨论＋习题"式教学立足于学生的基础知识和求知欲,主张"学生为主体,教师为主导"的动态教学关系,学生在教师的引导和启发下进行有意识的思维探索活动。(马星和王楠,2018)在具体实施过程中,教师一方面需要结合自身的专业知识和教学目标,从学术界或权威教学机构认可的教学资料中精选教学资料并制订教学计划;另一方面,还需依据教学内容的需要和学生课堂学习的心理特点来选择课堂讨论方式,包括导向式讨论、自由式讨论、师生双向探讨等多种流向轨迹。除此之外,还需建立习题反馈机制以检验教师的教学效果。在整个教学流程中,学生的学习方式和手段可以得到教师的正确引导,有利于提高学生的自主学习性,教师亦可根据习题反馈机制中学生对教学和课程学习的看法,适时调整自己的教学。

第二,教学工具现代化。空间经济学课程主要以板书的形式授课,这种传统教学工具易将知识碎片化,较难构造完备的知识网络,不利于知识输出和知识创新,运用不好还将拖慢教学进度,达不到预期的教学效率。(赵俊芳和崔莹,2016)在大数据时代下,国外已将手机设备、Chrome Book 和手提电脑等工具引进课堂辅助教学,以便学生查阅教师授课内容的相关文献和著作。除此之外,学生还能借助 Twitter、Wikis & Blogs 和 Facebook 等社交媒体与教师进行"弹幕式"交流互动,针对重点和难点学术问题开展研讨会议,教师也能定期通过课堂或者课程平台对教学内容进行有针对性和过渡性的总结陈述。通过教与学流程翻转,教学效率得到提升,在有限的教学时间内学生不仅能够解决大部分学习内容,还能够更深度地学习相关习题教学工具的应用,如 ArcGIS 在地图制作、空间数据管理、空间分析和空间信息整合等方面的应用。

第三,教学素材国际化。空间经济学课程的教材仍以课本为主,平均更新年限较长,以至于无法涵盖学科前沿的内容。国外的经济学教学主要以经典著作和最新主流文献作为课程的参考教材,帮助学生梳理前沿的经济思想,但是又不拘泥于历史,以最新的主流经济学文献启发学生的经济学思维。在实际教学过程中,外文权威期刊文献是较好的教学素材,可以帮助学生感知经济学前沿。近期国外盛行一种图像式小说的教学素材,尽管基本被用于理工科学科教学,但可作为尝试应用于人文学科的课堂教学。Patricia Rocamora-Pérez et al.(2017)通过研究阿尔梅里亚大学物理学科教学方法发现,学生更能接受图像式教材,亦能较好地接受相关专业知识。此处提及图像式教材

是为了说明变更教材形式有利于提高教学效率和教学质量。微型教学视频、MOOC 和网易公开课就是一种尝试。

第四,考评体系全程化。空间经济学课程的考核指标有两种:考勤和考试。这种考核形式虽然能够使学生得到科学研究的初步训练,但也存在诸多弊端:一方面,平时成绩限于制度安排一般占比最高为 30%,不利于学生正确学习态度的培养;另一方面,通过期末考试进行考核可能使学生忽视对课程知识的系统掌握,同时也不利于培养学生的学术严谨性和规范性。这些都体现了我国高校的教学考评体系存在的共性问题:缺乏全程化考核,考评体系偏离了以学生为中心的价值取向。"讨论+习题"式教学在课程考核模块设计上主张以不同阶段和不同形式的考核贯穿课程教学,与国外一流大学采用课堂参与、考试、论文、报告、问题集、实践项目等方式考核的理念不谋而合。先进教学需具备多样化、信息化与全程化的教学考核,我国高校需顺应世界一流高校的课程考核改革趋势,科学地监测高等教育的教学质量。

二、空间经济学"讨论+习题"式教学的设计路径

(一)依托课程设计原则,完善"教授+助教"教学模式

空间经济学的所有结论都是通过严谨的数学"语言"表述的,对于这些结论的推导和证明比较艰难,参照伦敦政治经济学院"LSE100"课程的设计理念,空间经济学课程的教学改革需要依托相关学科的专业教师或助教,开设配套的"数理推导"习题课程,并以多样化、全程化的考核形式检验学生的学习成果。完善教学制度上的"教授+助教"模式,鼓励教授帮带助教。具体路径有:(1)定期召开教研会议,结合当前研究热点,事先商讨好一系列需论证的空间经济结论及可拓展的主流思想问题,鼓励学生积极参与,形成"讨论+习题"式教学模式;(2)教师可以建立虚拟学习社区群,课前上传学习资料,引导学生对即将讲授的内容形成初步的知识框架;(3)教师以现实经济问题为导向,设计互动答疑平台,提高学生的学习自主性,促进讨论式教学的形成。

(二)搭建线上教学平台,借助大数据实现"定制化+信息化"教学模式

大数据亦扭转了传统教学观念中的师生主体定位和教学流程定位,从教师主体向学生主体转变,教师不再是传统的知识搬运工,而是学生学习过程中的引导者和辅助者,可实现师生间的"定制化+信息化"教学模式。具体路径有:(1)通过钉钉、腾讯会议和超星等线上教学平台厘清知识框架,并有针对性地筛选高难度知识点进行答疑,从"先教后学"向"先学后教"转变,实现课前教学内容引导和课后教学成果监控;(2)通过课前预热实时把握学生理论知识的认知程度,围绕教学目标开设以小组为单位的班级研讨会,会后教师集中点评和总结,并自然将问题引入下一环节教学内容;(3)在每个教学环节结束后,教师在平台上进行授课内容归纳总结,学生完成课后测试,实现教学质量的实时监控。讨论式学习有利于将理论知识内化,形成系统的知识框架,便于知识整合与输出。

(三)构建启发式互动机制,整合"数字资源+教材支撑"教学模式

国外经济学课程教材以经典著作和权威期刊文献为主,配备相关数字设备以供学生查阅前沿文献。反观中国式课堂教学普遍沿用教科书制度,尤其像空间经济学这样一门原理性课程,仅依赖教材较难以把握学科前沿。解决这一问题的路径主要有:(1)构建启发式互动机制。通过教师的指导性阅读,学生应结合相关理论发表自身观点,在培养专业素养的同时训练口头表述能力;(2)借助大数据更新教学素材。通过"数字资源+教材支撑"模式筛选热点经济问题,并以文献、电子书籍和视频文件等形式传送给学生作为课前导读;(3)教师可尝试开设学术公众号,不定时推送国外经典书籍和最新权威期刊文献,便于学生通过学校数字资源检索系统筛选阅读资料。这种大数据可以实现教材多元化,丰富教学内容,忠于教材基础理论知识又不拘泥于教材,实现教材支撑作用。

(四)设计多元化课程考评指标,实现课程考核"全程化+多样化"模式

空间经济学课程侧重理论教学,仅采取"考勤+考试"的考核形式过于简单且无法贯穿教学的整个过程。设计多元化课程考核指标的具体路径有:(1)课程初期,教师可根据学生在教学平台上的学习记录数据掌握学生兴趣点和重难点,组织专题探讨,并采取学生互评和教师评价相结合的方式,赋予合理权重纳入课程考核;(2)课程中期,教师以小组的形式组织学生进行社会实践,要求学生撰写相关调研报告并筛选优秀的调研报告组织研讨,改善经济学专业学生重理论轻实践的现象;(3)课程后期,主要考核课程习题的完成程度,教学环节可以合理设置课程习题次数和内容,将习题成绩评价作为课程的最终考核。这一"全程化+多样化"考核模式,初步变革了课程的考评体系,能够更加全面地考核师生双方的教与学的成果。

三、结　语

我国高等教育内涵式发展的转变,是未来教育质量提升的必然路径,现实课堂教学存在的问题阻碍了教育质量的提升。本文研究发现,信息时代背景下的经济学课堂教学,将直面技术化趋向下经济学人才培养范式对学生口头表述和知识内化等通用能力的新挑战。改革空间经济学课程的教学方法,在充分理解空间经济学理论的基础上,培养学生管理空间数据、整合空间信息和开展空间分析的能力,才能培养可持续发展的高素质创新型人才。"讨论+习题"式教学的探究是比较符合现实课堂实践的改革路径,其主要内容包括"教授+助教""定制化+信息化""数字资源+教材支撑"和"全程化+多样化"评价机制等综合教学模式创新,最终实现教学关系的动态化调整、教学工具的现代化跟进和教学素材的国际化推进。

参考文献

[1] ROCAMORA-PÉREZ P，LÓPEZ-LIRIA R，AGUILAR-PARRA J M，et al. The Graphic Novel as an Innovative Teaching Methodology in Higher Education：Experience in the Physiotherapy Degree Program at the University of Almeria［J］. Procedia-Social and Behavioral Sciences,2017(237):1119-1124.

[2] SARI A，FIRAT A，KARADUMAN A. Quality Assurance Issues in Higher Education Sectors of Developing Countries：Case of Northern Cyprus[J]. Procedia-Social and Behavioral Sciences,2016(229):326-334.

[3] ĎURIŠOVÁ M，KUCHARČÍKOVÁ A，TOKARČÍKOVÁ E. Assessment of Higher Education Teaching Outcomes（Quality of Higher Education）［J］. Procedia-Social and Behavioral Sciences,2015(174):2497-2502.

[4] 马星,王楠.基于大数据的高校教学质量评价体系构建[J].清华大学教育研究,2018,39(2)：38-43.

[5] 陆国栋,张力跃,孙健.终结一本教科书统治下的教学[J].高等工程教育研究,2015(1):17-24.

[6] 王帅国.雨课堂:移动互联网与大数据背景下的智慧教学工具[J].现代教育技术,2017(5):26-32.

[7] 赵秀红.基于慕课和"雨课堂",清华大学带动62所高校进行混合式教学改革——慕课改变你,你改变课堂[N].中国教育报,2016-6-17(1).

[8] 赵俊芳,崔莹.翻转课堂的内在意蕴及高校教学改革的未来走向[J].中国高教研究,2016(6):105-110.

[9] 约翰·亨利·纽曼.大学的理想[M].北京:中国人民大学出版社,2012.

[10] 黛安娜·科伊尔.高尚的经济学[M].北京:中信出版社,2016.

OBE 与新文科双驱下的
浙江工商大学思政课教学改革

——以"马克思主义基本原理概论"课程为例①

王华英②

摘　要:推动思想政治理论课改革创新,需不断增强思政课的思想性、理论性和亲和力、针对性。浙江工商大学"马克思主义基本原理概论"课以 OBE 为指导,以新文科为视域,将马克思主义的科学性、真理性、思想性与新文科要求、学校人才培养模式相结合,进行教学目标、教学内容、教学方法、评价方法的改革,探索出了一条实现思政课思想性、理论性和亲和力、针对性有机统一的有效途径。

关键词:OBE;新文科;教学改革

2019 年 8 月,中共中央《关于深化新时代学校思想政治理论课改革创新的若干意见》中指出,新时代思政课改革创新要求"不断增强思政课的思想性、理论性和亲和力、针对性"③。围绕如何增强思政课的思想性、理论性和亲和力、针对性,诸多学校进行了有益探索,取得了丰富经验。但思政课如何融合地方文化,助力新文科、学校培养模式还鲜有探索。

浙江工商大学"马克思主义基本原理概论"课以 OBE 为指引,以实现思政课融入、助力大商科、新文科人才培养为目标,改革了教学目标、教学内容、教学方法、考核方法,探索出了一条实现思政课思想性、理论性与亲和力、针对性统一的教学路径。

---

①　2020 年度浙江工商大学高等教育研究课题"大商科"特色的文化传承创新机制研究——以浙江工商大学为例。2021 年度浙江省高教学会高等教育研究课题"新文科视域下高校思政理论课教学改革的路径探索"(编号:KT2021078)资助。

②　王华英,浙江工商大学马克思主义学院副教授,博士,研究方向为马克思主义理论和思想政治教育。

③　《关于深化新时代学校思想政治理论课改革创新的若干意见》,网址为 http://www.gov.cn/zhengce/2019
—08/14/content_5421252.htm。

一、相关概念界定

(一)新文科的内涵与要求

2020年11月3日,新文科建设工作会议在山东大学(威海)召开,会议发布了《新文科建设宣言》,全面部署了新文科建设,新文科成为高校人才培养的指南,思政课教学改革也由此获得了新的契机与方向。

新文科是学科走向融合、信息技术平台作用凸显、百年未有之大变局下问题复杂化的必然要求。樊丽明认为,建设新文科要立足新时代,回应新需求,促进文科融合,提升时代性,加快中国化、国际化进程,引领人文社会科学新发展,从而服务于社会主义现代化国家建设中"人的现代化"建设目标的实现。[①] 李凤林指出,推进"一带一路"建设、构建"人类命运共同体",需培养一大批具有科学素养、高度国家使命感、全球视野且具备跨文化交际能力的新文科人才。[②] 习近平总书记指出,"要用好学科交叉融合的'催化剂',加强基础学科培养能力,打破学科专业壁垒,对现有学科专业体系进行调整升级,瞄准科技前沿和关键领域,推进新工科、新医科、新农科、新文科建设,加快培养紧缺人才"[③]。"坚持中国特色社会主义教育发展道路,充分发挥科研优势,增强学科设置的针对性,加强基础研究,加大自主创新力度,并从我国改革发展实践中提出新观点、构建新理论,努力构建中国特色、中国风格、中国气派的学科体系、学术体系、话语体系"[④]。可见,中国新文科建设具有以下特征。

第一,从文明传承角度看,新文科需传承并创造性转化、发展中国优秀传统文化,充分挖掘其当代价值,实现"古为今用",树立文化自信。放眼世界,吸收人类一切文明成果,超越西方文化,参与并引领国际文化,实现"洋为中用"。

第二,从技术载体看,新文科以大数据、人工智能为建设平台,促进文、工、农、医、科等的交叉融合,培养复合型文科人才,强调开放包容、技术的人文性。

第三,从学科特色看,新文科应扎根于中国大地,研究中国问题,讲好中国故事,阐述中国理论,传播中国精神,形成具有中国特色、中国风格、中国气派的学科。

(二)大商科的内涵与要求

浙江工商大学于2011年提出了"大商科"的办学理念,并在实践中不断践行。原校长陈寿灿指出,浙江工商大学"在传承百年商科办学历史的基础上,针对新时代、新商科、新经济背景下对商科人才培养的要求,传承坚持'诚毅勤朴'的校训精神与新时代浙商精神,构建了基于'文化引领、融合创新、一体多元'的大商科人才培养体系"。大商科

[①] 樊丽明,等:《新文科建设的内涵与发展路径(笔谈)》,《中国高等教育》2019年第10期,第10—13页。

[②] 李凤林:《加快建设"新文科"主动引领新时代》,《中国高等教育》2020年第1期,第45—47页。

[③] 习近平:《习近平在清华大学考察:坚持中国特色世界一流大学建设目标方向为服务国家富强民族复兴人民幸福贡献力量》,见 http://www.gov.cn/xinwen/2021—04/19/content_5600661.htm。

[④] 习近平:《习近平在清华大学考察:坚持中国特色世界一流大学建设目标方向为服务国家富强民族复兴人民幸福贡献力量》,见 http://www.gov.cn/xinwen/2021—04/19/content_5600661.htm。

"人才培养体系以'学生中心、教师发展、课堂开放'的教学文化为引领,树立了'经管为主、工商融合、多科交叉、协调发展'的'大商科'人才培养理念,确立了培养'具有国际视野、人文情怀、专业素养的应用型、创新型、复合型''大商科'的人才培养目标,创立了通过学科交叉、通专融创、知行合一、'一体多元'等多种手段的'大商科'人才培养途径"。[①] 可见,国际视野、人文情怀、专通融合、传承浙商精神是大商科的要求。

浙江工商大学已形成较成熟的"商科"人才培养模式与机制,"子女战略"加深了学生对学校的认可,浙商研究院对浙商发展模式、浙商精神进行了深入研究,浙商博物馆蕴含丰富的浙商案例,"重要窗口"研究院对浙江实践进行了研究,为浙江精神、浙商精神等地方文化、商科文化融入《马克思主义基本原理概论》提供了基础。但经过多年教学实践与课堂调查,笔者发现,多数学生对新文科理念、浙江精神、浙商精神、"大商科"特色文化等认识不足,对"大商科"人才培养模式感受不深。

(三)浙江工商大学"马克思主义基本原理概论"课教学现状

作为"立德树人"的关键课程,浙江工商大学"马克思主义基本原理概论"课教学成效显著,但仍存在以下几个问题:第一,大学生学习的内生动力不足,对课程存在一定偏见,学习主动性不强。第二,课程供给与大学生需求的契合度不高,重社会性目标,轻个体性目标,缺乏亲和力与针对性。教学内容重学科导向及学科内在逻辑;内容碎片化;多注重生动性、形象性,缺失思想性、理论性,难以引发学生的思想共鸣。第三,教学方法的灌输性带来学生学习兴趣不浓。第四,考核重显性知识、能力考核,轻思想、价值隐性考核。其中,课程供给与大学生需求的契合度不高是关键性、根本性问题。因此,契合国家与社会需要,契合新文科、地方文化、专业特质、"大商科"人才培养模式、学生特性,是"马克思主义基本原理概论"解决这一根本问题的路径。

(四)何为 OBE 理念

OBE(Outcome Based Education),也称能力、目标、素养、需求导向教育。该教育理念自 1981 年被提出后,得到欧美高校的重视与认可,成为教育改革的主流理念。它主张"反向设计、正向实施",根据需求制定学习目标,设计核心能力体系,规划课程,设计教学活动。这一理念为"马克思主义基本原理概论"课在"立德树人"大前提下,融入并助力新文科、高校人才培养提供了指引。理论界关于 OBE 的研究多集中于工程人才培养,涉及培养模式、培养目标的设计、课程设计等,却鲜有基于 OBE 的思政课改革实践及研究。

思政课教学存在的问题,开阔学生眼界,提升境界的需要,学生对新文科,"大商科"文化认识的欠缺,要求浙江工商大学"马克思主义基本原理概论"课需在新文科视域下进行改革。浙江工商大学《马克思主义基本原理概论》以 OBE 理念为指导,根据需求—培养目标—能力指标—课程体系(教学内容、教学方法)—课堂教学—评估的逆向路径建构课程,形成 P(plan)D(do)C(check)的闭环系统。

---

① 陈寿灿:《建设一流本科教育 培养新时代"大商科"人才》,《人才培养与教学改革——浙江工商大学教学改革论文集(2017)》,浙江工商大学出版社 2019 年版,第 1 页。

二、"马克思主义基本原理概论"课的改革路径

浙江工商大学"马克思主义基本原理概论"课以新文科为视域,以 OBE 为教学理念,依据"反向设计、正向实施"的路径,以基于需求的学习目标和学生获得作为出发点和归宿,围绕"思政课融合、助力新文科、大商科人才培养"目标,本着"面向国家、社会需求、契合新文科与商科要求、立足地方文化与校本特色、贴合专业、契合师承;紧扣理论,追根溯源,史实结合,体现变迁,追踪思想"的原则,从"为谁培养人才""培养什么样的人才""如何培养人才""如何评价人才培养成功与否"四个方面进行了改革,具体包括:教学目标的设计,教学内容的深化与完善,教学方法的合理化,考评方法的设置。(图1)

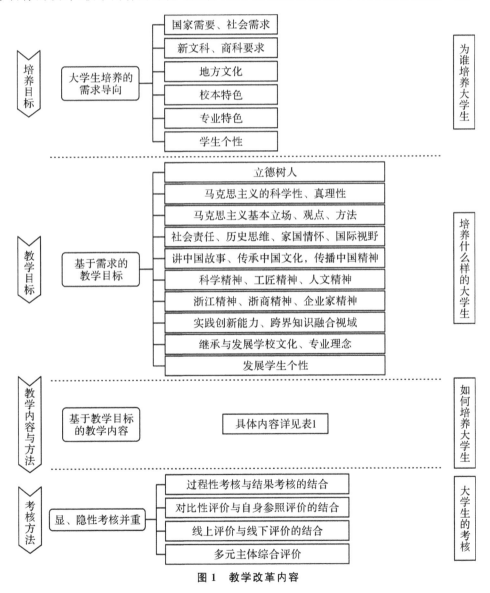

图 1　教学改革内容

(一)以需求为导向设计学习目标(教学目标)

"马克思主义基本原理概论"课充分发挥学生的主体性、能动性,改变了单纯以知识内在逻辑及教师特长为主导的教学模式,转向从学生为中心,出发点和归宿是基于需求的学习目标(教学目标)的教学。按照需求→预期学习成果(学习目标)→教学体系→教学策略→成果评估→反思改进的逆向路径进行设计。教学目标的顶层设计既要关照满足国家需要和社会需求的立德树人共性目标,也要助力"新文科""大商科"人才培养、契合办学定位、展现学校特色、服务专业特质、促进学生发展的个性目标;实现了马克思主义世界观、人生观、价值观与浙江精神、浙商精神、新文科理念、科学精神、人文精神、工匠精神、商大文化的有机统一;实现学生个体发展与国家、社会需要及发展趋势的一致性,思政课与专业课的内在统一。

(二)以教学目标为基础设计教学内容

将学习目标(教学目标)分解成体现学生能力结构的指标进而设计教学内容。教学内容与能力指标有清晰的映射关系,展现了马克思主义思想性、理论性、针对性、亲和力的统一。教学内容既有服务国家需要、社会需求的普遍性教学内容(马克思主义的科学性、真理性、内在逻辑自洽性),又有服务新文科、大商科特色、地方文化、学校精神、专业特质、学生特性的特殊性内容(新文科与大商科理念、浙江精神、浙商精神、人文素养、科学精神、工匠精神、专业特质)。其实现了思想性、理论性与亲和力、针对性的统一,思政课与新文科的同频共振。

在原著研读的基础上展现马克思主义的思想性、科学性,讲好马克思主义哲学、政治经济学和科学社会主义的内在统一性,将唯物辩证法、辩证唯物论、历史唯物主义贯穿政治经济学和科学社会主义。根据鱼骨迭代法,阐述并不断回应马克思主义的基本观点、基本方法、基本立场。在思想发展史与时代变迁中阐述马克思主义的必然性,在内在逻辑自洽性、对现实的解释力、解决能力上阐释理论的科学性。

个性教学内容体现教学的针对性、亲和力,展现了教学与学生个体目标的一致性,包括"用思政课承载并传播新文科理念"与"用新文科充实思政课"的结合,"用思政课弘扬地方优秀文化、高校文化"与"用地方优秀文化、高校文化鲜活思政课程"的结合,"用思政课引领学科、专业、人才培养"与"用学科、专业、人才培养深化思政课"的结合,实现思政课与新文科理念、专业的深度融合,以思政课助力新文科、大商科人才培养,形成思政课的浙江特色、浙商特色、商大风格。教学目标、教学内容与教学方法如表1所示。

表1 教学目标、教学内容与教学方法

教学目标	教学内容	教学方法
理解马克思主义的科学性	马克思主义产生的必然性、逻辑自洽性、对现实问题的解决能力	专题讲授法 问题链教学法
理解马克思主义的整体性	马克思主义哲学、政治经济学、科学社会主义的内在统一性	专题讲授法

教学目标	教学内容	教学方法
理解马克思主义的整体性逻辑 坚定社会主义信念	对立统一规律(生产力与生产关系矛盾、无产阶级与资产阶级矛盾)促使资本主义经由自由竞争到垄断再到国家垄断(资本主义从量变到部分质变到消亡)质变为社会主义(人类社会从原始社会经由奴隶、封建、资本主义到社会主义的否定之否定)	问题链教学法 专题教学法
坚定马克思主义群众观	唯物史观 揭示人类社会发展规律,找到革命主体——无产阶级	专题教学法 问题链教学法
深刻理解马克思主义政治经济学的科学性	剩余价值理论 资本主义剥削的秘密	专题教学法 探究式教学法
学习马克思主义方法 坚定社会主义信念	矛盾的普遍性与特殊性 社会主义发展道路的多样性	专题教学法
学习马克思主义方法 坚定社会主义信念	新旧事物的关系 社会主义代替资本主义的必然性与曲折性	专题教学法
培养社会责任	跨越时代的求职对话 读马克思《青年在选择职业时的考虑》	经典文本阅读法 案例分析法
培养学科融合理念与科学精神	宇宙演化史 世界物质统一性的科学基础	问题链教学法 虚拟仿真法
学会应用马克思主义观点、立场、方法、传承文化	用马克思主义分析中医的现状与未来 对立统一规律、否定之否定规律等	案例分析法 对比分析法
拓展国际视野	人类命运共同体、人与自然生命共同体 对立统一规律、质量互变规律	案例分析法
坚持马克思主义立场、方法 树立家国情怀 培养社会责任	"名垂千古"与"遗臭万年" 主观能动性与客观规律性的统一及其在社会历史领域的表现;价值评价以真理为标准	历史分析法 案例分析法 辩论法
坚持马克思主义基本观点 培养跨界融合视域	虚拟实践的物质性探究 世界的物质统一性	专题讲授法 问题链教学法
坚持马克思主义观点、方法; 树立人与自然生命共同体的理念	塞罕坝换新颜 实践,人与自然的关系	专题研讨法 场景模拟法
学习马克思主义基本观点	大学中社会实践与知识学习哪个更重要? 实践与认识的关系	辩论法
马克思主义的基本观点;专业(学科)认知	专业理论(学科)产生、发展的历史 实践与认识,社会存在与社会意识辩证关系	案例分析法 专题讲授法

教学目标	教学内容	教学方法
学习马克思主义基本观点	透视年度时事热点 感性认识与理性认识的关系,透过现象看本质	案例分析法
传承科学精神、工匠精神	陈薇团队疫苗研发 真理探寻之路	专题讲授法 案例分析法
传承浙商精神、企业家精神	参观浙商博物馆,深入理解浙商精神 社会意识的反作用	情境教学法 专题研讨法
传播中国优秀文化	《经典咏流传》之谜 社会意识对社会存在的反作用	案例教学法
传播浙江精神、浙江文化	浙江精神的形成和发展 社会存在与社会意识的关系	口述史方法 案例分析法 专题研讨法
传承传统文化	中医沉浮的政治、经济审视 社会存在与社会意识的关系	情境学习法 专题研讨法
传承红色基因,革命文化	百年党史话马原	专题汇报法
传播商大文化	百年商大史与商大精神传承 社会存在与社会意识的关系	情境教学法 口述史方法
坚定制度自信	改革开放四十年的规律探究 成功的实践是真理与价值的统一;生产力与生产关系,经济基础与上层建筑的规律	历史叙述法 案例分析法
传承浙商精神、深刻理解马克思主义政治经济学	浙商的成功之路——以吉利汽车为例 价值规律	案例教学法 口述史方法
深刻理解政治经济学	微软垄断案 垄断与竞争	案例分析法
透视资本主义政治制度的实质	美国大选 资本主义政治制度的实质	专题讲授法
坚定制度自信	抗疫的国际对比 资本主义发展的历史趋势	对比分析法 历史唯物主义方法
坚持历史唯物主义 认清资本主义实质	中国贫穷与资本主义贫困的差异 历史唯物主义与资本主义实质	对比分析法 历史唯物主义方法
了解社会主义发展史 坚定共产主义信仰	社会主义五百年史	历史叙述与原理结合的方法
铸魂,树立共产主义信仰	当今我们还有必要信仰马克思主义吗?	辩论法
认识共产主义远大理想与共同理想的关系	百年党史与中国梦 在实践中探索社会主义发展规律;远大理想与共同理想的关系	历史叙述与原理结合的方法

(三)根据教学内容灵活采用教学方法

以 OBE 为指导,根据不同教学内容采用不同教学方法,由教师"独白式"的教转向师生对话、生生对话、内外对话,实现以学生为主体、以教师为主导的"双主"教与学。以学生已有的基础、专业特性等为基础,综合运用线上线下混合教学模式,灵活运用专题探究法、虚拟仿真法、问题链教学法、案例分析法、情境教学法、论辩法、经典原著研读法、口述史方法、实地调研法等,以此提高学生学习兴趣。

(四)坚持显、隐性考核并重原则,设定纵向、多元、过程、多主体的评价方法

基于 OBE 的评价体系注重学生能力的提升与素质的培养,既注重显性知识、能力获得,又重视观念、思想等隐性层面进步,建立了过程评价与结果评价的结合,对比性评价与自身参照评价的结合,线上评价与线下评价的结合,多元主体的综合评价。过程评价包括线上视频观看,作业、测试的完成,讨论区发帖等,线下部分包括课堂的案例分析、专题研讨、期末考试等。它不仅对学生进行横向比较,更注重纵向的标准参照评价及自我参照评价,强调学生学习前后的对比。评价主体包括学生、老师、用人单位等。自我评价使学生感知进步,及时发现不足;师评、互评、单位评,有利于全方位获取反馈信息,不断调整预期学习目标,提高教学质量。

三、"马克思主义基本原理概论"教学改革小结

以 OBE 为指导的"马克思主义基本原理概论"在立德树人的大前提下,实现了教学目标、教学内容、教学方法及考核方法的真正因材施教,实现了立德树人与服务新文科、大商科、地方文化、学生专业、学校特质的有机融合,契合了新文科、大商科人才培养模式,提升了大学生的社会责任感,拓展了其国际视野,实现了理论的思想性、科学性与科学精神、人文精神、浙江精神、浙商精神、企业家精神、商大文化的亲和力、针对性的有机融合,为思政理论课思想性、理论性与亲和力、针对性的统一提供了有益借鉴。

参考文献

[1] 樊丽明,等.新文科建设的内涵与发展路径(笔谈)[J].中国高等教育,2019(10):10-13.

[2] 李凤林.加快建设"新文科"主动引领新时代[J].中国高等教育,2020(1):45-47.

[3] 习近平.坚持中国特色世界一流大学建设目标方向　为服务国家富强民族复兴人民幸福贡献力量[EB/OL].http://www.gov.cn/xinwen/2021-04/19/content_5600661.htm.

微积分形成性教学探讨[①]

韩兆秀[②]　王海敏[③]　裘渔洋[④]　崔　峰[⑤]　裘春晗[⑥]

摘　要：为了能使期末总评成绩中平时成绩的评定相对客观些，我们在"微积分（上、下）"试行形成性评价，通过多次考试成绩的加权平均得到最后总评成绩。实践表明，与终结性评价相比，形成性评价在期末卷面成绩上明显占优，而且基本能够维持各个分数段卷面和总评相对一致。

关键词：期末总评成绩；微积分；形成性评价

（一）现状分析

"微积分（上、下）"是大学公共数学课程中的一个重要组成部分，也是大部分大一新生，特别是财经管理类专业学生的必修课，它具有学时多、涉面广等特性。学好"微积分"对学生的理论知识学习和思维锻炼起着巨大的促进作用，同时它也是学生后续专业知识学习的内在要求。衡量学生微积分课程掌握好坏的主要标准是成绩，它会涉及学生的诸多利益。因此，如何使成绩评定尽量去除不合理因素、保持相对客观，便显得比较重要。浙江工商大学现行的微积分授课模式是分层教学，将所有的教学班按照学生的高考数学成绩（占 50%）和数学分层考试成绩（占 50%）分成 A、B 层，期末总评成绩的评定包含两方面：一是学生期末卷面成绩，占 70%；二是学生平时成绩，占 30%。该评价体系存在如下几个主要问题。

（1）A、B 层期末试卷不同，卷面成绩也不同，两者如何换算？现行 A、B 层学生同学分不同课时，试卷有异同，最后需将 A 层期末卷面成绩转换成 B 层卷面成绩。这样将涉及两个层次之间的成绩换算系数，很难有一个统计方法能保证成绩转换系数是绝对

① 本文系 2019 年浙江省"十三五"第二批教学改革研究项目"基于学生数学素质培养的微积分教学方式探讨"，编号 1020XJ2919404、1020KU214054 的研究成果。

② 韩兆秀，浙江工商大学统计与数学学院金融数学系讲师，硕士，研究方向为孤子与可积系统、偏微分方程的精确解。
③ 王海敏，浙江工商大学统计与数学学院基础数学部主任，硕士，研究方向为公共数学课程的教育与研究。
④ 裘渔洋，浙江工商大学统计与数学学院金融数学系教授，博士，研究方向为数值线性代数。
⑤ 崔峰，浙江工商大学统计与数学学院数据科学系副主任，副教授，博士，研究方向为数值微分、偏微分方程数值求解。
⑥ 裘春晗，浙江工商大学统计与数学学院基础数学部副教授，硕士，研究方向为偏微分方程理论和应用。

公平、客观、合理的。

(2)平时成绩(占 30％)的给定不够刚性。课程成绩评定中,涉及学生平时学习过程的评价(平时成绩)更多是依赖任课教师的主观判断,可能存在不合理的因素。

(3)期末成绩(占 70％)依旧遵循"一考定终身"的终结性评价。

为响应省教育厅关于课程评价方式的改革要求("改变单一的学业考核办法,关注学生平时的学习过程,关注学生理论与实践的结合,关注学生在掌握基础理论知识的同时实际能力的提高"),我们在一些特定学院(工商管理学院和经济学院)将微积分课程期末成绩的评定以终结性评价为主改变为以形成性评价为主:通过多次考试成绩的加权平均得到最后总评成绩,逐步淡化或者取消任课教师平时成绩的给定。

(二)形成性评价的意义

引入形成性评价基于以下几点考虑:

(1)数学水平基本上是可以通过考试体现出来的;

(2)形成性评价不仅能提高学生学习的自我效能感,也能增强他们的学习主动性、积极性和自信心;

(3)形成性评价相对客观些,比较刚性;

(4)形成性评价贯穿学生学习始终,它能帮助学生在学习过程中形成良好的学习态度、习惯和思维模式。该过程不仅能够改善学生的学习状态,提升其学习效果,而且还会促进他们学习其他课程,有助于集体形成良好的学风。

一、形成性评价方案的设计

(一)方案的主要内容

(1)期末成绩的评定由以终结性评价为主转变为以形成性评价为主,即通过 4 次考试的加权平均得到最后的总评成绩,逐步淡化或者取消任课教师平时成绩的给定,取消"一考定终身"。

(2)与之相关联的课程建设,主要包含教材的编写和试题库的建立。

(3)改革的目标:期末总评成绩的评定减少主观因素,保持相对客观、公正。

(4)拟解决的问题:①如何选择考试次数和权重;②试卷的选定和围绕考试的相关工作;③试卷的批改。

(二)方案具体实施过程

形成性方案的具体实现过程如表 1 所示。

第1学期 课程总评成绩	平时成绩	15%(第1次测验成绩)
		15%(第2次测验成绩)
		20%(第3次测验成绩)
	期末卷面	50%
第2学期 课程总评成绩	平时成绩	15%(第1次测验成绩)
		15%(第2次测验成绩)
		20%(第3次测验成绩)
	期末卷面	50%

二、方案的实行效果

2020年上半年由于新冠肺炎疫情暴发,正常的教学过程受到影响,因此我们仅以2020/2021(下)的成绩检验形成性评价的实行效果。

(一)参与班级

Ⅰ层:保险 2001;CFA 2001、2002;金融类 2001、2002、2003、2004;经济类 2001、2002、2003、2004、2005、2006、2007,共 14 个班级,629 名学生。

Ⅱ层:财会类 2001、2002、2003、2004;国会 2001、2002;土管类 2001、2002;社会 2001。

工商类 2001、2002、2003、2004、2005、2006、2007;公管类 2001、2002、2003、2004、2005。

旅游类 2001、2002、2003,共 24 个班级,954 名学生。

(二)实行过程

1.期末成绩的评定方式

Ⅰ层期末总评用表 1 的方式进行,而Ⅱ层还是延续老的方案,即:

Ⅰ层总评＝平时测验 50%＋期末卷面 50%;

Ⅱ层总评＝平时成绩(到课率、作业等)30%＋期末卷面 70%。

2.试卷的构成

Ⅰ层与Ⅱ层的期末试卷不同,分别有 20 题,但是Ⅰ层与Ⅱ层的期末试卷有 13 题共 69 分相同,剩下的 7 小题 31 分中Ⅰ层明显难于Ⅱ层。

(三)得分率

1.Ⅰ层与Ⅱ层题目有 13 小题共 69 分,各小题的得分率如表 2 所示。

表2 期末考Ⅰ层、Ⅱ层相同题目的得分

题型	(题号)分值	Ⅰ	Ⅱ	Ⅱ/Ⅰ
选择题	(1)3	1.0159	0.7987	78.62%
	(5)3	2.1272	1.9245	90.47%
填空题	(6)3	1.8792	1.6447	87.52%
	(8)3	2.1638	1.7159	79.30%
	(9)3	2.1765	1.8679	85.82%
	(10)3	1.8442	1.3532	73.38%
计算题	(12)7	4.0970	2.9403	71.77%
	(13)7	6.0016	5.7191	95.29
	(14)7	5.2703	4.7725	90.56%
	(16)7	4.2146	3.3627	79.79%
应用题	(17)10	7.8156	7.8532	100.48%
	(18)8	6.7393	6.3249	93.86%
证明题	(19)5	1.4404	1.6143	112.07%
合计总分	69	46.7856	41.8920	89.54%

如表2所示,我们可以得到以下几个结论:

(1)在所有的题目上,Ⅰ层的得分率大部分高于Ⅱ层,主观题和计算题两个层次分差较2021上学期差距加大;

(2)Ⅰ层的平均分比Ⅱ层高4.8933分,如果简单地折算成百分制是7.0917分。

2.总体得分的比较

表3是按题型计算期末试卷中涉及的69分题目的得分率。由此,如果折算到满分的同一试卷,从得分率角度估计Ⅰ层与Ⅱ层的分差,有如下的结果。

$$1.9019 \times \frac{30}{18} + 2.9918 \times \frac{70}{51} = 7.2762(分)。$$

表3 期末试卷各种大题得分率

	选择题、填空题18分	计算题28分	应用题18分	证明题5分
Ⅰ	11.2068	19.5835	14.5549	1.4404
Ⅱ	9.3049	16.7946	14.1781	1.6143
Ⅰ/Ⅱ	1.2044	1.1661	1.0266	0.8923
分差	1.9019	2.7889	0.3768	−0.1739

3.各个分值的具体分布

Ⅰ层与Ⅱ层的期末卷面、平时、总评、低分等的分布情况见表4。

表 4　期末试卷卷面、总评、高低分分布

指标类别	I	II
卷面分	69.21	59.83
平时分	72.04	90.99
总评分	70.89	69.26
卷面及格率	76.67%	52.46%
总评及格率	83.81%	78.84%
卷面优秀率	9.05%	5.03%
总评优秀率	7.62%	8.80%
卷面 30 分以下	2.54%	7.82%
总评 30 分以下	1.11%	0.73%

我们可以用下面的柱状图更直观地表示,如图 1 所示。

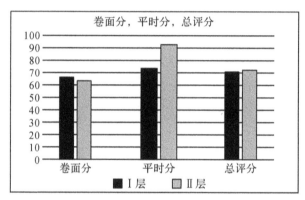

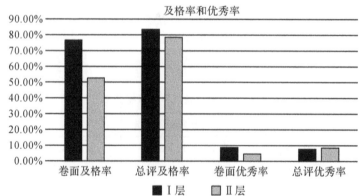

图 1　期末试卷卷面、总评、高低分分布图

三、结　论

由表 4 我们可以得到如下的几个结论。

（1）实行形成性评价的班级期末卷面平均分明显占优。以往微积分 A、B 分层教学时，A、B 层的总评成绩的结构一样，期末试卷也是有 70％左右试题相同。因为 A 层是 4 学分/周 5 课时，B 层是 4 学分/周 4 课时，而 A 层卷面普遍低于 B 层，所以为了把 A 层期末卷面折算成 B 层，往往需乘以一个大于 1 的系数，比如 1.1 或 1.15 之类。现在的情况是，Ⅰ层（实行形成性评价）在期末卷面有 30％明显难于Ⅱ层（未实行形成性评价）的情形下，Ⅰ层卷面成绩大幅优于Ⅱ层（总分差 9.42）。

（2）终结性评价平时分的给定对总评成绩头尾部学生的影响极大。Ⅰ层的总评优秀率低于卷面优秀率 1.43％，下降了 15.8％，而Ⅱ层的总评优秀率由卷面 5.03％直接提升到 8.80％，提高了 74.5％，平时分对优秀率有明显的促进作用，对优秀学生相对不公平；此外，及格率Ⅱ层直接由 52.46％提高到 78.84％，远大于Ⅰ层的 76.67％到 83.81％。

（3）2020/2021 的实验结果表明，形成性评价在各个分数段基本能维持各个分数段卷面和总评相对一致，而终结性评价由于平时成绩 30％的给定明显高于期末卷面成绩，导致总评分（由 59.83 分直接提升到 69.26 分）、优秀率和及格率等主观影响较大。

参考文献

[1] 中华人民共和国国务院.关于基础教育改革与发展的决定[Z].国发(2001)21 号.

[2] 中华人民共和国教育部.基础教育课程改革纲要(试行)[Z].教基(2001)17 号.

[3] 黄光扬.教育测量与评价[M].上海:华东师范大学出版社,2012.

[4] 王孝玲.教育统计学[M].上海:华东师范大学出版社,2015.

[5] 刘本固.教育评价的理论与实践[M].杭州:浙江教育出版社,2000.

[6] 李坤崇.多元化教学评量[M].台北:心理出版社,2000.

线上学习效果影响因素的统计研究[①]

洪金珠[②]　周　怡[③]　诸葛斌[④]

摘　要:本文基于灰色关联分析理论和多元统计方法,以 MOOC 平台的浙江工商大学"微信小程序"课程数据为研究对象,研究了线上学习效果的影响因素,并建立了线上学习效果影响因素的多元回归模型。根据研究结论,分别针对政府、平台、教师和个人提出了建议。

关键词:线上学习效果;学习行为;灰色关联分析;回归分析

2020 年新冠肺炎疫情的暴发给线上教育行业的发展带来了机遇,同时也带来了转型升级的挑战。线上学习不受时空限制,为解决教学资源不平衡等根深蒂固的难题带来了革命性的希望。同时,线上教育又存在途径受限、渠道混乱、平台漏洞、隐私泄露、教学交互性个性化程度弱、自主性缺乏乃至数字鸿沟等问题,如何引导线上教育的良性发展,如何克服线上教育存在的弊端,是教育行业与理论界都应该关注的问题。

本文建立在线上学习的理论基础上,运用教育平台大数据对线上学习行为进行分析研究,探寻学习行为与学习效果之间的内在联系,以期对涉及线上学习模式的各方主体提出有针对性的建议。

(一)线上学习理论

线上学习作为互联网和信息技术跨界融合的衍生物,不同于传统的面授教育,线上学习是通过互联网和人工智能技术,将教与学通过线上虚体课堂连接起来的一种新型教学模式。

1.线上学习行为理论

传统教学方式中的学习行为大多发生在线下课堂,由教师作为主要的领导者,以群体学习为主,形式比较单一。线上学习填补了传统模式中单线化的漏洞,实现了多元化多维度的学习行为发展。

2.线上学习效果理论

最先的学习效果理论分为基于学习行为的学习效果评估和基于学习成绩的学习效果评估。近年来,学习效果理论应用于两大领域:一是对学习成绩的预测;二是对学习

---

① 本文系 2019 年浙江省"十三五"第二批教学改革研究项目(编号为 jg20190181)研究成果。
② 洪金珠,浙江工商大学统计与数学学院讲师,硕士,研究方向为线上教育大数据。
③ 周怡,浙江工商大学统计与数学学院本科生,研究方向为线上教育大数据。
④ 诸葛斌,浙江工商大学信息与电子工程学院教授,博士,研究方向为计算机网络。

效果的评价。

(二)教育大数据

教育领域大数据是大数据的重要组成部分,它是整个教育行业发展和研究过程中所形成的以及根据其教育实际需求而采集的相关数据,是一切有利于教育事业的发展和可能会存在巨大潜在价值的信息和数据的汇总。通过对教育大数据的采集,教学管理者就能够科学地制定教育政策、改进教育质量;教师能够全面了解学生对知识点的掌握,并根据提升学习成效的需求,提供个性化的学习内容和方法。

一、线上学习效果影响因素的指标与数据

(一)线上学习效果影响因素的指标体系

本文的主题是探寻线上学习效果的影响因素,考虑数据的可得性,本文提出的衡量指标是基于 MOOC 平台现有的数据体系。对于 MOOC 平台的指标进行了梳理,本文实证分析运用的指标如下。

1.线上学习效果影响因素指标

(1)视频观看个数,反映了学生学习任务的完成情况。MOOC 平台规定在一个视频的观看时长达到一定标准后,才可以计入视频的观看个数。

(2)视频观看时长,是指学生观看某门课程视频的总时长,可以从另一个角度反映学生在该门课程上投入的时间。

(3)讨论区主题数,是指学生在课程讨论区中发表的讨论帖个数。

(4)讨论区评论数,是指在课程讨论区学生对于其他学生讨论帖的回复次数,反映了学生线上学习过程中的交互意愿。

(5)测验。测验分数一般能够反映学生的日常知识掌握情况。

(6)作业。学生的作业分数一般体现了学生平时的学习习惯和态度的端正程度。

2.线上学习效果指标

本文用学生成绩反映学生的学习效果。虽然学生的学习效果不能简单地用成绩来评判,但因为高校设置中课程考试与学习内容之间近乎重合的特点,学生成绩作为衡量学生学习成果的指标还是比较科学合理的。

(二)实证数据来源

本文收集了浙江工商大学在中国大学 MOOC 平台上开设的"微信小程序"课程的数据作为研究对象。浙江工商大学的"微信小程序"课程是在中国大学 MOOC 上开设的首门微信小程序课程,目前已经开课 5 轮,线上选课人数已超 6 万人次,校外超 800 所高校学生选修本课程,校内覆盖 18 个学院累计近千人选课。相对于其他课程而言,该门课程运用 MOOC 平台的时间较长,MOOC 平台功能开发运用充分,覆盖的学生多,所以可采集的数据相对翔实,这为我们研究线上学习问题提供了非常好的数据基础。

人才培养与教学改革 ——浙江工商大学教学改革论文集(2020)

二、线上学习效果影响因素的实证分析

(一)线上学习影响因素的灰色关联度分析

灰色关联分析是一种多因素统计分析方法。控制论惯例中白色代表着信息的全面充足,而黑色系统代表未知,灰色介于两者之间,表示数据存在不全面不完整。如果我们想了解一个指标与哪些因素有更强的关联度,而与哪些因素相对关系弱一点,就可以对这些因素按照关联度进行排序,来明确相互关联程度的强弱。

1.关联分析数据选取

本文截取了中国大学 MOOC 平台上浙江工商大学"微信小程序开发——从入门到实践"课程中 2020 年 2 月 6 日到 2021 年 4 月 14 日"微信小程序开发——从入门到实践"中的数据,共覆盖 6271 名学生。

2.数据预处理

本文用 $x'_i(k)$ 来表示第 i 个因素的第 k 个数值,例如,第一个因素是视频观看次数,那么 $x'_1(1)$ 就表示第 1 名学生的视频观看次数,$x'_2(1)$ 就表示 1 号学生的视频观看时长。本文用 $x'_0(k)$ 表示考察序列。由于数据量纲会影响到分析结论,所以本文运用均值法对数据进行无量纲化处理。

3.灰色关联度的计算

按类别获取每个数值与该数值所在参考序列的相对数值的绝对差值,并确定其中的最小值和最大值。先计算灰色关联系数如式(1)所示。

$$\varepsilon_i(k) = \frac{(\min_i\min_k|x_0(k)-x_i(k)|+\rho\cdot\max_i\max_k|x_0(k)-x_i(k)|)}{|x_0(k)-x_i(k)|+\rho\cdot\max_i\max_k|x_0(k)-x_i(k)|} \quad (1)$$

其中,ρ 为分辨系数,在 0 到 1 之间,ρ 值越小表示分辨能力越强。这里我们取 $\rho=0.5$,计算灰色关联度如式(2)所示。

$$r_i = \frac{1}{m}\sum_{k=1}^{m}\varepsilon_i(k) \quad (2)$$

计算结果如表 1 所示。可知,视频观看个数的灰色关联度最高,其次是讨论区评论数+回复数。

表 1 关联度分析

评价项	关联度	排名
视频观看次数	0.814	1
视频观看时长(小时)	0.435	3
讨论区主题数	0.367	4
讨论区评论数+回复数	0.586	2

4.研究结论

(1)学生成绩与学生在课程中观看视频次数。学生成绩与学生在课程中观看视频

122

次数的灰色关联度为 0.8892,属于强关联性。授课内容的录制不仅有助于利用宝贵的课堂时间,聚精会神学习课程内容,还可以反复观看回放,这是线下课堂所不具备的优势。

(2)学生成绩与线上课堂里个人发表评论和回复总数。学生成绩与线上课堂里个人发表评论和回复总数的关联指数为 0.59,发表评论的过程也是学生再次巩固记忆知识的过程,讨论区中评论的数量可以体现学生对相关课程的关注度和活跃程度。

(3)学习成绩与视频观看时长。学习成绩与视频观看时长的灰色关联度为 0.44,说明学习的效果与课堂教学中的投入程度具有一定的关联性。视频观看时长可以体现学生的投入度、自觉性和学习中的续航能力。

(4)学习成绩与讨论区主题数。学习成绩与讨论区主题数的灰色关联度为0.3756,自主学习中的发散性和创造性给传统应试教育带来的有利作用有限。

(二)线上学习效果影响的多元线性回归分析

1.多元回归数据来源及模型假设

实证选择的数据来源于 MOOC 平台,MOOC 平台中这门课程是作为通识课设置的,因而数据指标中有年级区分。同时 MOOC 平台打破现有的班级壁垒,化解了年级的分裂,教师可以实现及时解答和线上辅导,实现了大班和精准导向教学相结合。

2.线上学习效果影响因素多元回归模型

建立多元线性回归模型如表2所示,线上学习成绩与测验、作业、讨论分数都呈现正相关性。

表 2 多元线性回归结果

模型		未标准化系数		标准化系数	t	p 值
		B	标准误差	Beta		
1	(常量)	4.566	1.177		3.880	0.000
	年级	−0.233	0.033	−0.071	−7.161	0.000
	测验	1.120	0.037	0.572	30.499	0.000
	作业	1.308	0.095	0.286	13.837	0.000
	讨论	1.562	0.094	0.186	16.687	0.000

3.模型检验

(1)拟合优度检验。通过表3的模型拟合汇总,发现调整后 R 方为 0.984。这说明该模型对于变量的拟合程度较好,自变量可以解释很大程度的因变量。同时德宾沃森检验结果 1.582 趋近于 2,说明自变量的一阶线性自相关性不明显,模型具有较大的优势。

表 3 拟合优度表

模型	R	R 方	调整后 R 方	标准结算的误差	德宾-沃森
1	0.992	0.985	0.984	4.14	1.582

(2)方差分析检验。通过方差分析表对模型进行整体检验如表 4 所示。F＝3296 表明模型整体具有显著性,平均的回归平方和显著大于剩余平方和。同时 $p＝0.000＜0.05$,说明各组间差异达到了显著性水平,说明建立的回归模型有效,线上学习效果与如上指标具有线性关系。

表 4　方差分析表

模型		平方和	自由度	均方	F	显著性	
1	回归	225985.837	4	56496.459	3296.182	0.000[b]	
	残差	3530.833	206	17.140			
	总计	229516.670	210				

(3)残差检验。在这里我们选用 pp 图做直观的残差分布体现,如图 1 所示。数据点在直线附近,但并不完全在直线上,说明模型残差具有一定的正态性,但并不完全呈正态分布。

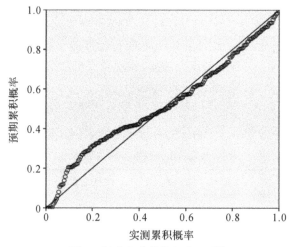

图 1　标准化残差的正态 pp 图

4.多元回归最终结果

用 y 表示成绩, x_1,x_2,x_3,x_4 分别表示年级、测验、作业和讨论分数,建立的多元回归模型如式(3)所示。

$$y = 4.566 - 2.33x_1 + 1.12x_2 + 1.308x_3 + 1.562x_4 \tag{3}$$

建模表明:首先是讨论对成绩的影响最大,这证明课堂的交互性与最后的学习成效确实不能割裂,是非常值得重视的。其次是作业成绩,这说明这一指标的选择也较为准确,在一定程度上可以较好地表达学生的学习成效,平时的作业情况代表了学生的学习习惯,养成良好的学习习惯对于成绩的提升大有助力。再次是测验与学生成绩也呈现一定的正相关性,这可能是因为平时的测验成绩在一定程度上已经体现了学生的知识掌握程度,因而具有一定的反映能力。最后是年级与成绩呈现负相关,说明在这门通识课中年级并不是影响学习成绩效果性的指标。

三、提升线上学习效果的建议

线上教育被看作后疫情时代的重大课题,也是促进教育变革的重要途径,抓住契机好好关注和发展线上教学事业,将会助推终身学习教育体系的构建。在此结合本文的实证研究结论提出以下建议。

(一)政府层面的建议

首先要在系统化的政策指导下构造适应线上学习体系建设的环境,既包括总体规划,也包括资金支持,从教育管理与治理理念视角促进教学质量的提升。要基于区块链技术推进终身教育理念下的学习成果数字认证,多层面体系化构建疫情防控背景下线上学习生态模式。制定政策肯定线上教学的学习记录、学历认证,将线上教学真正引入主流,使这一学习形式普遍化。

(二)教师与学校层面的建议

不断创新规范课程内容,制作选择科学合理的教材和突出重点、生动有趣的课件,循序渐进达到每一阶段的学习要求。通过提高讨论分数的总成绩占比来积极鼓励课堂讨论交流,注重平日的学习吸收和积累,跳出应试教育的僵硬模式,支持多元知识的整合。

(三)平台层面的建议

优化平台设置,使页面清爽干净、操作简单易懂,加强线上教学的交互性。利用现有的数据资源,引入大数据人才,通过制订个性化的学习方案,针对不同情况科学分析并且生成不同的课程安排和学习相关计划。

(四)学生层面的建议

通过训练增强自身的意志和学习的主动性。在允许、合理的范围内对学生日常的学习行为进行监督,以克服线上教学导致过度自由的问题,解决线上教育最大难题的同时训练学生的自觉性。同时安排注意力训练、投入阅读等学习项目,训练学生的学习心理,培养学生的自主学习、专注学习习惯。

参考文献

[1]魏顺平,程罡.数据驱动的教育机构线上教学过程评价指标体系构建与应用[J].开放教育研究,2017,23(3):113-120.

[2]姜强,赵蔚,王鹏娇,等.基于大数据的个性化自适应线上学习分析模型及实现[J].中国电化教育,2015,85(36):85-92.

[3]童丽萍,龙方妍,柳雨菲.基于数据分析的民办高校大学生网络学习行为研究[J].中国管理信息化,2018,21(3):200-201.

[4]肖君,乔惠,李雪娇.大数据环境下线上学习者画像的构建[J].开放教育研究,2019,25(4):111-120.

[5] 李佳,关蓉.线上学习行为与学习效果[J].数据挖掘,2019,12(4):135-144.

[6] 艾兴,曹雨柔.线上学习的核心要义与转型路向[J].课程教材教法,2020,14(11):59-65.

[7] 彭飞霞.中国线上学习体系的建构与发展策略[J].成人教育,2018,38(11):22-29.

[8] 王焕民.基于教育大数据的线上学习分析系统构建研究[J].中国现代教育装备,2019(15):14-16.

普通高校民族音乐教学多样化的探索[①]

王　楠[②]　余　彬[③]

摘　要:民族音乐是美学教育的关键部分,也是高等教育的重要组成部分。针对当前普通高校民族音乐教学中存在的问题,本文从现状分析、教学改革以及创新改进等方面展开论述,探讨普通高校民族音乐教学方式的多样化。

关键词:民乐教改;高校美育;教学多样化

民族音乐是美学教育的关键部分,也是高等教育的重要组成部分。通过学习民族音乐,学生不仅可以提升对中国传统音乐艺术的鉴赏能力,还可以强化学生的文化主体意识,增强学生传承和弘扬中华优秀文化的责任感和使命感。

随着时代的发展,学生欣赏音乐的渠道也越发丰富,普通高校民族音乐教学多样化的改革创新已是大势所趋。但是,当前普通高校民族音乐教学在教学形式、方法、效果等方面还存在一定的问题,使得大学生对民族音乐鉴赏能力和音乐的美育功能的发挥受到了限制。本文结合多年民族音乐的教学实践,从现状分析、教学改革以及创新等方面展开论述,探讨普通高校民族音乐教学方式的多样化。

一、普通高校民族音乐教学中存在的问题

(一)音乐基础较弱、教学效果不佳

就普通高校而言,学生对于音乐的学习往往处在初级阶段。大部分学生没有接受过较为系统的音乐基础知识教育,从而造成了相当一部分学生在课堂上无法适应教师所讲授的内容,部分学生因此对民族音乐课程的兴趣逐渐丧失。同时,就普通高校而言,由于课时和学生精力的限制,对每个学生开展系统的音乐基础知识教学难以做到。这样的矛盾没有得到解决,高校学生在民族音乐教学过程中的积极性与有效性就无法得到实质性的提升。

[①]　本文系 2020 年度浙江工商大学高等教育研究项目,编号为 Xgy20054。
[②]　王楠,浙江工商大学团委讲师,硕士,研究方向为民族音乐理论与实践。
[③]　余彬,畲族,浙江工商大学副教授,硕士。现任经济学院党委副书记,从事学生思想政治教育及美育工作。

(二)理论教学多、实践体会少

目前,普通高校民族音乐课程的重点,放在对民族音乐理论知识的学习上。由于学生的音乐基础和视野的限制,很难对民族音乐的表现过程有一个较为系统的了解。普及类音乐教学课程,需将理论教学与互动体验相结合,才能起到较为良好的教学效果。

(三)教学形式单一、接受程度受限

民族音乐是特定地区的民众在长期的生产生活中根据自身特点自发形成的,具有显著地域特色、民族习俗、文化特征与历史积淀的文化现象与情感交流方式。当前普通高校民族音乐教学方法主要是播放民族音乐与学生被动欣赏。这种教学方式虽然在表面上能够使学生接触到民族音乐的具体类型,但在更深层次的民族历史分析、民俗文化理解、民族音乐鉴赏等教学方面,仍然十分缺乏。

二、民族音乐教学的重要性

民族音乐是传承民族文化最直接的工具之一。民族音乐教育可以丰富学生的知识结构,提升学生的艺术素养和审美品位。民族音乐教学对大学生综合素质的提高具有十分重要的作用。

(一)加深文化认同,促进优秀民族文化不断传承

民族音乐作为民族文化的一个重要组成部分,是一个民族文化特质的综合表现,是在千百年的历史发展过程中凝练出来的文化精髓。民族音乐包含了民族发展过程中的多种文化。它融于人们的日常生活,体现了一个民族在思想、民俗、语言等方面的特色。民族音乐教学,有利于学生深入了解民族历史文化,从而使民族的文化精髓在新一代年轻人中得到传承。

(二)培养文化包容,促进多种文化交流

在高校开展民族音乐教学,大学生能够通过对各民族文化的学习,通过艺术的方式,使不同文化背景的人聚到一起,也能够有效促进我国民族大团结。

(三)拓宽个人视野,提升思维层次

普通高校学生若在校期间仅将视野限制在自身专业上,势必会造成思维方式的局限,不利于学生的全方位发展。在高校课堂中开展多元化的民族音乐教学,学生一定程度上开阔了视野,学生的艺术品位能够有效提升,还能够使学生从较为紧张的专业课程中放松下来,达到舒缓压力的效果。

三、民族音乐教学方式的多元化

(一)以体验教学为主,理论讲授与互动体验相结合

学生同教师间的互动会在很大程度上影响民族音乐教学的效果。作为教师,要尽可能地鼓励学生表达出自己对于民族音乐的认识,激发学生的思维,使学生在交流中逐渐发现自身认知的不足,从而成为学习的构建者和主导者。互动式教学模式的形成,还意味着教师与学生之间将形成更加平等友好的关系。教师将通过音乐引导学生对地域人文、社会和自然问题进行更深入的思考,让学生在受到艺术熏陶的同时,慢慢形成更加成熟的思想和更加健全的人格。因此,教师除了给学生播放音乐和视频外,可以让学生演唱民歌和戏曲唱段,体会不同地域的风土人情、风俗习惯;可以将民族乐器带入课堂,让学生近距离感受各种不同材质、大小各异的乐器所发出的各种声音;还可以尝试增加体验环节,让学生学习演奏乐器,尝试和他人合作完成简单的旋律,等等。

(二)结合学生兴趣,鼓励学生的音乐表达与分享

要帮助学生驱除传统民族音乐欣赏"门槛高"的心理,可以从引入学生熟悉的音乐元素开始。在教学中,教师可以给学生提供一个较为开放的学习空间,给学生一个自我表达的平台,激发他们主动学习的欲望,调动学生的学习积极性,逐步发掘民族音乐魅力。例如,请学生在课后以"寻找喜爱的国风电影配乐""分享好听的国风流行歌曲""介绍敬佩的民族音乐人"等主题进行学习,并在课堂上进行汇报和分享,充实自己的"民族音乐知识库"。教师还可以通过不同的主题学习,引导学生欣赏、学习不同流派和不同风格的民族音乐作品,培养学生敏锐的观察力,提高学生的审美水平和学生的审美品位。

(三)发挥学生专业特点,创新跨界文化欣赏

通识教育和专门教育是相互联系的。教师可以鼓励学生结合自己的专业知识,开拓思维。例如:环境专业学生可以研究不同流域、不同地域产生的民族音乐具有怎样的特色,为什么会有这样的差异产生;新闻传播专业的同学可以研究民族音乐将如何顺应时代潮流,拓展新的传承媒介;金融专业的同学可以研究音乐产业化相关的课题,等等。通过跨专业研究,开拓专业视野,感受到民族音乐的魅力,艺术观念也就能随之得到表达和释放。

(四)重视音乐与文化的衔接,挖掘民族音乐教学新方式

中华民族的传统文化源远流长,中国民族音乐宝库是有待我们去传承与发扬的文化财富。对于新一代大学生来说,从中国民族音乐文化的视角出发,去吸收外来音乐艺术表现的手法和特点,是新时代主流审美的要求。如果普通高校的公共音乐教育能够回归到本民族的传统文化中,致力于探索民族化的音乐语言和题材,中国民族音乐文化的传承和发扬将会呈现出一片辉煌灿烂的发展前景。

四、结　论

随着时代的发展,高校的人才培养模式转变为培养德智体美劳全面发展,具有综合素养的新一代大学生。在进一步加强美育教育的大背景下,民族音乐的传承与发扬要想获得更好的发展,就要进行重新定位和及时变革。针对目前普通高校民族音乐教学模式固化、内容单一的现状,我们不仅要促进互动体验式、跨界融合式教学模式的形成,也要重视对中华民族传统文化的传承与发展。只有勇于探索,才能慢慢扭转高校程式化、盲目化的教育现状。在未来,多元化教学改革的进一步深化,将成为完善高校民族音乐教育体系的必然要求和趋势。

参考文献

[1] 廖乃雄.论音乐教育[M].北京:中央音乐学院出版社,2010:95-150.

[2] 徐佳.多元文化背景下的民族音乐教学问题与对策研究[J].文化产业,2021(5):136-137.

[3] 万紫晶.经济文化视阈下民族音乐的功能、掣肘与展望[J].时代金融,2017,10(2):282,288.

[4] 牛雪瑶.基于民族音乐的教育特征研究[J].才智,2011(16):102.

[5] 王义遒.通识教育使命及其教学多样化[J].中国大学教学,2016(10):6-13.

[6] 吕莉娅,程之伊.传统是一种精神——记一次"民族音乐学"课堂讨论[J].音乐研究,2010(5):34-42.

[7] 仇润鹤,叶建芳,林欣.转变教学观念,改进教学方式,实现课程教学多样化[J].武汉大学学报(理学版),2012,10(S2):142-144.

[8] 权美兰,徐慧颖.论中国民族音乐教育的传承与创新[J].黑龙江民族丛刊,2013(1):132-136.

商务英语听力翻转课堂探究

——基于"学习通"学习者数据统计

刘菁蓉[①]

摘 要:突如其来的一场疫情,迫使"商务英语听力"选择基于"学习通"平台的翻转课堂教学模式。对该平台的学习者学习数据进行分析,本文发现翻转课堂模式对非母语学习者在英语听力学习中,可以降低"情感因素"对学习者的影响,学习者自主学习的态度积极,努力度也很高。

关键词:商务英语听力;翻转课堂;情感过滤效应

Krashen 是美国著名的语言学家,他提出的一系列第二语言习得理论对中国的外语教学产生了深刻的影响。其中,"情感过滤假设"理论促进了外语教师对学习者学习非母语时非智力学习因素的关注、重视和实践。Krashen 的"情感过滤假设"理论认为,学习者的动机、需要、态度和情感状态是影响第二语言学习者的情感因素,是情感调节的过滤器,可以帮助或阻碍语言的输入。消极的外语学习者和积极的外语学习者对语言的输入有很大的影响,消极者对外语的输入起着很强的过滤作用,积极的外语学习者将获取更多的输入。(贾冠杰,1997)由此可见,影响非母语学习者学习效果的因素不仅有智力因素,还有非智力方面的情感因素。

情感是影响人们行为的情绪、心情和态度。Krashen 认为,学习动机主要包括学习兴趣(愿望)、动机强度(努力)和学习态度、自我效能和结果归因;第二语言听力焦虑包括对第二语言听力的紧张和忧虑,对听力缺乏信心。(郑光锐,2013)周丹丹(2003)发现,"听力课堂焦虑感与学生听力成绩密切相关。这表明学生的焦虑感越强烈,听力水平则可能越差。换而言之,焦虑感可能会妨碍听力学习"。郭燕和徐锦芬(2014)研究发现,"在听力焦虑维度上,听力自信因子的焦虑值也在高频范围内,体现了学生对自身听力能力的不自信和不满意"。

"商务英语听力"是商务英语专业的基础课程,是帮助商务英语学习者输入商务英语知识的重要课程之一。如何保证该课程的学习者学习时情感的"低过滤性",提高学习者的学习动机,降低学习者的焦虑感,从而促进学习者的语言和商务知识的有效习得或学习是该课程不可回避的问题。

---

① 刘菁蓉,浙江工商大学外国语学院副教授,硕士,研究方向为商务英语。

一、"商务英语听力"翻转课堂教学模式

"商务英语听力"是浙江工商大学外国语学院商务英语系低年级开设的一门必修课,旨在加强商务英语听力水平,夯实语言基础,保障后续的高段专业课程的学习。在2020年疫情期间,笔者依据学校提供的超星泛雅网络学习平台(即"学习通"),选择了翻转课堂教学模式,本文将依据该学习平台的学习者相关数据,探讨翻转课堂教学模式在学习者学习态度方面的影响及其背后的"情感"因素。

笔者根据商务英语听力课程的特点,创立了"三位一体"的课堂翻转模式,即将商务英语听力学习分为"三部分"——"商务英语语言与知识输入""学生自主听力"和"学生听力问题反馈",而这"三位"构成了商务英语听力学习的整体。"商务英语语言与知识输入"采用线上模式,由教师将相关内容建立在"泛雅网络学习平台"上,主要包括相关主题导入性的听力和阅读资料与相应练习,帮助学习者建构相关的商务知识、商务英语词汇和表达,为展开下个环节——"学生自主听力"建立商务知识与语言的"可理解输入";第二部分——"学生自主听力"也采用线上模式,由学生按照自己的节奏和程度,在规定的时间内,自主完成听力任务,完成相应的练习;第三部分——"学生听力问题反馈"则选择"面对面"反馈模式,由教师依据学生听力练习出现的问题,从词汇、专业表达、商务知识和文化等几方面讨论问题的原因,做到"听力问题无死角"以保证商务英语听力的有效学习。

二、基于学习通数据的商务英语听力翻转课堂模式优势探讨

2019—2020学年开设的"商务英语听力"选择了翻转课堂模式,对"学习通"上的学习数据,从参与度、努力程度和学习效度进行分析,发现翻转课堂模式可以正面影响学习者的学习态度,激发学习者的学习兴趣,从而有效地提升学生的商务英语听力技能。

(一)学习参与度

参与"商务英语听力"课程学习的两个班是浙江工商大学外国语学院商务英语系的商务英语1801班和商务英语1802班,两个班人数相同,都是29人,总学习人数为58人。学期的学习任务为7个单元,任务点(音频数)为39项。根据学习通平台上的数据(表1),可以看出学生的参与度还是非常高的,部分单元的参与度为100%。如果进一步核查学习通的后台数据,可以了解到当完成任务的数据为99%时,只有1名同学没有完成听力任务中的1项(见表2);当数据呈现为96%或98%时,两个班分别只有1名学生没有完成相应的学习任务(见表3与表4)。这两个班未完成某个听力任务的学生分别为1人,商务英语1801班的那个学生是中国人,而商务英语1802班的那个学生是留学生。其他56名学生都完成了所有的听力任务,可见学生的学习参与度是非常高的。

表 1　学习参与度情况

单　　元	任务点	商务英语 1801	商务英语 1802
Unit 1　Selection(A)	4 项	100％	96％
Unit 2　Selection(B)	7 项	100％	96％
Unit 3　Fraud(A)	15 项	99％	98％
Unit 4　Fraud(B)	3 项	96％	96％
Unit 5　Mergers and acquisitions （A）	2 项	100％	100％
Unit 6　Mergers and acquisitions （B）	3 项	100％	100％
Unit 7　Conflict management （A）	5 项	100％	100％

表 2　统计显示 99％的后台数据

章节统计	学生进度

序号	任务名	类型	说明	学生完成数	详情
任务点 1	p15listening3-3. mp3	⏷音频	0.1 分钟	29/29	查看
任务点 2	p15listening3-3(1). mp3	⏷音频	0.1 分钟	29/29	查看
任务点 3	p15listening3-2. mp3	⏷音频	0.2 分钟	29/29	查看
任务点 4	p15listening43(1). mp3	⏷音频	1.1 分钟	29/29	查看
任务点 5	p15listening3-1. mp3	⏷音频	0.4 分钟	29/29	查看
任务点 6	p15listening3-2(1). mp3	⏷音频	0.2 分钟	29/29	查看
任务点 7	p15listening3-3(2). mp3	⏷音频	0.1 分钟	29/29	查看
任务点 8	p15listening3-4. mp3	⏷音频	0.3 分钟	29/29	查看
任务点 9	p15listening3-5. mp3	⏷音频	0.2 分钟	29/29	查看
任务点 10	p15listening3-6. mp3	⏷音频	0.4 分钟	29/29	查看

表 3　商务英语 1801 班一名学生未完成情况

序号	任务名	类型	说明	学生完成数	详情
任务点 1	25. mp3	⏷音频	2.2 分钟	28/29	查看

表 4　商务英语 1802 班一人未完成情况

章节统计	学生进度

序号	任务名	类型	说明	学生完成数	详情
任务点 1	24. mp3	⏷音频	2.0 分钟	28/29	查看

(二)学习努力度

在线下学习模式中,对于学生努力程度的评价,教师可以观察学生在课堂上的表现和与教师的互动表现来确定;而在线上学习模式中,网络学习平台留下了学习者的"足迹",通过音频播放反刍比和总体学习时长数据,教师可以客观地判断学生的学习努力程度。反刍比就是学生实际播放某音频时间与任务音频实际占用时间的比例,超过100%就是学生播放音频时间超过了音频自身时间。比例越高,说明播放时间和次数越多,如表5所示。

表5　学生音频播放反刍比未超过300%情况

单　元	听力任务项数	听力任务相应的反刍比低于300%的学生人数	平均占比
Unit 1	4	2+3,2+2,3+4,4+10	12.9%
Unit 2	7	2+3,1+2,0+3,2+5,2+5,1+2,14+19	11.6%
Unit 3	15	3+2,1+2,2+4,5+2,0+1, 0+1,5+4,4+5,12+19,5+5, 0+1,15+20,19+23,17+23,3+2	23.6%
Unit 4	3	2+3,5+3,6+3	12.6%
Unit 5	2	4+3,4+7	15.5%
Unit 6	3	3+1,5+0,9+3	11.4%
Unit 7	5	5+5,3+7,6+10,8+5,5+3	19.6%

笔者对两个班的反刍比进行了梳理。首先,计算出7个单元共39项听力任务不同班级的反刍比不超过300%的人数(见表5第三列),"+"前的为商务英语1801班的人数,"+"后的为商务英语1802班的人数。从表5可以发现,对于39项任务中,只有其中10项任务低于300%的反刍比人数超过10人,其余29项的人数都小于等于10人;每个单元的平均占比分别为12.9%、11.6%、23.6%、12.6%、15.5%、11.4%和19.6%,其中第3单元和第7单元数据偏高的原因是某几项音频任务比较容易;从另一个角度来看,学生在自主学习听力时,播放次数超过3遍的平均占比为87.1%、88.4%、76.4%、87.4%、88.6%和80.4%。数据表明,在翻转课堂模式下,在自主听力阶段,超过80%的学生音频播放次数远远高于课堂正常播放遍数(3遍),表现出很高的学习积极性和努力程度。

(三)学习效度

在翻转课堂教学模式下,学生自主听力学习是一个非常重要的环节,那么自主听力的效果如何呢?为了回答这个问题,笔者选取了听力期末成绩在90分以上(包括90分)的学生和成绩在70分以下(包括70分)的学生,将他们的成绩与他们的努力程度进行比较,看是否存在正相关关系。考虑到数据过多,在此笔者会通过选取其中一个班为例,再分高分组和低分组计算出相关学生的平均反刍比,然后判断努力度与成绩的关系。

表6的数据显示,我们不能简单地得出反刍比越高,听力成绩就越好,这其实是可以理解的,因为每个学习者的听力基础存在差异;但是,如果我们把两组数据分开来看,让语言基础接近的学生为一组,在组内比较,还是可以发现努力对成绩的正向影响的。在高分组中,除了一名学生的音频播放次数在3遍以下外,其他的都超过了4遍;前4名学生的音频播放次数都超过了6遍,尤其是第2名学生,她的成绩的取得一定是与她的努力分不开的。而在低分组的学生中,有5名学生音频播放至少6遍以上,虽然没有取得较好的成绩,但是至少保证了他们听力能达到及格;而最后一名学生的反刍比完全可以解释其成绩不合格的原因。

表6　平均反刍比与成绩对比表

学　生	期末听力成绩	学期平均反刍比
1	100	818.6%
2	96	2204.4%
3	94	607.9%
4	93	738.9%
5	91	408.8%
6	91	837.8%
7	91	591.2%
8	91	275.1%
9	70	847%
10	70	970.6%
11	70	660.1%
12	67	809.4%
13	60	814.3%
14	60 以下	145.7%

三、原因探究

在"商务英语听力"翻转课堂的教学模式下,学生表现出很高的学习参与度,两个班总共58个人,有56名学生100%参与,每个班只有1名学生未能完成个别听力任务;学生在商务英语听力学习过程中,努力程度也非常高,超过80%的学生音频播放次数要高于传统听力课堂正常播放次数(3遍)。

为什么在翻转课堂教学模式下,学习者学习态度积极又非常努力呢?笔者认为,主要有以下两个方面的原因。

首先,翻转课堂教学模式打破了传统听力课堂在时间和空间上的限制,消除了时间和空间上的学习障碍。在传统听力课堂中,音频播放由教师把控,播放内容、时间和播放遍数都由教师决定,无法考虑每个学习者的学习状态、学习节奏和学习需求;每个学习者都是学习的被动接受者。而翻转课堂模式在学习时间和节奏上相对宽松,每个学习者可以依据自身的水平和条件,自主地决定学习的时间长短和音频播放次数,按照自己的学习节奏学习;在空间上,学习者也可以选择适合自己的学习环境,如图书馆或教室,让自己身心放松,更利于学习。

其次,翻转课堂模式降低了听力学习者的"焦虑感",有效地缓解了"情感因素"对学习者的负面影响。在传统的课堂教学模式下,学习者会因害怕听不懂、节奏跟不上、同学间竞争和老师提问等原因产生焦虑感,造成较高的"情感过滤",影响听力学习和听力水平。在翻转课堂模式下,"紧张的环境"不复存在,学习者完全可以沉浸在"听"与"学"中,实现了"为自己学习"的状态。

当然,"商务英语听力"翻转课堂模式也暴露出一个问题——语言基础和自控力薄弱的学生学习效果欠佳。在低分组中,多名学生非常努力,但是效果不明显;数据显示,最后一名学生的努力度有前高后低的特点,也说明该学生在学习的前半个学期还是非常努力的,但是在后半个学期,呈现放弃状态。那么这些学生在学习过程中到底遇到了什么困难,出现了什么样的情感状态并且是如何解决的,这些是教师应该进一步探讨的问题。

参考文献

[1] 贾冠杰.论克拉申的输入假设在我国外语教学中的应用[J].解放军外语学院学报,1997,87(3):6-9.

[2] 郑光锐.大学生情感因素与英语听力教学策略研究[J].教育科学,2013,29(1):24-27.

[3] 周丹丹.二语课堂中的听力焦虑感和情感策略[J].国外外语教学,2003(3):22-28.

[4] 郭燕,徐锦芬.非英语专业大学生英语学习焦虑多维度研究[J].外语界,2014(4):1-11.

教学改革与语言能力提升：
语法教学创新模式

刘翼斌[①]

摘　要：语法是否要进课堂，是近四十年来语言学界有争议的问题。无论哪派都未曾解决中国学习者语言输出能力低的问题。以原型为核心的认知范畴观认为，范畴原型的典型性、易辨性有利于完形感知范畴内的范畴束，便于认知离散的知识。据此，在专业语法教学中以语法为原型，建立一个语言教学范畴成员互动的语法教学模式，以语言形式为中心的高效讲解与以意义为中心的学习运用相结合，从而把离散的语言知识内化成交际语言的连续体。

关键词：认知；原型范畴观；语法教学；语言能力；内化

一、语法教学没有解决的中国学习者语言能力问题

传统的外语教学对于语法翻译法备加推崇，在外语现代教学理念流行起来之前，语法是语言学习者最重要的学习内容和学习方法。近四十多年来，国内外外语教学界在二语教学中语法课要不要单独开设，甚至语法要不要进二语课堂提出了非常鲜明却完全不同的观点。一方面，自 20 世纪 80 年代以来，Greg（1984）、Thornbury（1990）、Spada（1997）、Fotos and Ellis（1991）和 Yim（1998）等人就主张以形式为导向教授元语言，即对离散点（discrete-point）语言规则作明示的解释，以语法规则的学习来促进高效准确的语言学习。以语言形式为中心的语言学家认为，语法的学习和学习者语言形式错误的修改提高了学习者对语言知识的长期记忆，便于学习者自觉修正语言错误，提高了语言使用的准确率。另一方面，持相反态度的语言学家认为，自然环境下的意义学习对学习者有益。Carroll（1967）、Saegert（1974）、Dulay（1983）等，尤其是 Krashen 等（1982,1985,1998）极力反对对语法作明示性的教学，他们认为语法是语言的边缘成分，语法形式的学习对语言习得不可靠，坚持语法内容不能出现在语言课堂，因为潜意识语言习得，对发展二语语言的流利程度起着重要的作用。国内从 20 世纪末起进行了以意义为中心的外语教学改革，实行交际课堂、沉浸式教学和语音、词汇和语法的暗示法教学。确实，这些改革对中国学习者的哑巴英语和沉默课堂起了比较重要的作用，身边很

---

① 刘翼斌，浙江工商大学教授，主要研究方向为翻译学、认知语言学、莎士比亚戏剧研究。

好的例子就是浙江工商大学在 21 世纪开展了轰轰烈烈的寝室英语教学改革活动,这一活动使浙江工商大学以学生英语口语流利地道著称。然而,在看到成绩的同时,不少专家不禁要为学习者书面表达能力和高端阅读能力的滞后而担心,因为在国内纯粹的自然外语环境是很难在课外甚至是课堂内找到的,找不到有效的交际环境,对内容意义的模仿在本来模糊的边界和含混的记忆中就很难留下比较深刻的记忆,对后续语言学习的知识积累将造成一定困难。学习者长期语法形式的认知空缺,使得他们表达语义的能力匮乏,从而造成其语言表达不地道、不准确,不能恰当地进行复杂的各种专业表达。

Mucia(1991),Scott(1989)和 Ellis(2012)认为,以意义为中心的语法无用论派的课堂带给学习者的是支离破碎的、洋泾浜式的语法。因为缺乏语法形式教育,学生在目标语的学习中会过早地碰到石化现象或产生高原反应(plateaued),在语言水平达到一定程度后学习者就很难再进一步提高。他们折中上面两种不同观点,主张学生经历一个充满语法结构练习的学习阶段后,要过渡到开放式的创造性地使用语言阶段。

在教学实践中笔者观察发现,即便是在开设外语语法受欢迎的班级,语言的创造性使用也不是普遍现象,原因是语法课堂未完成语法规则内化并未得体运用到交际中去,致使学生听、说、读、写、译语言技能提高缓慢。在说、写、译等输出技能中常常因为基础的语法知识等语言规则没有内化,而使得学生输出能力水平低下,常常造成交际低效甚至失败。具体交际表征为口语、作文、口笔译作品语法错误屡见不鲜,屡教不改。

上述种种原因也造成学生对语法课的认同度低下。目前,亟待建立以语法为原型的教学范畴模式以解决以下问题:如何将基础的语言知识转化为专业的语言知识,例如元语言的学习;如何实现层级转换,语言质量提高;语法课如何与听力、口语、阅读、写作、口笔译等语言技能课呼应、对接,提高各门语言课程和外语专业课的教学效果。

二、原型范畴观和语言教学的范畴

在罗施(Rosch)提出的原型范畴中,二元的、成员地位平等、范畴边界清晰的经典范畴(亚里士多德,1996)被颠覆。罗施等(1965)认为,同一范畴成员具有不平等地位,原型是范畴中最典型的成员,隶属度最高,原型范畴的典型性使其具有易辨认、易记忆和为主体普遍认知的特征;从中心成员到边缘成员隶属度递减,同一范畴内各成员的属性相互重叠,通过家族相似性(维特根斯坦,2000)享有部分共同属性,同时,范畴原型也是可以改变的,范畴的边界是模糊的。

自原型范畴理论问世以来,不少学者意识到,该理论为我们提供了审视二语习得的新视角,对二语习得研究以及教学实践具有重要启示和借鉴意义。近年来,已有越来越多的研究者进行了这方面的有益探索。(Achard & Niemeier,2004)目前,国内把原型范畴理论与外语教学相结合的研究主要集中在词汇方面。但作为语言范畴中的一个重要分支,语法范畴(李艳平、朱玉山,2001:2-5)也是原型范畴,其研究也可以进入外语教学的范畴内。

语法作为英语专业教学范畴成员,在知识范畴层次与词汇、语篇等不同层级的范畴构成以语义为核心的教学基本层次范畴,在方法范畴层次,语法知识本身我们称为陈述性知识(Richards,2002),也就是"能记住的知识"(memorized knowledge),与听、说、读、写、译等语法的运用技能我们称为程序性知识,也就是"已内化的知识(internalized knowledge)"构成以交际为核心的教学上位层次范畴。

在教学基本层次范畴,以句法为基本单位的语法,在不同的语境中,相同的语义可以表征为句子或者词汇和语篇。在这个教学范畴层次中学习者也学习如何把语法知识转为表达语义的恰当形式,也就是把范畴成员句子(句法)与词汇、语篇等进行层阶转化(王寅,2007)。确切地说,就是语篇层级化为句子,句子层级化为词汇,反之亦然。在教学的上位层次范畴,以陈述性知识为基本单位的语法,应该通过课堂的演绎为学习者所用,学习者才有可能在其他语言基础课程和专业外语课或外语后续课程中将陈述性的语法知识转化成程序性的语言交际知识。

三、以语法为原型的语言教学范畴构建

在教学范畴基本层次中,学习者往往不能把语法知识转为表达语义的恰当形式,也就是把句子(句法)与词汇、语篇等范畴成员进行层阶转化,语篇不能降级为句子,句子不能降级为词汇;学生共时词汇化能力的缺乏造成英语专业学生中介语的石化甚至僵化;语言表达停留在中初级水平,即便高年级专业课程的学习也无法改变这种尴尬状态。在中小学阶段以隐性和显性的方式呈现过,具体从英语专业说,语法到高中阶段基本内容已系统授完。在大学专业学习阶段,如果还重复抽象的、枯燥的纯语法教学内容,将无助于学生将语法这种陈述性知识转化为听说读写译等程序性知识。另外,现行语法教材的演绎呈现方式也不利于学生在真实交际语境中内化和灵活运用语法知识。

(一)以语言交际能力为目标的语言教学范畴

针对上面提到的问题,首先,在语法课程的原型范畴模式中语法课围绕语义核心进行以提高学生英语交际能力为目标的认知学习。在这个原型范畴模式中,下位范畴层次以英汉句法结构对比为切入点,以语法元语言为课堂用语,辅以语料库、英语语言史、英语语法史、人类思维史进行语法规则的归纳或演绎。在这样范畴模式的基本层次和范畴层次,以学生运用语法元语言口头表达语法现象为前奏,以听、说、读、写、译等语义表达为表征,以各项语言技巧为核心,做相应的语法课堂练习,学生通过课后语法规则整理达到语法知识和元语言的长期记忆,以期把陈述性知识转化为程序性知识,并通过教师对学生练习的批改和指导学习,获得输入过程中,即听和读部分语法单位的降级能力和输出过程中,即写、译、说部分语法单位的层级转化能力(此处为升级能力)。在此范畴模式的基本层次和范畴层次,通过学生语法知识整理、网络语料库批改和以输出过程为主的语言交际能力的内化,达到语法规则在学生思维层面的内化,把离散的语法点内化为交流语言连续体,从而把语法知识转化为语言交际能力,具体方案如图1所示。

(二)以语法为范畴原型的成员互动式课堂

以两个课时的情态动词教学为例,展示语法课程的原型范畴模式的具体操作,简要的步骤分为:(1)语法元语言知识的教授展示或由语料库学生归纳出情态动词的语言形式、具体内容、语法功能和表达的语义;就是用明示的方法明了展示语法规则,以语言形式或者说离散知识点来强化学生记忆,在线即时用元语言对这些语法项或例子口头清

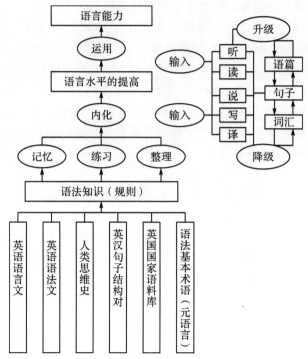

图1 语法原型范畴与听、说、读、写、译等语言技能范畴的关系图

晰地表达出来,可以在教学课堂用元语言梳理语法规则前给周边的同学讲解,以加强学生对情态动词的记忆;(2)语法规则在教学其他范畴中的实践运用加强语法的陈述性知识的内化,在语法课堂实现原型范畴与边缘成员的互动,转化陈述性知识为听说读写译等程序性交际能力。通过5分钟视听辨别情态动词用法、通过后续写观后感或口译一段视频内容内化情感、道义、能力与情态动词的关系;教师通过修改的读后感或口译的片段,进一步在语言连续体里明确情感、道义、能力与情态动词的关系,同时这个过程中教师示范在词汇、句子、语篇间情态层阶升级的方法和语境,提升学生英语语言表达水平;在经过课后学生对知识的梳理或进入批改网(基于语料库)写作并自助修改,最后达到情态动词在真实交际中的得体运用,请看图2。

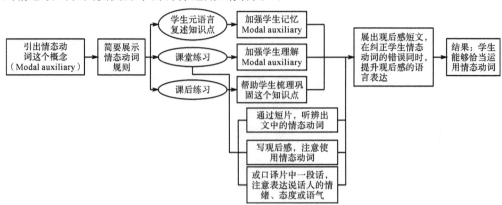

图2 语法离散点知识与语言交际技能的互动图

这就是语法规则与语言交际运用能力内化的路线图,完成任务的过程也就是语法知识内化为学习者语言交际能力的过程。在任务结束时,一张任务评价表将发给学生,要求学生进行自我评估和小组评估是否已达到设计的目标:创造性使用语言的能力。

三、结 语

无论是以语言形式为中心的语法高效学者,还是以意义为中心的排斥语法的语言学家,都没有解决中国学习者外语语法学习的低效输出问题,尤其是高端学习的低效和语言石化现象严重,书面表达能力差的问题。本文试图通过建立以语法为范畴原型、以语言技能为范畴成员的语言教学范畴模式,试图在外语语法课堂实行"一课二上",先让学生经历一个充满语法结构练习的学习阶段,再过渡到开放式的创造性使用语言阶段,把离散的外语语法规则解释作为语言交际实践的序曲,在外语语法课堂实现语言表达能力的提升。当然,这只是这个范畴构建的一个初步实践和设想,更多的环节有待在今后的实践中补充完善。

参考文献

[1] ACHARD, M. & S. NIEMEIER (eds.). *Cognitive Linguistics*,Second Language Acquisition, and Foreign Language Teaching [M]. Berlin; New York; Mouton de Gruyter,2004.

[2] ELLIS, N. C. et al. Usage-based Language: Investigating the Latent Structures that Underpin Acquisition[J]. A Journal of Research in Language Studies,2012,1(63):25-53. http://onlinelibrary. wiley. com/doi/10. 1111/j. 1467−9922. 2012. 00736. x

[3] ELLIS, N. C., U. Rmer & M. B. O'Donnell. Usage-based approaches to language acquisition and processing: Cognitive and corpus investigations of Construction Grammar [M]. New Jersey; Wiley-Blackwell,2016.

[4] KRASHEN, S. D. The Input Hypothesis: Issues and Implications [M]. London; Longman,1985.

[5] RICHARDS,J. C. LOCKHART. Reflective Teaching in Second Language Classrooms[M]. Cambridge; Cambridge University Press,2002.

[6] ROSCH,E. Cognitive Representations of Semantic Categories[J]. Journal of Experimental Psychology: General,1975,104(3):192-233.

[7] 李艳平,朱玉山.英语语法教学的原型范畴理论观[J].外语教学,2011(1):2-5.

[8] 沈家煊.超越主谓结构[M].北京:商务印书馆,2019.

[9] 王寅.认知语言学概论[M].上海:外语教育出版社,2007.

基于雅思的跨文化沟通
口头表达教学创新实践

项丹凤①

摘　要:雅思作为国际英语语言测评体系在国内高校大学生中受众面广泛。雅思测评听、说、读、写四项英语交流能力中,根据《2018 中国大陆地区考生学术表现白皮书》,中国大陆考生的英语口语能力水平落后于全球平均水平。在"跨文化沟通"课堂中,学生学情分析后所呈现的问题与其一致。如何提高口头表达能力以达到有效地跨文化沟通,是课堂中亟待解决的问题。本文根据 POA 教学理论设计了 GPS 和 USB 的教学方法,尝试解决跨文化沟通表达的实际问题。

关键词:雅思(IELTS);口头表达;POA;GPS;USB

一、背　景

(一)雅思(IELTS)

所谓雅思考试(IELTS: International English Language Testing System,国际英语语言测试系统),是指对听、说、读、写四项英语交流能力的一种测试。每年,全球有超过 350 万人次在 140 个国家和地区参加雅思考试。雅思已成为全球英语测评领导者。

国际背景下,参加国际英语语言测评已成为越来越多的高校大学生拓展国际视野的必备途径。比如,2016 年 G20 的成功举行离不开大量高校大学生志愿者的参与和支持,而其中成为志愿者的条件之一是能以英语进行自主熟练的沟通并在外宾需要时及时提供帮助。2022 年杭州亚运会赛事志愿者招募的其中一个条件也是具有良好的沟通协调能力,能够使用一门外语进行交流。《2018 中国大陆地区考生学术表现白皮书》是官方发布的第二份雅思白皮书,在学术类雅思考试中,所有省/直辖市雅思考生口语平均分与全球平均水平仍有差距,其中全球男性考生平均分为 5.9 分(雅思满分 9 分),全球女性考生平均分为 6.0 分,而中国大陆考生口语平均分为 5.29 分,多年来,始终处于离全球平均分较远的水平。

(二)跨文化沟通课

"跨文化沟通"是浙江工商大学章乃器学院为本科生开设的一门以听说为主的创新

---

①　项丹凤,浙江工商大学外国语学院讲师,硕士,研究方向为英语语言教学应用。

课程,是以跨文化交际、英语语言知识与应用技能、学习策略为主要内容,以外语教学理论为指导,并集多种教学方法和教学手段于一体的教学体系。本课程的开设有助于学生开阔视野,扩大知识面,加深对世界的了解,借鉴和吸收外国优秀文化精华,提高文化素养,为社会培养 21 世纪复合型人才。

跨文化沟通(听说)教学的目的:培养学生的英语应用能力(尤其是听说方面),增强跨文化交际意识和交际能力,通过对中西方文化异同的展示和分析,努力剖析其中蕴含的深层文化根源,提供丰富的跨文化交际语境,引导学生发现问题之源,培养分析问题和解决问题的能力,增强多元文化意识;同时通过学习跨文化交际知识,了解不同文化背景,分析文化冲突根源,达到有效得体的跨文化交际目的;此外,发展学生的自主学习能力,提高综合素养,使学生在学习、生活、社会交往和未来工作中能够有效使用英语,满足国家、社会、学校和个人发展的需要。

二、学情分析

学情分析的目的,一方面在于使学生清晰知道自己的语言水平处于什么层次,通过跨文化沟通课程想学到什么,以及语言水平想达到什么层次;另一方面,使教师清晰知道学生的语言水平处于什么层次,通过跨文化沟通课程能促成学生学到什么,以及促成学生语言水平所能达到的层次。

章乃器学院面试后所招收的学生为本科大二学生,基本由各专业成绩排名靠前的学生组成,表达能力处于较优秀的层次,注重综合能力。

对学生进行口语表达能力初测后,分布状况如图 1 所示。图 1 显示,口语表达能力达到雅思 6 分以上为 2 人,雅思 5—6 分为 4 人,5 分及以下为 14 人,5 分及以下的同学占 70%,普遍低于全球平均水平。所呈现的问题在于大多数学生能表达,但无法进行流畅、有逻辑、有衔接及运用一定词汇量并结合跨文化交际背景相对灵活地表达。他们急需具体的方式方法引导及练习。

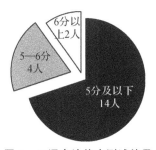

图 1　口语表达能力测试结果

初测也发现学生具备了一定的批判性思维与创新能力,但如何在跨文化沟通背景下进行实际有效的口头表达,还需进行探索。

因学生总体学习能力较强,个人基本都有相对明确的目标,经过口语能力明确定位后,无论是从教师角度还是从学生本人角度,都能更清晰了解学生本身的学习需求。

三、教学理念 POA 与创新方法 GPS＋USB

(一)教学理念 POA

基于以上问题,本课程采用文秋芳教授(2018)的 POA 理论对课程进行全面指导与设计。POA 意为"产出导向法"(production-oriented approach),理论历经预热期、雏形期、形成期、修订期和再修订期。关键教学理念包含以下几方面。

1.学习中心原则(learning-centered principle)

关注"学生能学到什么"。如果教师不考虑学生学习水平和需求,教学注定是脱离实际的,也无法给学生带来真正的帮助。但一味强调以"学习者为中心"也不妥当。作为教师,应采取十分谨慎的态度,在交际活动实施过程中,需细心观察并积极给予帮助,甚至在"场面失控"时回到"主持"的状态,从而对课堂进行灵活协调和教学方法的实施。

2.学用一体原则(learning-using integrated principle)

关注"学生学了会用吗"。课堂上"知识输入"和"运用输出"能达到一致吗? 为什么国内的学生学习这么努力,英语学了十几年,当需要开口表达时还是无话可讲? 可以说,"学用一体"原则清晰点出了这么多年来英语教学处于"学用分离"的状态。

3.全人教育原则(whole-person education principle)

关注"学生学了有助于自身核心素养的发展吗""培养什么人、怎样培养人"。(林崇德,2017)在修订版 POA 理论中,全人教育具体化为"文化交流"与"关键能力",文化交流需以语言为载体,主张不同文明之间相互对话、相互尊重、相互理解、相互学习。(李泉,2011)而"关键能力"英文为"key competence",即"核心素养"。POA 理论修订后涵盖更加全面。

(二)创新教学方法 GPS＋USB

在清晰的教学理念的指导下,该如何解决实际存在的问题? 在章乃器学院的学生综合素养都较高的情况下,又该以什么方式推动他们成为积极主动的语言使用者以及"有话可讲"的沟通者与交流者呢?

1.创新教学目标

教学目标需创新。教学目标动态化能帮助教师在实际教学过程中针对产生的问题及时调整教学手段,推动教学的切实可行,最大程度地帮助学生个性化学习,同时基于学生自身情况,最大化学习效率。无论是一堂课,还是整学期的课,都需有目标的指引。而在语言学习上,除了阶段内可设置总目标不变,其他分目标需根据学习进程进行动态调整。

(1)总目标设定。基于雅思测评,学生对自身语言单项能力有了清晰的了解(图 1)。每个学生的实际口头表达能力存在一定差距,但他们都是积极的学习者。因此,总目标可制定为:推动口头表达能力从雅思 5 分到雅思 7 分。这是一个非常明确的总目标,并且口头表达每个分项都有具体能力描述作为参考(表 1)。从左到右的参考分别为流利性与连贯性、词汇多样性、语法多样性及准确性和发音。

表 1　雅思口语能力 5—7 分能力描述

7	·表达详尽,并无明显困难,或不失连贯 ·有时出现与语言相关的犹豫或出现重复及/或自我纠正 ·具有一定灵活性地使用一系列连接词和语篇标记	·灵活地使用词汇讨论各种话题 ·使用一些非常见的词汇及习语,对语体及词汇搭配有所认识,但有时词语选择不甚恰当 ·有效地进行改述	·较灵活地使用一系列复杂的语法结构 ·虽然反复出现一些语法错误,但语句通常正确无误	表现出 6 分水平中所有积极表现,但也表现出 8 分水平中部分积极表现
6	·表现出充分交流的意愿,但有时由于偶尔的重复、自我纠正或犹豫而缺乏连贯性 ·能使用一系列连接词及语篇标记,但无法保持一贯恰当	·有足以详尽讨论各种话题的词汇量,虽然有时使用不当但意思表达清晰 ·基本上能成功地进行改述	·结合使用简单与复杂的句型,但灵活性有限 ·使用复杂结构时经常出现错误,尽管这些错误极少造成理解困难	·使用多种发音特点,但掌握程度不一 ·展现出某些有效使用发音特点的能力,但不能持续表现这一能力
5	·通常能保持措施,但需通过重复、自我纠正及/或降低语速来维持表达 ·过度使用某些连接词及语篇标记 ·能用简单的语言进行流利的表达,但在进行更为复杂的交流时表达不畅	·能谈论熟悉或不熟悉的话题,但使用词汇的灵活性有限 ·尝试进行改述,但有时成功有时失败	·能使用基本的句型,且具有合理的准确性 ·使用有限的复杂句式结构,但通常会出错且会造成某些理解困难	表现出 4 分水平中所有积极表现,但也表现出 6 分水平中部分积极表现

　　比如在流利性与连贯性上,5 分的能力描述为:通常能保持语流,但需通过重复、自我纠正及/或降低语速来维持表达;过度使用某些连接词及语篇标记;能用简单的语言进行流利的表达,但在进行更为复杂的交流时则表达不畅。而 7 分的能力描述为:表达详尽,并无明显困难,或不失连贯;有时出现与语言相关的犹豫或出现重复及/或自我纠正;具有一定灵活性地使用一系列连接词和语篇标记。

　　(2)分目标设定。口头表达能力目标明确后,需设置融合课程内容的跨文化沟通目标和技能类目标,目标需动态化。比如,在跨文化沟通大背景下,理解"全球化"与"逆全球化"非常必要。因此,跨文化沟通目标可设置为:培养全球化角度与思维能力(Cultivating global perspectives and thinking ability)。而"动态化"体现在学生个人化的目标设定与体现。每个学生基于自身知识及世界观必然存在对事件不同的看法,通过学习材料的输入,以口头表达的方式产出,从而达到个性化目的。

　　技能类目标设定可以是:

　　①学生至少能以雅思 6 级或 7 级水平清晰表达自我;

　　②学生能以具体实例解释抽象概念,如"什么是全球化";

　　③学生能针对某个事件表达具体想法和观点。

　　2.创新 GPS+USB

　　基于目标设定,本课程创新了教学方式。基于 POA 理论,为了促进学生在口头表达能力方面有真正提高,本课程提出 GPS+USB 的方法来帮助学生进行口头表达能力的练习。GPS+USB 具体内容如下。

(1)GPS。GPS 分为三点:(Get perspectives)获取视角、Produce ideas(产生思维)、Spark language(激发语言)。通常在无明显材料输入的情况下,让学生随意聊聊一些抽象概念,如"全球化"(globalization),大多数学生无从说起,无法启动思维与实际进行关联。此种情况下,要让学生用英语进行表达可能性更小。因此,引导学生获取身边视角,转化身边事物作为口头表达素材至关重要。生活中吃喝、学习、娱乐等都可以帮助学生产生思维。而激发语言需教师进行模板引导,通过给出实际例子,帮助学生落实具体通过什么方式进行口头表达。

(2)USB。USB 也分为三点,与 GPS 融合进行:Use proper connectives(善用衔接)、Speak at length(阐述详尽)、Begin and end clearly(有头有尾)。如果说 GPS 是定位角度、寻找思维和激发语言,那么 USB 就是语言实际应用的关键要素。掌握这三点要素,能使口头表达有逻辑、有内容、有完整度。

3.创新教学方法 GPS+USB 实践

在"跨文化沟通"课程中,如何使用 GPS+USB 方法呢？此节以"全球化"为主题,通过 2 个视角来演示此方法的实践过程。教师先以个人为例,提供"口头表达"模式,演示 GPS+USB 的过程,"如何谈论全球化"？

(1)从个人日常视角谈"全球化"。

①获取视角

教师引导学生罗列生活的方方面面,比如吃喝、工作、学习、娱乐等等,从而引出从"吃"的角度谈"全球化",以及从"娱乐方式"的角度谈"全球化",比如看电影。

②产生思维

从"吃"的角度进行脑力风暴:

● In the morning, I have a cup of coffee.(早上一杯咖啡。)

● At 12 noon, I order a sushi takeout.(中午寿司外卖。)

● By nightfall, spaghetti is my preferred food.(傍晚吃意大利面。)

● Sometimes, pizza is also a good choice.(有时比萨也不错。)

从"娱乐方式"的角度进行脑力风暴:

When I step into a movie theatre, I can have a wider choice of films than ever before like:(电影选择比过去多。)

● *The Wandering Earth*(《流浪地球》)

● *Avengers:Endgame*(《复联4》)

● *Capernaum*(《何以为家》)

● *Heidi*(《海蒂》)

③激发语言

综合进行语言整理,同时对 USB 三要素进行应用。比如,时间的衔接:in the morning;at 12 noon;by nightfall 等。口头表达用语的衔接:you can see…;but;I think…等。从"吃"的角度整理后如下:

In the morning, I have a cup of coffee. At 12 noon, I order a sushi takeout. By nightfall, spaghetti is my preferred food. Sometimes, pizza is also a good choice. You can see, we are in China, but we eat different foods like coffee, sushi, spaghetti from other countries... I think that's about globalization...

从"娱乐"的角度整理后如下：

When I step into a movie theatre, I can have a wider choice of films than ever before like: *The Wandering Earth*; *Avengers*: *Endgame* and *Heidi*. You can see, we are in China but we watch different movies from other countries, which makes my life full of variety. And also, our domestically produced movies are gradually enjoying higher fame in the world. I think that's about globalization!

通过对 GPS＋USB 的应用，把"本人"生活的点滴与"全球化"挂钩，以最通俗及具体的方式来诠释"什么是全球化"，从而引导学生从自身出发，以"英语"解释抽象概念"全球化"。

（2）从热点或新闻视角谈全球化。

以马云在 2018 年达沃斯论坛谈谈论全球化为例，结合外媒新闻"星巴克猫爪杯打架事件"，再到外媒新闻"浙江工商大学学生刷步子、换折扣"来解释"什么是全球化"，对 GPS＋USB 方法再进行灵活运用。以猫爪杯事件为例，我们获取的角度可以是：全球化下，国内普通公共消极事件会迅速扩散，国际影响糟糕。因此，我们更要以此为鉴，树立好公民（a good member of the society）的价值观。基于 GPS 和 USB，通过融合全人教育，我们可以对事件先进行描述：

Recently there was a bad news about Starbucks cat paw mugs. People fought for it in order to get it because it's the limited edition.

再强调全球化背景下消极消息的传播速度：

It happened in China but now all global people knew it. When we are under globalization, bad or good news in our country can spread much more quickly around the world than ever before.

最后传递个人感受和积极价值观：

Honestly, I feel shame about it. Good citizens shouldn't do that in public. We should learn to be a good member of society throughout life. Being a good citizen is so important to our country.

当"浙江工商大学学生刷步子、换折扣"上外媒新闻后，学生自然而然能使用 GPS＋USB 的方式确立角度，通过对事件的描述，结合全球化和个人价值观，用英语进行口头表达。

四、结　语

学英语这么多年，开口还是这么难，为什么？去面试国际志愿者时，能否用一门外语侃侃而谈？在跨文化沟通中，我们如何进行"平等的文化交流"，发表合理的观点，树立正确的价值观，在交流中保持不卑不亢的态度？在外媒新闻热点冲击下，作为大学生又该如何理性对待，并能以英语表达个人观点和建议？基于雅思确立明确的语言能力衡量标准,运用 GPS+USB 的方法,结合自身和热点新闻,同时结合跨文化沟通大背景,提升英语口头表达能力是切实可行的。

参考文献

[1] 李泉.文化内容呈现方式与呈现心态[J].世界汉语教学,2011,25(3):388-399.

[2] 林崇德.中国学生核心素养研究[J].心理与行为研究,2017,15(2):145-154.

[3] 文秋芳."产出导向法"与对外汉语教学[J].世界汉语教学,2018,32(3):387-400.

课程改革篇

KECHENG GAIGE PIAN

信息时代的伦理审视

——"大数据分析与处理"课程思政教学设计探索①

杨春华②

摘　要:本文以"大数据分析与处理"课程思政教学设计为例,首先阐述课程思政内容选择与教学目的;其次从课程体系架构设计、课程思政内容设计、课程思政教学方法设计和课程思政激励机制设计四个方面论述课程思政教学设计方案;最后总结成功实施课程思政教学的三个经验,即结合课程特色选择课程思政内容,充分利用线上线下教学优势,建立"关键成果"课程考核机制。

关键字:课程思政;信息伦理;方案设计

《高等学校课程思政建设指导纲要》中指出:"培养什么人、怎样培养人、为谁培养人是教育的根本问题,立德树人成效是检验高校一切工作的根本标准。落实立德树人根本任务,必须将价值塑造、知识传授和能力培养三者融为一体、不可割裂。全面推进课程思政建设,就是要寓价值观引导于知识传授和能力培养之中,帮助学生塑造正确的世界观、人生观、价值观,这是人才培养问题的应有之义,更是必备内容。这一战略举措,影响甚至决定着接班人问题,影响甚至决定着国家长治久安,影响甚至决定着民族复兴和国家崛起。""大数据分析与处理"是一门新兴信息技术应用课程,如何在技术应用型课程中进行课程思政建设是一个十分值得探讨的问题。本文以"大数据分析与处理"课程思政教学设计为例,探讨总结该课程思政建设的经验,为同类课程的思政建设提供借鉴。

一、课程思政内容选择与教学目的

(一)课程思政的内容选择

当今世界,信息技术创新日新月异,以数字化、网络化、智能化为特征的信息化浪潮蓬勃兴起。全球信息化进入全面渗透、跨界融合、加速创新、引领发展的新阶段。习近

---

① 本文系2019年浙江省"十三五"第二批教学改革研究项目"数据智能时代基于ADDIE财经院校会计智能化课程群重构及建设研究"(编号:jg20190175);2020年浙江工商大学会计学院课程思政项目"大数据分析与处理";2020年浙江工商大学会计学院研究生精品示范项目"大数据分析与处理"的研究成果。

② 杨春华,浙江绍兴人,浙江工商大学会计学院副教授,硕士生导师,研究方向为基于信息技术的财务管理。

平总书记指出,当前以互联网、大数据、人工智能为代表的新一代信息技术日新月异,给各国经济社会发展、国家管理、社会治理、人民生活带来重大而深远的影响。现代信息技术的深入发展和广泛应用,深刻改变着人类的生存方式和社会交往方式,深刻影响着人们的思维方式、价值观念和道德行为。但我们在享受信息化带来的红利的同时,也要面对信息化时代越来越突出的信息隐私、信息安全、信息异化、信息污染、信息鸿沟等信息伦理问题。据吴丹丹等对当代大学生关于信息伦理的调查发现:(1)网络道德体系缺乏一定的规范性,网络环境建设不够完善,网络风气导向存在一定的问题;(2)学校在网络信息伦理方面对于学生的教育有所匮乏;(3)大学生群体对相关概念模糊,信息保护意识较弱,信息素养存在一定问题。这一现象已经引起教育界的广泛重视。

面对信息技术的迅猛发展,有效应对信息技术带来的伦理挑战,习近平总书记强调:"要整合多学科力量,加强人工智能相关法律、伦理、社会问题研究,建立健全保障人工智能健康发展的法律法规、制度体系、伦理道德。"在美国,信息伦理教育已列入美国的教学指导性文件,如《美国高等教育信息素养能力标准》《国家教育技术学生标准》等都对信息伦理教育做了相关规定。通过对信息伦理国际组织 ICIE(International Center for Information Ethics)所列开设信息伦理课程的高校以及其他文献资料所注明开设信息伦理课程的大学进行统计,发现美国有 50 多所高校开设有信息伦理课程。而在我国高校,特别是财经院校开设信息伦理课程的数量很少。

"大数据分析与处理"是一门新兴信息技术应用课程,通过对大数据获取、建模分析、可视化图表展示的学习,培养学生信息素养和信息分析与处理的实践能力。但在此之前首先应该树立正确的信息伦理观,将信息伦理作为课程思政的内容,既顺应时代的要求,又契合课程的内容。

(二)课程思政的教学目的

"大数据分析与处理"课程思政教学目标是:通过信息伦理内容介绍、相关案例剖析、现实问题思辨,实现课程内容与思政内容有机结合,建立"道、术、技"三位一体课程体系,让学生在理论知识学习和实践操作能力培训过程中,深刻认识信息伦理的重要性,能够正确审视信息隐私、信息安全、信息异化、信息污染、信息鸿沟等信息伦理问题,真正体现"实践育人"理念。

为此,"大数据分析与处理"树立了"价值引领、知识并举"的课程建设理念,运用布鲁姆模型重新构筑课程教育目标(见图 1),将树立正确的信息伦理观作为最高层目标,重点建设与实践。

二、课程思政教学方案设计

(一)课程体系架构设计

"大数据分析与处理"课程思政建设的内容是在课程内容中有机结合信息伦理相关内容,实现"道、术、技"三位一体课程体系,"道"引领着"术"和"技","术"指导着"技",三者相辅相成,具体体系如图 2 所示。

图 1 课程教学目标

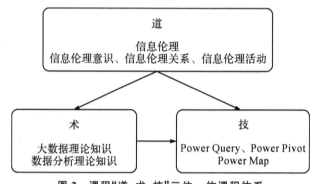

图 2 课程"道、术、技"三位一体课程体系

其中，"道"指的是信息伦理。"信息伦理"的概念最早可追溯到 1988 年，由美国学者罗伯特·豪普特曼（Robert Hauptman）首先提出。他认为信息伦理可以被理解为"所有对与信息生产、信息存储、信息访问和信息发布伦理问题相关的问题的研究"。这一定义把信息伦理的研究囿于信息技术的范围，只能算是狭义上的信息伦理。美国国际信息伦理学中心认为，广义的信息伦理学是研究大众传媒、计算机科学和作为平等媒体的因特网中的伦理问题的应用学科。广义上的信息伦理学，不仅仅局限于计算机伦理问题和网络伦理问题，还包括整个信息领域中的伦理问题。"以数字化信息为中介的或涉及信息技术的伦理关系，不仅囿于人机关系和网络之中，同时存在于非人机和非网络的人伦关系之中。"基于此，信息伦理是指在信息开发、信息加工、信息利用和信息传播等信息活动过程中的伦理要求、伦理规范、伦理准则，以及与信息相关的所有伦理问题。它包含三个层次，即信息伦理意识、信息伦理关系、信息伦理活动。

（二）课程思政内容设计

习近平总书记指出，好的思想政治工作应该像盐，但不能光吃盐，最好的方式是将盐溶解到各种食物中自然而然吸收。根据"盐巴"理论，慎重选择课程思政内容，精心设计课程思政与专业内容的融合，做到润物细无声。"大数据分析与处理"课程思政内容具体如表 1 所示。

表1　课程思政内容

专业内容	思政内容	教学方法
第一章　大数据基础 第一节　大数据的内涵与特征 第二节　大数据的产生与作用 第三节　大数据时代的新理念 第四节　大数据处理的基本流程 第五节　大数据的关键技术 第六节　信息伦理	信息伦理 信息伦理的内涵 信息权利及其道德价值 信息权利行使的伦理原则	理论教学 案例教学 PBL
第二章　Power Query 应用 第一节　Power Query 简介 第二节　数据的获取 第三节　数据的转换 第四节　数据组合 第五节　数据的加载 第六节　多文件汇总	信息访问的道德制约 信息访问中的伦理问题 信息隐私 信息机密 知识产权	理论教学 PBL 实践教学
第三章　Power Pivot 应用 第一节　Power Pivot 简介 第二节　Power Pivot 界面和常用概念 第三节　数据加载 第四节　数据整理 第五节　常用 DAX 函数简介 第六节　常见企业分析场景 第七节　生成数据分析报告	信息开发的道德制约和信息 管理的道德责任 信息开发中的伦理问题 信息开发的道德原则 信息管理及其伦理问题 信息资源管理的道德监控 信息安全的道德保障	理论教学 PBL 实践教学
第四章　Power Map 应用 第一节　Power Map 简介 第二节　Power Map 基本功能 第三节　使用自定义区域和地图	信息传播的道德过滤 信息传播的自由品格 传播自由的道德限制 道德过滤的必要性和可能性	理论教学 PBL 实践教学

（三）课程思政教学方法设计

"大数据分析与处理"课程是理论与实践相结合的课程,采用线上线下混合教学模式,课程思政内容与理论和实践紧密结合,主要采用以下三种教学方法。

（1）讲授式教学。信息伦理的基本内涵、基本原理、基本内容通过线上讲授的方式进行介绍,让学生拥有对信息伦理的基本认识。

（2）体验式教学。在数据分析过程中,采用线上线下混合教学方式,结合操作技能的讲解讲授信息伦理问题,并通过学生自己的操作练习体验育人内容。

（3）PBL 教学。教师结合社会现状,特别是学生身边的问题,精心设计,采用线下教学方式,让学生分小组辩论。这种方式能很好地帮助学生发现身边的信息伦理问题,培养学生的思辨能力,树立正确的信息伦理观。

（四）课程思政教学激励机制设计

为了激发学生学习课程思政内容的热情,评估学生学习课程思政内容的情况,"大数据分析与处理"把课程思政内容纳入课程考核体系。一方面,把课程思政内容作为课程报告的一个重要组成部分,教师对报告内容进行审核,成绩占课程成绩的10%;另一方面,将信息伦理问题辩论成绩纳入课程成绩,占课程成绩的10%。

三、课程思政建设的总结

总结"大数据分析与处理"课程思政建设,得到以下三条结论。

(一)结合课程特色选择课程思政内容

专业课程是课程思政建设的基本载体。课程思政建设内容的选择很重要,一定要深入梳理专业课教学内容,结合不同课程特点、思维方法和价值理念,深入挖掘课程思政元素,有机融入课程教学,达到润物无声的育人效果。

"融合"是选择思政内容的重要原则。在教学时,课程思政内容的呈现形式、与课程内容的结合方式设计很关键,必须精心设计,做到水到渠成,浑然一体。

(二)充分利用线上和线下教学优势

随着线上线下混合教学模式的普及,课程思政教学应充分发挥线上和线下教学优势,精心布局。与课程基础理论相结合的思政内容,可和基础理论知识讲解一起进行线上讲授,提供丰富的拓展资源,让学生能充分了解思政内容,节约课堂教学时间。与实践相关的思政内容,在实践过程中实施体验式教学,提升认知深度。与现实问题密切相关的思政内容,采用线下 PBL 模式,提高学生学习的参与度。

(三)建立"关键成果"课程考核机制

为了激发学生学习思政内容的热情,评估学生学习思政内容的情况,必须将思政内容学习纳入课程考核体系。可依据 OKR(Objectives and Key Results,目标与关键成果法)考核方法,设立思政内容学习的"关键成果",并配合相应的教学活动,从而保障思政内容的学习效果。

参考文献

[1] 习近平.习近平在全国高校思政政治工作会议上强调:把思想政治工作贯穿到教育教学全过程 开创我国高等教育事业发展新局面[N].光明日报,2016-12-09(1).

[2] 教育部.高等学校课程思政建设指导纲要[Z].2020-05-28.

[3] 高德毅,宗爱东.从思政课程到课程思政:从战略高度构建高校思政教育课程体系[J].中国高等教育,2017(1):43-46.

[4] 何红娟."思政课程"到"课程思政"发展的内在逻辑及建构策略[J].思想政治教育研究,2017,33(5):60-64.

[5] 吴丹丹,苟佳,郑爽,等."互联网+"时代大学生信息伦理道德现状与培育策略研究[J].智库时代,2019(4):170-172.

[6] 熊雪纯,颜祥林.美国高校信息伦理课程探析[J].情报探索,2014,206(12):26-29.

新闻传播专业"显性"与"隐性"课程思政融通性建设研究

——以"新闻传播政策、法规与伦理"课程为例

冯　洁①

摘　要:"课程思政"是新时代背景下党中央对高校思想政治工作提出的新要求,新闻传播专业应将"显性"与"隐性"课程思政教育有机融合,具体实施方案如下:首先,确立新闻传播专业思政目标;其次,实现"显性"与"隐性"专业课程思政教育资源的融通;再次,实现"显性"与"隐性"专业课程教学方法和手段的融通;最后,实现课程思政教育目标达成评价的融通。整个实施将贯穿持续改进。

关键词:显性课程思政;隐性课程思政;融通性

"课程思政"是新时代背景下党中央对高校思想政治工作提出的新要求,习近平总书记在全国高校思想政治工作会议上明确指出:"使各类课程与思想政治理论课同向同行,形成协同效应。"目前,新闻传播专业的思政建设存在一定的问题:一是理论研究与教学实践极度匮乏;二是割裂"显性"与"隐性"思政教育。面对传播环境的变化,高校迫切需要将马克思主义新闻观教育融入新闻人才培养的理论与实践中去,培养学生的传媒素养和守法意识。习近平总书记强调"党媒姓党",新闻传播教育本身就站在意识形态阵地的最前沿,新闻传播类专业的课程思政建设既需要做好"显性"思政教育,也需要做好"隐性"思政教育。新闻传播专业应将"显性"与"隐性"课程思政教育有机融合,那么在课程思政教学过程中,我们应该如何解决课程思政元素、教学手段、教学条件、考核评价的"显性"与"隐性"融通性建设? 本文以"新闻传播政策、法规与伦理"为例来进行探讨。

一、"显性"与"隐性"课程思政教育资源的融通

所谓"显性"与"隐性"课程思政教育资源的区别在于:思政内容指向是否直接明确,"显性"课程思政资源的意思表达是直接明了,专业课程中蕴含着丰富的道德观和价值观的思想政治教育资源,而"隐性"思政教育资源在形式上更加潜移默化。"新闻传播政

---

① 冯洁,浙江工商大学人文与传播学院副教授,硕士,研究方向为文化产业,主要为文化贸易(包括出版贸易、电影贸易),版权贸易。

策、法规与伦理"核心课程在内容上分为若干模块,其研究路径如下:第一,确立每个模块课堂思政的教学目标,即传播理念、传授知识、传递责任;第二,建立课程知识图谱,提取知识及学习过程中所蕴含的思政元素,经过梳理形成课程思政教学内容体系;第三,建立课程思政资源库("显性"+"隐性");第四,对资源库中的思政元素进行解析,找出课程思政映射点。比如,"网络传播与国家文化安全"课程内容模块(表1)。

表 1 "网络传播与国家文化安全"课程内容模块

课程思政目标	传播理念——国家文化安全、网络生态保护 传授知识——新闻传播政策法规伦理、网络生态治理 传递责任——社会责任、家国情怀	
课程思政教学内容体系	课程知识图谱	什么是国家文化安全?
		"互联网自由"的国际政治语境
		疫情下马克思主义新闻观的传播
		网络社交媒体的海外治理现状
		网络空间治理的中国实践
	思政元素	国家文化安全
		"后真相"时代
		马克思主义新闻观
课程思政资源库	"显性"	"颜色革命"
		《中国新闻传播大讲堂》
		新冠肺炎疫情期间对于医务人员的报道
		纪录片《见证》的国内外传播
		……
	"隐性"	网络干选
		新冠肺炎疫情下海外网络传播——中美舆论角力
		"方方日记"事件
		疫情期间国内外社交媒体各种谣言分析,比如"BBC阴间滤镜"
		李子柒现象
		……
课程思政的映射点	制度自信、文化自信、法治精神、媒介素养、家国情怀、理想抱负	

围绕"国家文化安全"设计的课程知识图谱,包括"互联网自由"的国际政治语境、疫情下马克思主义新闻观的传播、网络空间治理。"颜色革命"、纪录片《见证》、新冠肺炎疫情期间对于医务人员的报道、"中国新闻传播大讲堂"等都是非常典型的"显性"课程思政资源。"中国新闻传播大讲堂"是在中宣部、教育部的指导下,由中国传媒大学、教育部高等学校新闻传播学类专业教学指导委员会主办,主题为"来自武汉抗疫一线的报

道"，"大讲堂""显性"思政资源深刻解析了马克思主义新闻观与国家文化安全间的深刻联系。"隐性"思政资源也非常丰富，新冠肺炎疫情下海外网络传播——中美舆论角力、疫情期间国内外社交媒体各种谣言——"BBC 阴间滤镜"等、"方方日记"事件、李子柒现象揭露社交媒体上片面、虚假的报道，揭示了"后真相"时代国家文化安全建设任务的复杂艰巨性与必要紧迫性。课程思政以"显性""隐形"的方式映射了我国的制度自信、文化自信、法治精神、媒介素养、家国情怀、理想抱负。

我们来看一则"显性"课程思政资源案例："中国新闻传播大讲堂"——纪录片《见证》。面对突如其来的新冠肺炎疫情，在党中央决策部署下，42000 多名医护工作者紧急从全国各地驰援湖北，与湖北和武汉人民一起吹响了湖北保卫战和武汉保卫战的"集结号"。为了记录下白衣天使逆风而行的英勇形象和摘下口罩后的动人瞬间，中央指导组宣传组策划发起"影像记录工程"，为每一位援鄂医护人员拍一张摘下口罩瞬间的肖像。

再来看一则"隐性"课程思政资源案例：BBC 阴间滤镜。所谓 BBC 阴间滤镜，是指在我国拍摄到的景色附加打上一层暗淡色彩的 ps 滤镜，以进一步在视觉效果感观上诋毁中国。① BBC 纪录片《重返武汉》运用相当精湛的前期后期手法，给予人负面的心理暗示，虽然表面上叙述了事实，但环境阴郁、冷清、压抑、缺乏活力，从而对中国产生不好的印象，即政府高压管控、民众麻木不仁或者盲目自信等等。灰蒙蒙的色调，压抑的镜头语言，无一不在昭示着拍摄者的态度，武汉并没有恢复过来，它仍是一个毫无生气且满目疮痍的城市。这组阴间镜头，以及 BBC 对新疆的歪曲编造，直接导致 BBC 的国际频道被中国政府扫地出门，结束了它在中国妖言惑众的双标生涯。

沙磊（John Sudworth），从"疫情源头"到"中国脏棉"，BBC 那些臭名昭著的涉华报道不少都出自此人之手。②

围绕人工智能设计的知识图谱，包括著作权的保护与伦理、深度伪造、数据伦理、VR 新闻。思政资源主要以"隐性"为主，辅以"显性"资源。比如，深度伪造是当前技术异化的典型代表，替换人脸、操纵语音或者表情、伪造人物形象等"隐性"思政资源解析着对新闻真实性的破坏、国家安全的威胁。新闻 94 岁老人被抬到银行激活社保卡、"80岁老太冒雨交医保被拒收现金"与国务院紧急印发《关于切实解决老年人运用智能技术困难实施方案的通知》体现了老年群体的"数字鸿沟"，"隐性"与"显性"思政资源深刻解析数据伦理问题。关于沉浸式 VR 新闻，国内 2015 年"9·3大阅兵"、2016 年"两会"报道是典型的"显性"思政资源，2017 年美国的《监禁之后》是"隐性"思政资源，"显性"与"隐性"思政资源反映新闻来自真实性的挑战，甄别虚拟现实与假新闻的界限。最终，课程思政资源"隐形"映射法治精神、科学素养、国家安全、社会公平正义、人文关怀这些思政点。

---

① BBC 报道中国使用阴间滤镜. https://wstdw. com/fanben/1227174. html，发布时间：2021 年 4 月 5 日，下载时间：2021 年 4 月 2 日。

② 《整天抹黑中国的 BBC"阴间滤镜"记者沙磊跑了！后面的"剧本"我们都替他想到了》. https://www. 360kuai. com/pc/96d464b64a2d63c21? cota＝3&kuai_so＝1&tj_url＝so_vip&sign＝360_7bc3b157&refer_scene＝so_55 发布日期：2021 年 3 月 31 日，下载日期：2021 年 5 月 26 日。

表 2 "媒体传播与数字法规、伦理"课程内容模块

课程思政目标	传播理念——法治精神、网络生态治理 传授知识——著作权知识、科学伦理 传递责任——法治精神、科学素养、社会责任		
课程思政教学 内容体系	课程知识 图谱	1.媒体传播与著作权	
		(1)作品与作品抄袭	
		(2)人工智能作品的著作权保护	
		(3)信息网络传播权与作品的网络侵权	
		2.媒体传播与人脸识别	
		(1)人脸识别与数字鸿沟	
		(2)人脸识别与数字隐私	
		(3)人脸识别与深度伪造	
		3.媒体传播与 VR 新闻	
	思政元素	人工智能的伦理道德风险	
		数字鸿沟与社会公平正义	
		数字隐私与公民权利	
		深度伪造与国家社会安全	
课程思政 资源库	"显性"	沉浸式 VR 新闻	
		国内 2015 年"9·3 大阅兵"	
		2016 年"两会"报道	
	"隐性"	国内人工智能第一案	
		中国"人脸识别第一案"	
		94 岁老人被抬到银行激活社保卡,涉事银行道歉! 新华社:不能上门服务吗	
		"人脸数据第一案"	
		……	
课程思政的 映射点	制度自信、法治精神、科学素养、媒介素养、国家安全、社会公平正义、人文关怀		

　　我们来看一则"隐性"课程思政资源案例:人脸识别与深度伪造。2019 年 11 月,浙江省江山市人民法院审理了一起侵犯公民个人信息罪、诈骗罪的案件,这是一起犯罪团伙通过"深度伪造"将公民头像照片制作成 3D 头像,"骗"过支付宝的人脸识别系统,进行诈骗的刑事案件。2020 年 11 月 20 日,"人脸数据第一案"一审公开宣判该案反映出当下深度伪造技术的发展使基于人脸识别技术的公民信息安全面临严峻挑战。另一则案例:人脸识别与数字鸿沟。2020 年 11 月,一则"人脸识别"新闻引发网络舆论的高潮。湖北广水 94 岁的老奶奶行动不便,为了激活社保卡,被人抬到银行进行人脸识别。

94 岁的奶奶年岁已高行动不便,不方便操作。老奶奶被抱起来,膝盖弯曲,勉强进行人脸识别,十分吃力。该事件反映的不仅仅是僵化的行政执行体制问题,更透露出互联网、大数据、人工智能等信息技术快速发展的当下被数字技术排斥的群体,比如贫困地区留守儿童、残障青少年、老年人,他们所面临的"数字鸿沟"现状,本质上是社会的公平正义问题。

二、"显性"与"隐性"课程教学方法和手段的融通

在课程教学方法和手段上,课程采用"显性"与"隐性"相结合的教学方法。

课程学习中,课程思政以"隐性"为主。如:课前热身,提前将课程资源材料发布到微信平台,布置预习任务,让学生带着问题听课;授课,将课堂授课与观看相关案例材料视频相结合;从资源库中选取课程案例,隐性融入思政元素,重新进行教学设计;组建学习小组,开展专题讨论。比如,组建学习小组,结合"大讲堂"课程内容鼓励各学习小组自选汇报主题,自主预约汇报时间;借助微信平台,通过小组成员分工与合作,给全班分享具有代表性的课程思政案例,授课教师对小组汇报进行点评和总结。课后分享:授课教师课后在微信课程群分享相关案例视频,比如 2017 年全美网络新闻奖——沉浸式报道卓越表现奖《监禁之后》、抗疫相关视频;小组汇报案例资料、参考资料链接;进行观影推荐,讲授人工智能伦理问题时推荐观看电影《人工智能》。

以"中国新闻传播大讲堂"为核心,开展"显性"思政教学。"中国新闻传播大讲堂"是高校新闻传播教育战线落实新文科建设工作会议精神的关键抓手,更是一门最生动的国情大课、有温度的思政大课、高水平的专业大课,需要在公开场合,使用公开手段,有组织、有规模地开展思政教育,谓之"显性"思政教学手段。具体而言,可以采用组织学生集中观看"大讲堂",邀请专家开展专题讲座,组织征文比赛等手段。

社会实践中,课程思政以"隐性"为主。比如,在本学院实践教学平台"第 e 线新闻实训工作室"自媒体平台上开展社会实践,对应媒介素养的课程思政;去绍兴市柯桥区融媒体中心调研实践,了解该融媒体中心有关疫情的媒体报道,对应国家文化安全课程思政;去科技公司考察,与数据平台管理人员进行座谈,对应数据新闻、智能伦理课程思政。

三、"显性"与"隐性"课程思政教育目标达成评价的融通

参照有关教学质量标准,根据课程思政基本要求的非技术性属性,探索建立以价值判断和思辨能力为目标,以形成性评价为主、课堂考核与日常行为考核相结合的"显性"与"隐性"课程思政教育评价机制。具体而言,思政目标达成评价的指标体系设置,按基本项和加分项两个指标体系设立,其中基本项包括品德素质、专业素质和社会实践三个二级指标,加分项包括课程思政的论文发表、项目参与、科研获奖、著作出版四个二级指标。品德素质由学生自评、学生互评和辅导员评议、课程教师评议四部分组成,主要考查学生的政治素养、法制观念、诚实守信、团队协作、社会责任等五项指标,入党申请是显性数据。专业素质主要由学生在新闻传播专业课程中的成绩构成。社会实践主要包

括学生各类实习、参加的公益项目、各类比赛获奖、在校期间担任职务以及获得校级以上奖励等,彰显新闻传播类专业的"党性"需求和育人价值。(见表3)

表3 "显性"与"隐性"课程思政教育评价机制

评价指标 体系设置	评价 二级指标	课程思政教育目标 ("显性"与"隐性")	评价途径
基本项	品德素质	政治素养(入党申请)、法制观念、诚实守信、团队协作、社会责任	学生自评、学生互评、辅导员评议、课程教师评议
	专业素质	突出新闻与传播专业硕士教育的学科性与专业性	新闻传播专业课程成绩
	社会实践	彰显新闻传播类专业的"党性"需求和育人价值	实习、参加的公益项目、各类比赛获奖、在校期间担任职务以及获得校级以上奖励
加分项	课程思政的论文发表	突出新闻与传播专业硕士教育的学科性与专业性,适应新媒体时代对人才培养的新要求,提升研究生"大思政"建设	公开发表论文、出版著作、参与项目、科研获奖
	项目参与		
	科研获奖		
	著作出版		

四、结　语

本课程的特色在于建立一套新闻传播专业"显性"与"隐性"课程思政融通性机制。课程思政体系建设的总体目标是构建课程思政体系,形成育人圈层效应,建立一支高素质的教师队伍,满足学生成长发展的需求和期待,培养德智体全面发展的社会主义建设者和接班人。本案例是关于课程思政体系建设中教学改革的重要内容,依托优质核心课程达成新闻传播学本科教育的课程思政目标,在新型课程思政课程体系、课程思政方法体系、课程育人的质量提升体系等方面有一定的借鉴意义。

参考文献

[1] 庄海刚.建构主义视阈下课程思政的隐性教育实践——以"领导科学与艺术"课程为例[J].湖南大众传媒职业技术学院学报,2020,20(2):113-116.

[2] 邱微,南军,刘冰峰.课程思政与在线教学的隐性融合——以"水工程施工"课程为例[J].高等工程教育研究,2020(6):57-61.

[3] 张华金,赵勇.国外隐性教育中的情境创设对我国思政课教学的启示[J].新疆警官高等专科学校学报,2013(2):70-73.

[4] 王俊涛.论新时代思政教育中显性教育和隐性教育的融合[J].品位·经典,2020(10):62-64.

[5] 费再丽,陈锦宣.论新闻传播类专业实施"专业思政"的几个着力点[J].传媒,2020(11):87-89.

[6] 高志远,杨婷,刘鹏程.显性教育与隐性教育在大学思政教育中的结合应用[J].湖北函授大学学报,2020,33(4):89-90.

新媒体背景下"网络编辑学"
课程教学改革创新[①]

江翠平[②]

摘　要：新媒体时代的到来，网络新闻的内容丰富性、表现形式多样性、受众参与的交互性等方面有了突破，网络编辑向着更加个性化、多元化的方向发展。这些新的变化也促使"网络编辑学"这门课程的教学改革，依托建易网编实训平台上的实践课程，注重理论与实践的结合，培养学生的实践操作能力，为网络新媒体企业输送技术、技能型人才。

关键词："网络编辑学"课程改革；建易网编实训平台

新媒体相对于电视、广播、报刊这类传统媒体，是在传播新技术的快速发展和传媒市场进一步细分的背景下产生的一种以宽带互联网和手机为媒介的媒体形式。近年来，中国媒体用户已经对新媒体的范畴有了较准确的认识，并越来越倾向于选择各类门户网站、视频网站/App、新闻客户端等新媒体，而且这种倾向仍呈现出逐年上升的趋势。需要明确的一点是，网络新闻并不仅仅存在于新闻客户端中，视频网站、门户网站、甚至如同微博、微信公众号等网络社交平台都是当今新闻传播的重要媒介。可见，新媒体已经成为大众获取新闻报道的重要平台之一，而多样化的新媒体平台也给网络编辑的工作带来了巨大挑战。

一、新媒体环境下网络编辑面临的新挑战

由于商业门户网站的营利性，若想在市场竞争中获得优势地位，就必须要获得更多的流量与关注。为了快速吸引受众的要求，部分商业网站更注重于制造新闻内容在感官上的新奇性与刺激感，致使新闻报道出现了泛娱乐化等负面化和虚假化的特点，这些低俗、虚假、负面信息会造成受众对社会的认识出现偏差，从而产生极其不良的社会影响。这使得许多读者对网络新闻报道产生反感，认为网络新闻并没有真正满足广大民

---

　　①　本论文系浙江工商大学校级课题"大数据时代数字版权运营机制创新研究"（编号为1140KU115016）的研究成果之一。

　　②　江翠平，浙江工商大学人文与传播学院，博士，讲师，研究方向为编辑出版学、媒介经营管理和网络编辑、新媒体运营。

众对新闻的要求,使得网络新闻的发展丧失了较大的支持力度,阻碍了新闻行业的发展。[①]

(一)网络编辑面对海量来源广泛的信息

劳动和社会保障部对网络编辑的定义是:"利用相关专业知识及计算机和网络等现代信息技术,从事互联网站内容建设的人员。"[②]其主要工作内容为采集素材,进行分类和加工;对稿件内容进行编辑加工、审核及监控;撰写稿件;运用信息发布系统或相关软件进行网页制作;组织网上调查及论坛管理;进行网站专题、栏目、频道的策划及实施。据统计,全球的互联网网页数已达到 8 亿个,这就意味着一个人不吃不睡地不停浏览,而且以一秒钟看一页的速度也需要花费 25 年零 4 个月的时间才能将这些网页看完。现在,这种现象被称为"信息沙漠化"。在这片巨大的信息沙漠中,受众需要有人帮助其指明方向,快速获得自己想要的内容。而网络新闻编辑就承担着这样的责任,相比于传统媒体的新闻筛选、整合工作,在新媒体背景下,网络编辑面对的是更多良莠不齐的新闻内容和多种新闻的来源渠道,其需要在保证新闻真实性、确保新闻的社会功能和满足受众需求的同时快速做出选择,筛选出高质量的新闻内容,对新闻事件所包含的各个方面进行充分梳理、整合,提高受众的阅读效率和改善受众的阅读体验。

(二)网络编辑对新闻内容的控制权削弱

在传统的新闻传播中,新闻编辑工作者对决定什么是新闻、什么新闻应该被保留、什么新闻应该占据多大的版面、什么内容应该被删除有很大的话语权和控制权,但是这种状况在新媒体中出现了明显改变。美国《连线》杂志将新媒体定义为"所有人对所有人的传播"。自上而下的大众传播被新媒体的个人化双向沟通所替代,受众不再是信息的被动接受者,而成为信息传播的主动参与者。网络编辑工作者对新闻内容的控制权明显降低。我们可以看到,近几年发生的"红黄蓝事件""杭州保姆纵火案""江歌案""滴滴司机杀害空姐"等社会事件都是从微博发酵,借由微博营销号的带动,成为广受社会各界关注的热点话题,而后通过普通受众的主动参与、互动交流,完成了对新闻内容的取舍、传播的整个过程。而新闻编辑在其中发挥的作用却微乎其微。但是从中我们也能看出,正是缺少了新闻编辑的把控,这些社会热点话题往往会在传播中被夸大、被歪曲,甚至偏离了新闻事件事实本身。所以,尽快提高新闻编辑对新闻内容的有效控制,对于解决网络新闻存在的问题至关重要。

(三)网络编辑需要组织更好的内容和版面设计

网络编辑直接将新闻报道从纸媒上摘录过来,使其在内容组织、版面设计上并不能适应新媒体平台。新媒体传播的一个重要特点就是"碎片化",本文暂且先不讨论"碎片化"阅读的优劣问题,而是从社会实际来看,在这样一个快节奏、信息繁杂的社会中,受众阅读新闻的时间和耐心是有限的,简短、鲜明的内容可以让受众在较短时间内充分得

---

① 池志勇:《网络编辑不可或缺的八种意识》,《政工学刊》2015 年第 5 期,第 50—51 页。
② 百度百科词条,https://baike.so.com/doc/2592762-2737786.html。

到自己所需的信息。网络编辑不应该用旧思路整合、加工、提炼信息,而应该对新媒体受众的需求、偏好进行充分的调查,将新闻以最适宜新媒体用户的形式呈现出来。同时,在新媒体背景下,文字已不再是新闻内容呈现的唯一方式。视频、音频、动图,甚至漫画等新形式都能承载新闻内容,成为更直观地表达新闻内容的载体。新媒体平台信息流动性较强,再加上其具有一定的匿名性,网络编辑在编辑新闻内容时会忘记或无法找到新闻的原作者或是版权归属者,这就容易引起版权纠纷,不利于市场的稳定。而且,由于新媒体大多属于追求盈利的组织,这使得新闻编辑在进行工作时存在一定的趋利性。为了增加浏览量,有些新闻的标题为了吸引受众点击往往会与内容严重不符;或是为了符合社会热点话题,夸大新闻事件、编造新闻事件来迎合舆论或者制造舆论。因此,网络编辑应解决其社会责任和盈利目标之间的平衡问题,在内容、组织和页面设计方面进行适度的创新。

二、新媒体时代网络编辑的转型策略

由于新媒体传播的多元化、及时性、广泛性、开放性、交互性等特点,加上复杂的网络舆论环境,使得网络新闻编辑面临诸多挑战。目前网络环境中所出现的各种问题,都表明网络编辑活动在我国还并不成熟。网络编辑活动中存在一些突出的不规范问题,主要有内容编辑不规范,包括文字、图片、音频、视频等,以及非内容编辑不规范,包括网站的策划、开发、制作网页等。[①] 问题的出现,一方面在于相关从业人员的问题;另一方面是目前我国的网络编辑标准尚不成熟,不具备相应的标准规范。

要培养新闻编辑工作者的职业道德修养,从新闻中挖掘出人文关怀,为读者提供一些正能量,让读者能够以正确的视角来看待社会的发展,激发读者对社会的信任。网络新闻的报道涵盖了社会的方方面面,要提高新闻编辑工作者的新闻编辑素养,就一定要全面提升工作者的知识修养,扩大他们的知识面,这样才能够让新闻编辑工作者为新闻报道提供更加系统的正确描述,同时还能够增加新闻报道的深度。[②] 随着我国网络新闻行业的不断发展,为读者提供一个创新型的富有创新意识的新闻编辑模式也是非常重要的。因此,要加强培养新闻编辑工作者的创新意识,学会在信息爆炸的今天,从社会信息中发现社会焦点与热点问题。[③]

三、应对新媒体挑战,"网络编辑学"课程教学的改革创新

在新媒体环境下,网络编辑不能仅仅局限于传统媒体,而要向多媒体、多终端延伸,"网络编辑学"课程的改革势在必行。浙江工商大学人文与传播学院从 2005 级编辑出版学专业开始开设了"网络编辑与网页制作"课程。该课程为专业选修课程,开设时间为第五学期,课程总学时为 32 课时,其中理论 20 学时、实践教学 12 课时,主要以教师

---

① 刘黎:《适应网络发展做好网络编辑工作》,《阜阳职业技术学院学报》2013 年第 1 期,第 103—105 页。
② 窦宝国:《浅析我国网络编辑的现状及发展策略》,《理论与当代》2010 年第 1 期
③ 王昭启:《共有媒介环境下网络编辑素养探析》,《佳木斯职业学院学报》2014 年第 10 期,第 165,173 页。

讲解理论知识为主,配合学校文科实验楼的教学软件,以作业、课堂练习、上机操作为辅。课程主要为传统的网络新闻标题制作、网络信息筛选、网络新闻采写与编改、网络新闻标题的拟定、网络新闻的内容编辑、网络新闻专题和网络新闻评论等,学生虽然掌握了一些基本知识,但还未熟练掌握实践技能,落后于市场需求。鉴于新媒体的迅速发展与壮大,学院对原有的课程进行了改革,总体思路和定位是:培养既懂网络新闻业务又懂互联网技术的复合型特色人才。改革后的"网络编辑与网页制作"课程,将从传统的单纯讲授理论的课程向集课程教学、在线学习和交流、综合应用于一体的多媒体网络课程转型,以全面提高学生素质。教学要求理论与实践结合,动脑和动手并重,使学生成为合格的网络编辑能手。

(1)使用建易网编实训平台,提升学生的专业素养。建易网编实训平台有三大课程,按照难易程度分为"网络编辑实训""网络信息资源库""网络平台实训"等三个模块进行教学。在"网络编辑实训"系统,学生可以记者、编辑、栏目编辑、主编等不同身份进入平台,按照"图片处理""HTML 代码的使用"和"网站后台系统的更新和维护"等来对新闻内容进行把握。对于"网络信息资源库",可以通过"视频处理""专题制作"和"搜索引擎优化"等模块来让学生掌握新媒体平台各个页面之间的联系性,建立有效的超级链接,使得统一类型、统一目标受众,或是对统一新闻事件始末的前后报道可以通过专栏、专题的形式成为一个小整体,方便读者快速获取信息。在"网络平台实训"上学生可以通过超级管理员的身份登录网站并使用各种功能,可以将整个页面设计成最适宜读者阅读的排版布局,同时感受在新媒体时代,网络编辑除了要掌握文字编辑技能外,还应提高自身对音频制作、视频制作、动图制作的熟练程度,借助新媒体的平台优势,将新闻以更直观、更简明的方式呈现在读者眼前。

在教学时,老师将三大模块融入课程教学中,先讲授理论知识,讲完一个知识点就让学生在实训平台上进行操作演练,通过网络提供在线作业。老师可以在平台上评阅并对学生提供反馈意见。通过文科实验楼提供实验机房,实现现场同步教学。引入建易网编实训平台以后,教学内容更加饱满丰富,激发了学生对学习的热情。根据对编辑1901班学生的问卷调查,87%的学生对这门课有较强的兴趣和关注度,94%的学生认为建易网编实训平台对今后的工作会有作用。

(2)增加实践教学的环节,增强学生的动手能力。"网络编辑与网页制作"课程原来只有 8 节课的实践学时,改革后,实践动手环节的学时增加到 12 课时,除了机房的建易网编实训平台外,还相应地增加了音频制作、视频制作、动图制作、超级链接等动手实践环节,学生一边学习理论知识,一边进行实践模拟,真正将理论与实践结合起来,大大地提高了教学质量。

(3)增加案例教学。依据网络编辑理论等相关知识,结合大量案例进行讲解、分析,使得理论更加容易掌握。例如,在"网络编辑图片选择"等知识点的学习过程中,首先通过理论讲解,让学生明白网络编辑图片选择等相关原理和方法,然后让学生明白"表现人物感情""动态图""有冲击力"等图片筛选方法。通过对网络图片集合搜索,学生学会选择合适的照片。通过反复练习,学生可以融会贯通,能将理论和实践知识更好地结合起来,以便于在以后的工作中使用。

(4)强化课堂互动,增加学生在课堂上表达的机会。"老师讲,学生听"一直是传统的教学方式,在这样单向度的教学过程中,学生对知识点的掌握程度不好衡量。"网络编辑与网页制作"课程中,实现互动教学,让学生参与到课堂中来,增强学生学习的积极性。比如,在讲到"网络新闻的内容编辑"这一章节时,老师在讲完"网络新闻的文字编辑""多种媒介信息的添加和融合""网络新闻的视频编辑"等内容后,让学生在网络新闻中寻找大量用错的字词句和不规范的语言表达,让学生自己讲解,既能提高学生的熟练程度,又能进一步提高学生自主学习的积极性。

不难看出,网络编辑在新媒体背景下对于新闻报道与传播的重要作用,其"把关人"的角色内涵也在新媒体背景下得到了丰富。因此,在"网络编辑学"课程改革中,我们围绕课程内容运用多元化教学方法,使教学内容和教学方法生动活泼,直观易学,使理论更容易理解和掌握,同时提高了学生的综合分析和实际操作能力。这门课程最大的特点是既注重理论知识的传授,又注重教学实践性的应用,不仅要求学生掌握扎实的网络编辑理论知识,还要熟练掌握网络编辑相应的技术操作技能,成为适应新媒体时代发展需要的网络编辑人才。

以学生为中心的线上线下
混合式一流课程建设与实践

——以"通信原理Ⅱ"课程为例[①]

邹园萍[②]

摘　要：信息化时代，基于 MOOC 的线上线下混合式教学模式，既满足了学生自主学习的需要，又保留了课堂教学的优势，成为高校课程改革的趋势。本文以"通信原理Ⅱ"为例，探讨线上线下混合式教学课程目标的设计、"以学生为中心"教学理念的实施、教学设计、在线资源建设和翻转课堂的实施等。

关键词：以学生发展为中心；线上线下混合；OBE 理念

2012 年以来，MOOC（Massive Open Online Course）热潮在全球高等教育界引起了广泛关注，同时也推动了大学教育新一轮的教学变革与创新以及教学质量的改进。MOOC 是信息技术与教育教学深度融合的产物，是当代"互联网＋教学"的融合创新。MOOC 具有开放且丰富的教学资源、方便学习者自主学习等优点，但同时也存在师生无法面对面交流、创新能力和解决问题能力的培养欠缺、育人不足等问题。传统教学模式以教师课堂讲授为主，具有课程学习的系统性，同时重视能力的培养、关注价值情感与态度等因素，但学生在学习中缺乏主动性。线上线下混合式教学模式也被理解为基于 SPOC（Small Private Online Course）的翻转课堂。它一方面通过线上学习平台 SPOC 将传统授课内容与 MOOC 上的课程资源有机结合，给学生提供一个开放、自主学习的平台；另一方面，通过线下课堂互动，将线上学习内容在线下进行内化与拓展延伸。因此，这种线上线下相结合的混合教学模式将 MOOC 与传统课堂教学各自的优势通过精心的教学设计与组织进行了有机融合，实现了教学效果的最优化。

专业课程是大学培养高素质专业人才的重要载体。浙江工商大学信息与电子工程学院人工智能学院的"通信原理 II"课程是通信工程专业的标志性课程，课程从 2014 年开始录制微课，2015 年尝试翻转教学模式。课程经过六年多的混合式教学的实践和探索，在教学理念、教学设计、教学实施、过程管理与评价等方面积累了一些经验，也有了

---

①　本文系浙江工商大学 2019 年线上线下混合式教学改革项目（编号：1120XJ2919121）、2021 年校级精品在线开放课程项目（1120XJ2921082）成果。

②　邹园萍，浙江工商大学信息与电子工程学院（人工智能学院）通信工程系主任，副教授，博士，研究方向为通信网络理论与技术。

一些自己的思考。

一、基于 OBE 理念反向设计课程目标

根据工程教育认证要求,课程组老师基于 OBE(Outcomes-based Education)产出导向理念,从人才培养目标出发,根据课程对毕业要求的具体支撑,反向设计了"通信原理 II"课程的知识、能力、素质或价值塑造三方面的具体目标。

(1)理解通信系统中的现代调制与解调技术,培养静心思考、刻苦钻研、发现问题、解决问题的能力和弘扬勇于创新的精神。

(2)能编、解通信系统中常用的差错控制码,建立民族自豪感和民族文化自信,弘扬科技报国的光荣传统,树立报效祖国服务社会的远大理想。

(3)能分析通信系统中常用调制与解调技术,并能评价现代数字通信系统的性能,能基于通信系统中误码率与传输带宽之间的对立统一性规律,辩证地看待一项新技术,系统全面地认识和评价未知的客观世界。

(4)清楚载波同步、码元同步、群同步和网同步的原理及方法,基于通信的全程全网特性,明白协同及团队合作的意义。

(5)能设计最佳接收机、匹配滤波器和 m 序列发生器,培养分析问题、解决问题的科学思维和精益求精、系统严谨的科学精神。

(6)具有一定的自主学习能力和终身学习意识,能清晰表述、分析和评价通信中相关问题的解决方案。

二、"以学生为中心"教学理念的延伸与实施

基于 MOOC/SPOC 实施"翻转课堂"是线上线下混合式教学的有效策略和方式,颠覆了传统课堂教学流程,将以教师"教"为中心转为以学生"学"为中心。课程组经过多年的教学探索和实践,在深入理解全国教育大会精神的基础上,将"以学生为中心"的教学理念在"通信原理 II"中进行了探索与实施,如图 1 所示。课程"以学生为主体,教师为主导",以学生能力培养和未来发展为目标;教师在开课前做好学情分析,开课后为学生提供优质的学习资源和丰富的教学案例,在激发学习兴趣和增强学习动力的同时,方便学生自主安排学习;教师通过线上和线下的互动交流及时解决学生学习中遇到的各种问题,通过完成各章节闯关式的线上测验,使学生有较强的学习获得感;通过线下的个性化测试、分组讨论和评阅,培养学生分析问题、解决问题、团队合作、汇报交流的能力,从而获得良好的学习体验;通过介绍我国在通信领域取得的巨大成就和业界科学家的事迹,激发学生的爱国热情和不畏困难、勇攀科学高峰以及科技报国的理想与信念。

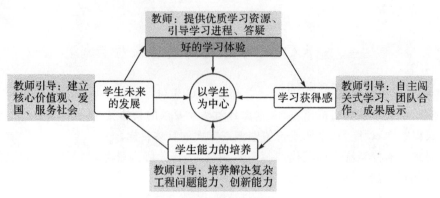

图1 "以学生为中心"的教学理念的实施

三、线上线下混合式教学的设计

(一)教学设计基于 OBE 理念充分体现"以学生为中心"

课程教学内容和现代通信系统与技术紧密相关,涉及理论模型推导、系统设计与性能分析,学习内容涉及的概念抽象,数学理论模型推导复杂,设计方案不唯一,学习内容难度大。因此,课程在教学中广泛采用设问式教学法、案例教学法、类比教学法、情境式教学法等,以激发学生的学习热情和求知欲,强化学生的学习动力。团队教师以生活中的场景和同学感兴趣的热点通信技术应用作为教学案例,例如讲解海明码时,采用谍战片《青盲》剧情中两位特工在监狱中利用放风的机会,在敌人眼皮底下发码通信的故事来展开;讲解新型调制技术时,以同学每天都在使用的手机为例展开分析;讲解数字传输系统为何需要差错控制编码时,以鸡蛋的长途运输为例进行类比分析。同时,课程教学中利用"雨课堂",课前发布预习课件,课中用雨课堂了解同学的预习情况、听课情况,实时发布小练习抢答或课堂作业,并根据同学的作业反馈及时做出解答与点评,以充分调动学生的课堂参与度和主观能动性,以便同学获得良好的学习体验。通过翻转环节的课堂讨论与测试环节,充分培养学生独立解决问题的能力、创新能力、交流与表达能力等。

本课程2学分共32学时,其中50%的学时用于课堂讲授,50%的学时用于翻转教学。

(二)在线教学资源的建设

在线教学资源建设的好坏直接决定了线上线下混合式教学成效。教学资源库是在线资源的主要部分,以满足学生课程学习的需要,包括各章节的教学视频、PPT、重点难点、教学设计、在线题库与作业。本课程的教学视频是开展混合式教学的关键资源,MOOC的每段视频按知识点来制作,是团队教师精心设计和录制的重点突出、高质量的微视频。在与授课班级学生的交流中,发现同学更乐意观看任课教师自己录制的视频;在与学生的期中教学座谈中,发现同学也多次提到任课老师自己不讲课,直接让观看 MOOC 上不认识的老师的视频的情况,这种翻转效果是不如传统授课模式的。我们根据教学内容的不同分别采用了教师出境、抠像＋录屏、录屏、手动书写模拟板书等方式录制,每个视频时长控制在 7－15 分钟。视频在设计和制作过程中坚持以学生为中心,充分考虑学生的认知规律和学习体验,做到生动有趣、循序渐进、深入浅出、案例翔实、质量取胜。"通信原理 II"MOOC 课程总共包含视频节点 48 讲,对应授课内容的PPT 48 个,视频总时长 480 分钟,全部发布在浙江省高校在线开放课程平台上。讨论板块实现师生、生生间的讨论和沟通,以解决学生学习过程中的问题,并将同学高频提出的问题,录制成视频发布在课程钉钉群中,供同学学习参考。为了及时检验在线学习效果,各章节均设置了在线小测验,该测验为客观题且每个同学分发到的试卷题目顺序不同,测验提交后由系统自动批阅,可多次提交,取成绩最高的一次作为最终成绩。

(三)翻转课堂的实施

每次翻转教学 4 学时,其中包含 2 学时线上学习,2 学时课堂讨论、答疑与小测验,具体实施如图 2 所示。课前老师发布学习任务和学习路线图,学生按照学习路线完成相应的视频学习和在线作业与测验,在线学习过程中遇到问题可通过学习平台或课程钉钉群及时与老师和同学沟通获得帮助;课中,教师根据同学各个任务点的完成情况,例如视频观看时长、作业完成情况及讨论情况,制订课内讨论方案。由于在线学习具有碎片化特性,所以在课堂讨论环节安排了知识点的串讲和重难点的精讲、第一轮讨论与答疑、课堂小测验、交叉评阅和第二轮深层次讨论等五个环节。其中课堂小测验时,可根据不同的学习内容,分别安排个性化的小测验(根据班级规模,设计 5－6 套难易程度相当、内容大致相同但参数不一的试题,以确保前后左右的同学分发到不同的试卷),以确保每个同学都能独立完成自己的试卷,从试卷设计上杜绝抄袭和作弊的发生,确保独立解决复杂问题的能力得到培养和锻炼。

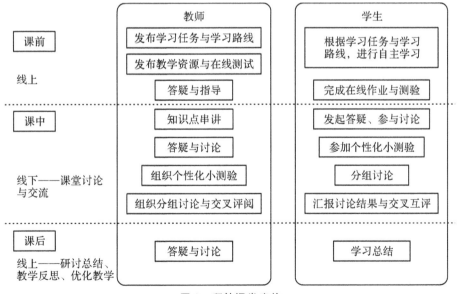

图 2　翻转课堂实施

测验完毕,分别将 A、B、C、D、E、F 试卷收齐,并组织完成相同试卷的同学进行讨论与试卷的评阅。为确保评价的公正性,做 A 卷的小组评阅 B 卷,做 B 卷的小组评阅 C 卷,以此类推。评阅前,各小组先将讨论一致的结果用"雨课堂"上传给老师审阅,再开展评阅工作。为保证评阅工作的严肃性,评阅完毕评阅人需用红笔签名。评阅完毕,试卷收回。为保证评阅的公平性,教师需抽查评阅后的试卷。

(四)课程评价的设计

混合式教学模式旨在有效引导学生从被动的作业考试向主动的探索研究转变。教学团队在教学实践中发现加大学生过程性考核,可较好地体现他们在能力培养与素质提高方面所做出的努力。课程评价采用过程性评价和终结性评价相结合的形式,两者各占总评的 50%。过程性评价主要包括 4 次翻转的课内小测与讨论,共占总评的 40%,在线学习情况(视频观看、在线小测验、在线作业和在线访问与讨论)占 10%;终结性评价即为闭卷形式的期末考试成绩。翻转教学多年的探索与实践表明,因在线学习成绩具有较大的不确定性,占比一般需控制在 10%左右。

四、混合式教学效果

"通信原理 II"课程自 2015 年开展线上线下混合式教学以来,至今已在通信 2012级、2013 级、电子类 2014 级、通信 2015 级—2018 级共 18 个班实施了教学,受到了学生和督导们的广泛好评,教学效果也得到了前来听课的陈寿灿校长和赵英军副校长的认可与好评。学生对本课程学习的期待和热情很高,对专业的学习兴趣和学习积极性也得到了明显提高,增强了对专业的认同度。2015 年在课程结束后,我们对参与混合式教学的学生进行了问卷调查,两个班级共 70 人,除了 2 名学生认为自己学习自觉性不够更偏爱传统课堂外,其他 68 名学生都非常喜欢该课程的混合式教学。近年来,听课学生对该课程的教学效果满意度非常高。该课程在浙江省高校在线开放共享课程平台上的 MOOC,先后有来自社会的学员和其他十几所高校的学生共计 200 多人参与学习,并被南昌大学、宁波大学、中国计量大学和中国计量大学现代科技学院的老师用作课程的教学。

五、线上线下混合式教学的思考

信息技术的发展和智能终端的普及,使得 MOOC 等网络在线学习模式在大学中迅速发展,新颖的学习模式和新鲜的体验吸引着大学生参与其中。SPOC 能够很好地融合在线学习和传统课堂教学的优势,是未来大学课程教学发展的趋势。线上线下混合式教学,一方面,学生可以获得大量的学习资源,不受时空限制地进行自主学习;另一方面,通过教师课堂上面对面的授课、交流与讨论,学生耳濡目染,在致力于培养解决复杂工程问题的能力和创新能力的同时也提升了综合素养。而且,教师通过在线资源可有效地开展和组织教学,设定多样化的考核评价方式。我们在"通信原理 II"课程的SPOC 实践中充分利用了混合式教学优势,课程实现了基于 OBE 理念、以学生为主体、个性化分层化的教学。对于学习自觉性高、自律性强的学生来说,线上线下混合式教学模式可充分利用学习时间、提高学习效率,提升自身的创新研究能力;对于自觉性与自律性偏低的同学,通过课堂讨论环节的限时个性化小测验,施加学习压力的同时也提供了学习动力,半强制性地推动他们完成线上自主学习。

目前,高校普遍认为,基于 MOOC 的教学是"互联网+"时代网络信息化教学的发展趋势,但关于 MOOC 应用效果的成效,我们还需要继续深入探索与实践。

参考文献

[1] ALLEN,IE & SEAMAN J. Grade Change,Tracking Online Education in the United States [EB/OL]. Babson Survey Research Group,Jan. 2014,https://www. law. berkeley. edu/files/ Grade_Change. pdf.

[2] MORRIS,SM & STOMMEL,J. The Course as Container: Distributed Learning and the MOOC Global Innovation of Teaching and Learning in Higher Education[C]. Springer International Publishing Switzerland,2015(11):167-180.

[3] 许涛.慕课背后的争议研究综述[J].中国大学教学,2015(7):22-26.

[4] 张宝建,张晓空,裴博,等.感知价值、认知过程和行为意向:MOOC 学习行为的构型分析[J]. 中国远程教育,2019(9):72-82.

[5] 万源,彭凯,彭斯俊,等.信息化视角下概率论与数理统计混合式教学的探索[J].大学教育, 2019(10):95-97.

[6] 吴岩.建设中国"金课"第 11 届中国大学教学论坛上的报告[EB/OL].(2018-11-24), https://www. sohu. com/a/280049005_273375.

新文科背景下"文献学"课程的
教改实践研究

李玲玲①

摘 要:"文献学"作为一门以传统文献为研究对象的课程,在新文科建设时代,存在课程内容偏理论化,教学缺乏实物演示和实践操作,学科之间缺乏联系与合作,新技术缺乏应用等问题。面对这种现状,本课程调整改革思路,以学生发展为中心,通过与图书馆合作、与其他院校交流、数据库收集与利用等方法,做了理论知识结合实践应用、数据库检索服务古籍整理研究的实践探索。就实践结果而言,在提高学生学习效率,扩展学生研究视野等方面取得了较为理想的效果。

关键词:新文科;文献学;教学改革

"文献学"以中国古代传统文献为主要研究对象,是汉语言文学专业的一门专业共同课,也是中文系的核心课程之一。相较于现在的"新文科","文献学"可以说是一门古老的学科。这门课程有三个特点:一是学科涉及广泛,包括版本学、目录学、校勘学、辨伪学、考古学、文字学、训诂学、音韵学、古医学、中国古代文化等学科相关的内容;二是内容包罗万象,包括甲骨文、金文、写本、印本等多种类型的文本;三是时代贯穿古今,"文献学"以中国古往今来的各种文学、文化典籍为研究对象,历时弥久。那么,这门古老的学问该如何在新文科背景下生存与发展呢?

要解决这个问题,我们首先需要明确新文科的概念。"新人文"最早由美国文理学院于20世纪80年代率先提出。2017年左右,Hiram文理学院又提出了"新人文教改"②。2018年8月,"新文科"这个概念由中共中央正式提出;2019年4月,教育部、科技部等部门联合在天津召开会议,提出"六卓越一拔尖"计划,全国正式开展"四新"建设。③ 新文科由此在我国也从口号转向了具体实践的实施阶段。然而中国的新文科不同于美国的新人文改革,美国的新人文是在文科式微后,为缓解教师的危机感而提出的一项改革措施,我国的新文科改革,则是出于新国情、新技术和新需求的发展趋势。面对这样的新文科需求,"文献学"课程在探讨问题的基础上,做了一些改革尝试。下面将具体阐述课程问题、改革思路和具体措施。

---

① 李玲玲,浙江工商大学人文与传播学院副教授,博士,研究方向为文献学与儒学研究。
② 曲卫国、陈流芳:《"新文科"到底是怎样的一场教学改革?》,《当代外语研究》2020年第1期。
③ 黄启兵、田晓明:《"新文科"的来源、特性及建设路径》,《苏州大学学报》(教育科学版)2020年第2期。

一、课程问题

文献学作为一门以古老文本为研究对象的课程,存在着以下几方面的问题:

(一)课程内容偏于理论化

从这门课程在各大高校的设置和开课情况来看,绝大部分高校的课程教学局限于课堂内的理论讲解。而版本学、目录学、校勘学、辨伪学、考古学等属于专而精的学科范畴,绝大部分学生在学习"文献学"这门课程之前从未接触,因此理解与接受存在较大困难。

(二)教学缺乏实物演示和实践操作

一般教师不具备古籍藏书,普通高校图书馆也不配备古籍部,因此学生无法见识古籍的各种版本样式,校勘缺乏实践演练,考古纯粹纸上谈兵,辨伪更是无从说起。学生缺乏对这些专业知识的实体了解和实践操作。

(三)学科之间缺乏联系与合作

古典文献学是一门古老的学科。从目前的学科设置和教学实际情况来看,高校"文献学"教学基本局限于汉语言文学系内部,缺乏与其他学科的沟通与交流,缺乏跨学科培养模式。

(四)新技术缺乏应用

现代网络技术、VR虚拟技术、大型数据库等空前发展,而"文献学"依旧远离现代技术,以完全传统复古的姿态埋首于故纸堆里。这显然既不符合时代发展的趋势,也不符合当代学生的学习习惯。

二、改革思路

(一)以学生为中心,整合多种相关学科资源,培养复合式人才

本项目以学生的个人素质与能力发展为核心目的。因此,面对理论无法满足学生发展需要的现实,联系校图书馆、浙江图书馆等优质图书馆资源,力求使学生尽可能多地接触古籍第一手资料;联系浙江大学敦煌研究中心,使学生可以在本科期间就了解敦煌、吐鲁番的出土写本情况;联系浙江中医药大学,力求将医古文这种古老而又新鲜的材料纳入文献学范畴;通过对戏曲文献、古代文学文献及传统古典文献的学习和实践,夯实文献学的学科基础。通过广博的跨学科合作与实践交流,推动学生扩展视野,将文献学从传统的文史哲古籍中解放出来,迈向更广阔的学术天地,为学生将来从事古籍整理与修复,进行文献整理与研究打下基础。

(二)跳脱纯理论的教学框架,理论与实践相结合

文献学由于受到教学条件和教师个人精力的影响,一般院校以纯理论讲解作为本课程的教学方式。本项目则打破这种习惯性的教学模式,将实践教学纳入课程范围。通过对实物型的古代版本资料、目录著作、古籍校勘例证、辨伪实例、敦煌写本等内容进行观察与探讨,引导学生从理论走向实践,在具体操作演练中体会"纸上得来终觉浅,绝知此事要躬行"。通过大量的实践素材教学研究活动,学生能对文献学多个维度内涵有所发现,对文献学、古籍修复整理与医古文的兴趣与热爱获得培养,这为学生毕业后继续在相关领域深耕细作打下坚实的基础。

(三)有效利用已有的数据库、网络资源

人类文明的每一次进步,都离不开前人研究探索成果的积累。因此,文献学的发展壮大也离不开对新方法、新工具、新资源的开发与利用。目前学术界已经整理和发行了大量与古籍相关的数据库、图书馆书影资源,以及各种方便的数据统计软件,如《四库全书》《四部丛刊》《中国基本古籍库》等古籍检索资源,敦煌国际 IDP、中国国家数字图书馆、中国台湾"教育部"异体字字典、中国台湾"中央研究院"汉籍电子文献、韩国古典综合数据库、东亚数位图书馆、汉文大藏经等网络资源。通过有效利用网络图文对照的书影资料与数据库资源,学生节省了来回奔波于各大图书馆的大量时间、精力、金钱成本,实现更有效的多维度学习。将新的研究方法和研究工具纳入学习范畴,已成为时代发展的必然趋势。

三、具体实践

(一)与图书馆建立合作实践关系

通过与浙江工商大学图书馆合作,学生可以参观与使用特藏部收藏的《四库》《续四库》《四库禁毁》《四库未收》等大型丛书,了解对中国传统古籍书写、印刷款式的基本概念,了解中国传统古籍涉及的范围和内容。通过与浙江图书馆古籍部交流,学生的古籍实践知识与应用技巧得以扩充。邀请古籍部的专业老师讲解浙图的古籍版本与目录整理情况,请古籍修复部的老师讲解古籍修复的具体方法和手段,同时带领学生参观浙江图书馆,推荐学生分批去浙江图书馆古籍部实习。在这些活动中,以实际范例解说的方式和实践学习的过程培养学生对中国传统文献的兴趣爱好。

(二)与兄弟院校相关领域专业进行交流活动

邀请浙江中医药大学老师讲解医古文专业术语,扩充学生的文献学学习与研究内容;通过与浙江大学敦煌研究中心交流,让学生了解敦煌学的写本状态和浙江大学学生的学习方法,推动本校学生发现自我学习的不足之处,从而改进现有的学理基础。通过多学科交流,建立文献学合作思维,培养兄弟院校间学生合作探讨的基础。

(三)对各个数据库进行收集与介绍

目前学界出现了关于古籍检索、古籍影像、古籍目录、数字人文、期刊论著、文史诗词、小学专题、释道专题以及虚拟现实的大量数据库与影像资源,如中华经典古籍库、北京国图善本、古籍联合目录、哈佛 CBDB、学术地图平台、全国报刊索引、海昏侯墓虚拟现实等。有效使用这些数据库可以使我们的学习、教学、研究工作事半功倍。因此,在具体的教学过程中,特别设置一次课程专门介绍目前已经开放的各类数据库,带领学生熟悉和使用这些网络与数据资源,不仅能让学生领略古籍检索带来的便利,而且丰富、海量古籍书影的获取,也能为进一步开展学术活动与研究探讨埋下伏笔。

四、结　语

邀请浙江中医药大学教师加盟"文献学"课程,将文献学中的古文校勘整理与中医学中的医古文整理相结合,克服了这两门学科原有的学术壁垒与障碍,解决了汉语言文学专业学生困于中医专业术语,无法从事医古文校勘整理的限制。在增强学生中华文化自信心和民族认同感的同时,也为传统中医文献整理、校勘培养合格的传承接班人。

同时,通过到图书馆和浙大敦煌研究中心进行实践交流,实现由书本到实物再到实践操作的学习过程。一改传统教学从书本到书本、理论到理论的单一学习模式,引发学生从事跨学科研究探讨的兴趣。

再者,通过对现有网络与数据库资源的学习应用,学生提高了学习效率,拓展了研究视野。将文献学与现有的数据库和网络资源相结合,运用新工具、新方法处理与使用传统文献整理材料。

参考文献

[1] 曲卫国,陈流芳."新文科"到底是怎样的一场教学改革?[J].当代外语研究,2020(1):12.

[2] 黄启兵,田晓明."新文科"的来源、特性及建设路径[J].苏州大学学报(教育科学版),2020,8(2):9.

新文科背景下中文传统课程的
发展模式与理念研究

——以"中国文化概论"课程为例①

唐 妍②

摘 要:新文科建设作为高等教育改革的重要部分,其成败直接影响到我国高等教育的走向。作为新文科建设的重要组成部分,中文类传统课程只有结合高等教育普及化阶段的发展特点与我国高等教育的改革方向,才能实现高等教育的多样化、个性化和现代化发展。本文以"中国文化概论"课程改革为例,探寻新文科建设背景下,中文类传统课程的建设路径,打破了以中国古代历史发展为脉络的"史"学教育,以问题为导向,并结合博物馆考察等社会实践,实现点面结合的多元融合式授课。

关键词:新文科;高等教育;普及化;"中国文化概论"

引 言

2019 年 4 月 29 日,"六卓越一拔尖"计划 2.0 正式启动,标志着国家新文科建设工程正式开启;2020 年 11 月 3 日,《新文科建设宣言》发布,预示着新文科建设进入实质性改革阶段。以"立德树人、文理相通、学科交叉、跨界融合"为核心的新文科建设理念,必将为传统中文类专业带来新的发展契机。但是如何让象牙塔中的精英式文学研究成为普及化高等教育中"立德树人"的重要环节? 如何在"互联网+"时代赋予故纸堆中的传统文化以新的生命活力? 这就是本文力图探讨的两大问题。

本文拟以学科共同课"中国文化概论"为基础,以"立德树人"为旨归,融合文史哲的基本理念,并加以博物馆考察、艺术设计、短视频制作等跨学科体验,重新思索中文学科传统公共课的课程理念和上课模式。一方面,为新文科建设发展理念提供一个具体的研究案例;另一方面,也为商科类学校本科生人文素养的进一步培养与提升做出一些新的尝试。

---

① 本文系浙江工商大学 2020 年课程建设项目"'直播+翻转'背景下'中国文化概论'课程的设计与实践研究"的研究成果。

② 唐妍,浙江工商大学人文与传播学院讲师,博士,研究方向为明清小说。

一、新文科建设的双重理念

当今社会正处于急速变革的转型期,人工智能、虚拟技术、大数据分析等科学技术已逐步渗透到了人们的日常生活之中。面对如此瞬息万变的世界,传统中文类课程"躲进小楼成一统"的象牙塔教学模式已无法适应时代的需求,"求变"是其唯一出路。那如何顺应传统中文类课程的"求变"需求,真正达成新文科建设的目标,这就要从新文科建设所面临的两大现状——高等教育进入普及化阶段和新时代对新文科的急切需求——入手寻求出路。

(一)高等教育普及化阶段的理论启示

高教司司长吴岩 2019 年 6 月在高等学校专业设置与教学指导委员会第一次全体会议上特别强调要关注教育理论。他更是向与会者发出了这样的三连问:"高等教育毛入学率今年要超过 50% 了,要进入普及化阶段。普及化高等教育的基本特征,大家熟不熟悉? 大众化高等教育的特征,熟不熟悉? 普及化的高等教育有什么必须要做的?"这一系列的提问对于每一个教育工作者都具有重要的反思意义。

高等教育发展阶段理论源自 20 世纪 70 年代美国学者马丁·特罗提出的高等教育规模扩张理论。他将高等教育的规模扩张分为三个阶段,即精英化、大众化和普及化教育,具体区分指标为毛入学率 5%、15% 和 50%。而我国在 2020 年高等教育毛入学率就已经达到了 51.6%。换言之,我国在 2020 年已经进入高等教育普及化阶段。但是正如邬大光在《探索高等教育普及化的"大国道路"》一文中所指出的:"在西方,大众化理论是关于高等教育发展的一种'预警'理论,并不是目标理论。"[1]这一理论的核心不在于彰显高等教育的成果,而是在警醒每一个教育者,当高等教育规模发展到一定阶段时需要做出相应的调整,招生模式、专业设置、大学内部的管理系统等都要有所改变,甚至是大变。具体到课程设置与上课模式方面,最大的变化就是大众化阶段采用灵活的模块化课程,而普及化阶段课程之间、学习与生活之间的界限会随之模糊,整个学习过程不一定要在课堂上完成,极有可能在生活中完成。

以往各个专业的教师追求的是本专业内的知识积累与技术创新,很少跳出自己的圈子,从高等教育的发展规律出发思考专业设置与课程建设,尤其是传统基础类学科。因此,在面对"新文科建设"中的跨学科融合时显得有些手足无措:难道中国古代文学要变成中国古代文学与科学? 其实,若能跳出传统的学科分类,这个问题就好回答了。按高等教育的发展理论,2020 年我们就已经进入了高等教育的普及化阶段。这就意味着高等教育不单是精英教育,也是提高国民整体素质的普及教育。那么若囿于古代文学的范畴,从字词训诂、作家生平,到文本细读、内涵阐发等,这样巨细靡遗的顺序型讲授则在很大程度上会令一部分受教育者望而生畏、裹足不前。但是若能从普及化教育理念出发,同样讲《诗经》就可以根据受众的不同,从不同的角度切入。比如,面对生物学的学生可以从纷繁复杂的植物入手。比如我们日常吃的黄花菜,其实就是《诗经》中的

① 邬大光:《探索高等教育普及化的"大国道路"》,《中国高教研究》2021 年第 2 期,第 4 页。

萱草,即忘忧草,然后引发学生思考"为何这样世俗的食物会变成《诗经》中心向往之的存在",而这又可以从化学的角度切入了。于是,植物学、化学与文学就自然完成了融合。再比如,对于博物馆或考古学的同学,可以让他们结合博物馆考察研究《诗经》中的钟、鼎等青铜器,而对于艺术设计系的学生,则可以请他们根据古人所画的《诗经》中的动植物图设计服装等。

综合而言,熟悉并掌握高等教育发展理论,是实现传统中文类课程转型的理论基础。

(二)新文科之"新"

新文科建设除了要把握高等教育的阶段性特点,从理论上解决新文科建设的方法问题,还要从中国的国情入手,把握国际局势,从实践中获得新文科建设的途径。

那么,什么是新文科,我国提出新文科建设的原因何在? 概括而言,新文科就是文科教育的创新发展,其内核在于"立德树人、文理相通、学科交叉、跨界融合"。而文科教育之所以需要创新发展,首先,与时代的需求息息相关。我们正处于百年未有之大变局时代,习近平总书记就曾指出:"这是一个需要理论而且一定能够产生理论的时代,这是一个需要思想而且一定能够产生思想的时代。"在大变革时代,占学科门类三分之二的文科,它的发展直接关乎高等教育的发展,文科若不创新,新工科、新农科、新医科的发展则将处处受制。其次,从大学建构模式来说,现代大学的建立与19世纪的工业革命以及其后的科技革命直接相关,学科划分的方式也与社会职业分工细化一致。但是在科技飞速发展的今天,我们不得不回过头来反思,专业过度细化下人文素养的缺失所导致的价值真空。如何在追求知识创新、技术发展的同时,平衡文化的延续与价值的传递? 这就是我国积极推进新文科建设的关键所在,也是新文科建设要解决的核心问题之一。

那么,新文科究竟要从哪些方面来进行创新,又对中文类传统课程的创新有着怎样的指导意义呢? 吴岩司长在《积势蓄势谋势 识变应变求变》一文中明确提到了新文科的四大任务和使命:"新文科要培养知中国、爱中国、堪当民族复兴大任的新时代文科人才,培育优秀的新时代社会科学家,构建哲学社会科学中国学派,创造光耀时代、光耀世界的中华文化。"[①]而其中放在首位的就是顺应时代需求培养新时代的中国文科人才,这也是与本科课程建设关系最为密切的一点。

这是一个信息技术高速发展的年代,也是一个信仰极度缺失的年代,在这样的时代环境中成长起来的新一代学生,一方面信息接收能力强、思维活跃;另一方面存在民族国家认同感较弱、专注力不足等问题。新文科就是要在这样的环境下,一方面调整传统学科过分重视历史维度、缺乏未来维度的问题;另一方面,挖掘传统中的优秀文化,增强学生的文化认同感与自豪感,从而化被动为主动型学习。下文将以"中国文化概论"的课程建设实践为例,进一步探讨新文科建设理念与方法。

---

① 吴岩:《积势蓄势谋势 识变应变求变》,《中国高等教育》2021年第1期,第6页。

二、新文科背景下"中国文化概论"课程建设实践

本文以学科共同课"中国文化概论"为研究对象,并结合前两轮授课的情况(正常线下授课与疫情期间线上线下混合式教学),围绕"新文科"的立德树人与学科融合的教学理念,进一步探讨和实践中文类传统课程的教学新模式。

(一)多元融合

首先,教学内容上,在保证文史哲内部融合的前提下,融入博物馆学、艺术设计、信息技术等跨学科内容,打破传统的"中国文化概论"课以中国古代历史发展为脉络的"史"学教育,采用问题导向式授课。

"中国文化概论"课的传统授课方式大体有两种:一种追求历史等纵向维度的完整性,即从先秦一直讲到明清;另一种则追求横向内容的覆盖率,即从地理、思想、政治、民族、文学一直到科技,乃至中西关系。无论是哪一种讲授模式,在实践过程中,我们至少会遇到以下两个问题:第一,课程学时与课程内容严重不匹配,要在 16 周 32 课时的情况下,将天文地理、思想变迁等一一道来几乎不可能,这就导致很多内容都只能点到为止,无法深入;第二,课程内容缺乏记忆点,课堂教学实效不佳,学生往往是边学边忘,课后主动温习的更是少之又少。在信息碎片化时代,学生的注意力比较分散,传统的追求"高、大、全"的课程体系已无法适应现代中文课堂的需求。

因此,笔者在课程内容上做了较大的调整,将课程分为十讲(具体见表 1),每讲以特定话题展开,各自独立,又互有关联,一到两周一个话题,每个话题由一个关键词引发,不仅涉及传统中较为重要的中国古代哲学思想,也涵盖了现今大家关注较多的饮食文化、金银饰品、中西文化比较等,以此来增强学生的问题和研究意识。如:讲儒家思想不执着于具体文本的梳理或是历史脉络的展现,而是围绕其核心"仁"字展开,从孔子的多舛命运解释其对"仁"的坚守和实践,并请学生思考为何儒家弟子要将"学而"篇作为《论语》的开篇。再比如,第九讲"宋代饮食文化",笔者同样放弃了宋代饮食文化的宏观展示,而从苏轼这个老饕他的顶级食谱讲起,再讲其与皇家宴席和民间风味之间的区别,以及其背后的文化差异;与此同时,会让学生思考为何我们不讨论食材和工艺更为精细的清代饮食,而要选择讲宋代。

表 1　"中国文化概论"课程大纲

课程顺序	课程内容	可参观的博物馆
第一讲	文化概说:何谓文化?	浙江省博物馆武林馆区
第二讲	中国文化的精神与特点	浙江省博物馆孤山馆区、西湖美术馆
第三讲	中西文化比较	浙江大学艺术与考古博物馆
第四讲	孔子与《论语》	浙江图书馆孤山馆区古籍部
第五讲	《庄子》与"道"	杭州博物馆
第六讲	《心经》与"空"	浙江美术馆

课程顺序	课程内容	可参观的博物馆
第七讲	儒释道的博弈;《西游记》之"心"	良渚博物院
第八讲	《红楼梦》中的一僧一道	中国茶叶博物馆
第九讲	宋代饮食文化	南宋官窑博物馆、中国杭帮菜博物馆
第十讲	诗词小说中的"奢华之色"	中国丝绸博物馆

"中国文化概论"课之所以选择话题式授课,是因为这样可以较好地切割课程内容,将不同的知识点融入不同的话题中,可长可短。一方面,可以提升学生的兴趣和课堂效率,强化学生的记忆点;另一方面,也方便教师梳理知识点,并进一步将课程录制成短视频,供学生课后学习。

(二)"互联网+"混合式教学模式的渗透

在教学方式上,在传统课堂授课的基础上,以学习通和钉钉直播为线上授课平台,建设直播为主、录播为辅的网络课程,以便在特殊时期亦能保障课程内容的正常输出。与此同时,制定更为合适的线上与线下授课比例,线上授课相对便捷,尤其是特殊时期,其优势更为明显,但是线上授课受技术条件限制较多,且无法营造传统课堂氛围,形成学生和学生之间的正面激励。因此,寻找合适的线上线下授课比例,而不是简单地一刀切划分,应是新文科背景下"互联网+"教学方式探索的一个关键问题。

另外,充分利用现代教学App,扩展授课空间。比如,可以根据课程讲授话题,在学习通上按章节上传扩展资料,包括一些优质视频链接,学生可以根据自己的喜好对相应内容进行扩展式学习。再比如,让学生在课堂学习过程中完成一些趣味小测试,作为阶段性复习之用。

(三)杭州人文地理优势的融入

在教学实践上,结合杭州的人文优势,让学生走出课堂,参加一系列博物馆考察实践,从而发现生活中的中国文化之美,增强民族自信。

杭州历史悠久,人文古迹众多,自然风光秀丽,不单是吴越国与南宋的都城,更是世界非物质文化遗产京杭大运河的起点、西湖的所在地,有着特殊的文化底蕴。作为一门以弘扬中国传统文化、立德树人为根本目的的课程,怎么能忽略这一地域优势呢?因此,"中国文化概论"除课堂讲授与讨论环节外,还设置了相应的实践课程。要求每个学生以自主组队的形式确定博物馆考察主题,并进行不少于一次的小组杭州博物馆考察,然后以小组汇报的形式向其他同学展示中国传统文化之美。在博物馆考察实践中,学生为了向其他同学更好地展示自己小组的考察成果,他们会自主查阅历史文献、发掘文物背后的故事、拍摄短视频融入自己的理解等,真正实现化被动为主动学习的目标。而笔者所要做的就是在课程开始之初,结合自身的博物馆参观体验,向同学们介绍不同博物馆的位置、特点等,供学生选择,然后在学生实践过程中给予一定的指导,并在他们展示汇报时做一个聆听者。

三、结　语

新文科建设作为高等教育发展的重要一环,其改革的成败会直接影响中国未来高等教育的走向。而中文类传统课程结合高等教育的发展阶段理论与我国的国情,走出象牙塔,实现高等教育的多样化、个性化和现代化,则关系着新文科建设的成功。本文以"中国文化概论"课的课程实践为例,探寻新文科建设背景下,中文类传统课程的建设路径。该课程一方面致力于打破传统"中国文化概论"课程"史"的讲述法,转而以问题为导向,分别设立十个话题,在保证中国文化传统精神输出的同时,使学术性探讨与生活体验、时事发展相融合,尽可能地打破学科之间的隔阂,实现文科内部多学科在同一话题的融合;另一方面,强调学以致用,让学生走出课堂,通过走访杭州的博物馆,切实地感受传统文化的魅力,以及杭州的文化底蕴,然后回到课堂自己来回答中国文化的魅力何在,如何传播传统文化等问题,增强学生对中国传统文化的认同感与自豪感。

参考文献

[1] 方展画.在社会经济发展背景下对高等教育功能的再认识[J].比较教育研究,2004(9):11-16.

[2] 邬大光.探索高等教育普及化的"大国道路"[J].中国高等教育,2021(2):4-9.

[3] 吴岩.积势蓄势谋势　识变应变求变[J].中国高等教育,2021(1):4-7.

新形势下"食品科技论文写作"课程思政教学改革

王　翀[①]　傅玲琳[②]　王彦波[③]

摘　要:课程思政是培养德才兼备具有国际视野和家国情怀的合格人才的重要手段。在新冠肺炎疫情席卷全球的新形势下,课程思政变得尤为重要,同时也获得了理想的开展条件。本文以"食品科技论文写作"为例,介绍通过强化课程思政内容进行教学改革的经验,以期为其他课程中课程思政内容的开展提供借鉴。

关键词:课程思政;学术诚信;学术道德

一、"食品科技论文写作"课程简介

"食品科技论文写作"是浙江工商大学食品与生物工程学院食品质量与安全系开设的一门专业选修课,主要面向本专业大三学生。经过多年的课堂授课与课程建设,授课团队已积累了丰富的经验,并对课程内容进行不断的完善和更新。

科技论文写作是高校本科生必备的素质和技能之一,也是从事科学研究的重要基础。本课程从科技论文的实用角度出发,论述和实例相结合,讲授和讨论相结合,线上和线下相结合,分别从文献检索、学术论文、学位论文、专利、科技报告及项目申请书等方面,系统介绍科技论文写作要点。课程内容主要包括科技论文的组成、摘要、图表公式和语言表达,科技论文的规范和技巧、撰写与快速有效发表流程,科技论文的检索工具介绍与检索技巧训练,学位论文的构成、开题、撰写与答辩等内容(见表1)。

表1　"食品科技论文写作"课程内容

章节	内　容	学时数
第1章	科技论文概述	2
第2章	科技文献检索	4

---

① 王翀,浙江工商大学食品与生物工程学院讲师,博士,研究方向为食物过敏机制。
② 傅玲琳,浙江工商大学食品与生物工程学院副院长,教授,博士,研究方向为食物过敏与安全评估。
③ 王彦波,浙江工商大学食品与生物工程学院副院长,教授,博士,研究方向为食品安全与品质控制。

续　表

章节	内　　容	学时数
第 3 章	学术论文的结构及写作	8
第 4 章	SCI 科技论文写作简介	4
第 5 章	科技论文中的图表绘制	2
第 6 章	本科学位论文写作	6
第 7 章	项目申请书及可行性报告的写作	4

　　本课程主要任务就是培养和提升学生科技论文写作能力,同时为学术论文投稿和公开发表提供指导。在讲授过程中融入课程思政元素,培养学生的核心素养,帮助学生塑造正确的世界观、人生观、价值观。

二、新形势下的课程思政

　　大学教育不但需要专业理论知识的灌输,也需要通过课程思政提升学生的思想水平与政治觉悟,这样才能培养德才兼备、具有国际视野和家国情怀的合格人才。然而大学生普遍对课程思政内容兴趣不浓,相关教学效果欠佳。

　　自中华人民共和国成立和改革开放以来,我们国家经历了从贫弱到富强的蜕变,尤其是新冠肺炎疫情暴发后,国内积极应对的优异表现与西方传统发达国家的消极应对形成鲜明对比。以此为基础,中华民族迎来了民族自豪感的不断提升。在此契机下,开展课程思政教学就有了坚实的社会基础,在这一新形势下开展课程思政,不但素材丰富,而且学生容易接收,教学效果好。

　　综上所述,"食品科技论文写作"课程把握时机,在已有的授课内容的基础上进一步细化和加强课程思政教育,取得了较好的效果。

三、"食品科技论文写作"中课程思政教学的实践

(一)课程设置

　　在以往的"食品科技论文写作"课程教学中已经融入了部分课程思政内容。在此基础上,结合食品质量与安全专业学生培养目标、课程思政总体要求以及社会时事热点,对课程思政内容进行进一步细化并添加到授课提纲中(见表 2)。本文接下来会以具体的实例说明如何在"食品科技论文写作"中开展课程思政教学。

表 2　"食品科技论文写作"授课提纲

章　节	教学主题	教学内容(理论)	教学内容(思政)
第 1 章	科技论文概述	科技论文的分类,科技论文的功能,科技论文的特点,科技论文的结构,科技论文的一般写作流程	增强学生学术诚信

章　节	教学主题	教学内容(理论)	教学内容(思政)
第2章	科技文献检索	信息检索基础知识,专业学术资源及网络学术资源简介,科技论文信息检索的主要途径和基本方法	借助食品科技论文信息检索助力新时代国家食品安全战略
第3章	学术论文的结构及写作	学术论文各部分写作详解,论文投稿中的一般程序及注意事项	让学生了解科学道德,树立正确的人生观和价值观
第4章	SCI科技论文写作简介	科技论文中SCI论文简介,SCI论文投稿技巧,SCI论文写作技巧与要点	以SCI论文评价体系引导学生建立文化自信,提升文化认同感,增强学生建设祖国的责任感,为学生奠定科学思想基础,加深学生对学科专业的认知
第5章	科技论文中的图表绘制	科技论文中的图、表的规范制作,相关软件的应用及举例	借助论文图表造假实例,加强学生学术道德和诚信教育
第6章	本科学位论文写作	本科毕业论文的结构与格式,毕业论文的写作规范及要点,毕业论文的答辩	通过毕业论文选题培养学生创新思维,树立学生为国家建设做贡献的主人翁意识,培养学生终身学习能力和独立分析研究能力
第7章	项目申请书及可行性报告写作	项目申请书的写作,可行性报告的写作,项目申请书及可行性报告写作要点,项目申请书及可行性报告写作实例	以国家重大项目规划方向为例,围绕政治认同和家国情怀,进行中国特色社会主义和中国梦教育、社会主义核心价值观教育

(二)课程思政实例

1.从黄金大米事件和基因编辑婴儿事件看学术道德

在讲授科技论文选题相关知识点时,首先通过黄金大米事件和基因编辑婴儿事件向学生强调学术道德问题。科学工作者要有最基本的道德底线,科研是手段,造福社会才是目的,不能本末倒置,因此学术道德是选题时需要考虑的第一原则。

黄金大米是通过转基因技术内源产生胡萝卜素的大米,理论上来说能够在饮食中缺乏维生素A的地区向消费者补充营养,从而避免因维生素A缺乏而导致的各种疾病。然而转基因技术的安全问题并未完全阐明,开展黄金大米的人体研究存在伦理学的困难。黄金大米事件发生在国内反转呼声最高的年代,可以想象当时按正规流程开展人群实验、招募志愿者一定极其困难。在此背景下,当时的科研人员跨过伦理红线,在未公布黄金大米是转基因食品且刻意隐瞒相关信息的情况下招募儿童食用黄金大米。后来事情败露,造成了恶劣的社会影响。

我们可以理解黄金大米理论上对人体是有益无害的,也可以理解按正规流程进行实验的困难。但不论如何,在科学研究工作中,这种无视科学伦理,骗孩子、毁道德、伤科研的行为都是完全不可接受的。

如果说黄金大米事件还多少情有可原的话,那么基因编辑婴儿事件就是完全的因一己私利而践踏学术道德的恶性事件了。事件发生在当时基因编辑技术刚刚起步,相关技术手段并不成熟,且已有研究表明存在着巨大且不可完全预测的风险,全世界都明令禁止将基因编辑技术直接运用到人体胚胎。在此前提下,科研人员为了使新生儿获得艾滋病豁免力,在完全没有必要的情况下(受试新生儿并不一定患有艾滋病,且有更成熟的临床方法),把这一尚不成熟的方法直接运用到人体,诞生了2名基因编辑婴儿。

这一行为,一方面给受试者带来巨大的风险,诞生的婴儿终生都将面对不确定的各种健康风险,其家庭将会承受经济、心理和道德的多重压力;另一方面,也对相关科学研究的开展造成了很大的损害,在此事件之后,科研人员开展基因编辑研究将会面临更烦琐的手续和更大的阻力。虽然相关涉事人员已受到了应有的惩罚,但这一事件无论是对于受试者、社会还是学界声誉来说,都已造成了无可挽回的损失。

综上所述,任何一个潜在的科研工作者(包括大学生)都应该遵守学术道德的底线,这是科学研究选题的最基本原则。

2.从论文撤稿与"图片误用"事件看科研诚信

科研诚信是科技论文写作的最重要原则之一,在"食品科技论文写作"课堂教学中得到了反复的强调。

在讲授SCI论文投稿的内容时,通过列举近年来大量的论文撤稿事件,强调科研诚信的重要性。有调查研究显示,仅2019年中国就有超过400篇文章被国际学术期刊撤稿,涉及国家支出的课题经费上亿元,其中5%还是严重地盗发他人论文的恶劣行为。2017年4月,Springer Nature出版集团旗下《肿瘤生物学》(*Tumor Biology*)期刊一次撤下所刊登的107篇论文。此107篇论文的作者全部来自中国,撤稿原因是论文作者编造审稿人和同行评审意见。此事件引起社会广泛关注,严重损害了我国科技界的国际声誉。

韩春雨事件是层出不穷的论文撤稿事件中的一个典型。一个普通大学的副教授,突然发表了一篇举世瞩目的文章,并以此获得各种荣誉。这本来是一个鼓舞人心的励志故事,然而后续世界各地多个课题组均发现其研究结果不可重复,经仔细调查后认定其论文存在造假而撤稿,而论文作者也一夜之间被打回原形。

在讲授科技论文绘图的内容时,通过介绍引起学术界震动的"图片误用"事件,进一步强调在科技论文数据处理和图表制作中的科研诚信问题。2021年初,多部委经过对多名知名教授团队论文涉嫌造假问题的调查,通报其未发现造假,但存在"图片误用",引发社会关注。通过简单呈现涉事论文即可发现文中有多处明显的造假痕迹,调查小组可能考虑到社会影响等因素并未直接通报造假,但仍对涉事研究人员进行了较严厉的处罚。既然有巨大影响力的学术权威也会因学术不诚信受到处罚,那么普通大学生造假便一定会产生对个人而言更加严重的后果。因此,学术不诚信是绝对不可触及的红线。

在关于论文检索的章节中提到,论文一旦发表会被录入数据库,其内容很可能在数百年后仍然可以获取,因此只要造假就一定会留有痕迹,总有一天会被发现。通过这些例子,学生应该最大限度地避免在科研过程中触及学术不端。

式创新活跃,激活消费、带动就业的潜力巨大。"外卖、无接触配送,伴随着我国数字经济的新业态展现出了强大的活力和韧性。数字经济也促使食品的生产、消费等发生了巨大变化。如何做好各个环节从业人员的管理,尤其是食品安全专业方面的要求也愈加重要。

因此,一方面,在巩固食品安全专业课程建设的基础上,如何因时因势对相关课程进行调整、改造,如从教学、科研和生产实际出发,结合环境污染、生物污染、化学污染、材料安全、技术安全、管理体系、溯源预警、法规标准等角度,回应当前食品安全发展的需要;另一方面,加强专业责任、专业价值类的课程开发,如食品安全与伦理、食品安全学等课程,积极对当前现实问题进行思考,同时积极提出相关可能的解决路径与方案。

(二)新领域催生食品安全专业课程

当前,互联网、大数据、人工智能和实体经济深度融合,"新旧交织、破立并存"让我们必须破除思维惯性,做好深度融合。"现有法律法规和政策规定不适应新业态发展,是最现实最迫切需要解决的矛盾",食品安全尤其如此。

食品安全专业课程建设方面,要关注政府改革,根据当前的迫切需要建设一批,从课程体系上积极回应当下,如开设食品工业经济学、食品安全追溯等课程,拓宽学生视野;要关注企业发展,根据社会经济导向优化一批,如加强 HACCP、ISO 标准认证等类型的课程建设,积极接轨国际化需求;要关注科学研究融合一批,如营养生物、食物过敏、食源性传染病等,加强对最新研究成果的转化,保持课程持续张力。同时,结合数字化发展,开发食品安全大数据分析、食品安全的数字化监督等内容,让课程体系、课程内容与新的领域深度融合。

(三)新技术催生食品安全专业课程

新技术开发提升了食品安全保障条件。例如,上海进博会设立了 250 多平方米的食品安全保障指挥中心,集远程实时监控、食品安全快检、现场办公等功能于一体。该平台充分应用了物联网、人工智能、大数据等信息技术,从供应保障、动态监管、指挥调度、应急预警提供全面的信息支撑。重点保障任务分类、分环节、分时期实时监督,手机端快速实时传递,智能预警、数据分析板块通过应用人工智能技术与数据分析模型为应急处置插上了"智慧的翅膀",为食品安全问题预防和监管效能提升提供了有效帮助。因此,食品安全实验(实践)类课程开发,应当成为新技术形势下的重点任务。

新技术应用提升了食品安全保障水平。近年来,快速发展的网络餐饮食品安全问题备受关注,监管越发重要。加强过程控制,实现生产过程透明化、阳光化,是网络食品平台及相关产品长久健康发展的重要举措。如利用热力或温度传导,结合双腔双温配送箱的智能设计,保证餐品配送过程中的食品安全;利用区块链技术,通过手机扫描商品二维码,即可查看商品的原料产地、加工所在地、储藏条件、保质期、所执行的国家标准等信息,保证流通过程可追踪;通过蓝牙温度计和卫星跟踪进行 24 小时监管,保证预包装等食物安全等。因此,加强不同专业之间的协同研究,跨专业融合的食品安全类课程开发,也是需要关注的重点之一,如仪器分析、包装安全、产品供应链管理等。

二、食品安全专业一流课程评价的思路

"两性一度"的要求,既为我们提供了课程建设的思路,也从知识能力素质的有机融合角度,从课程内容、教学形式、学习结果的创新方向,从考核与学习评价等方面提出了全新的要求。

(一)课程评价中如何围绕创新

创新是指课程内容要反映前沿性和时代性,教学形式呈现先进性和互动性,学习结果具有探究性和个性化。课程教学活动设计应符合以学生为中心的课程教学改革方向,注重激发学生学习志趣和潜能,增强学生的社会责任感、创新精神和实践能力。在今天,老师们可以充分将信息技术与教育教学融合,课程应用与课程服务相融通,以适合在线学习、翻转课堂以及线上线下混合式学习。要有针对性地解决当前教育教学中存在的问题,充分利用和发挥网络教学优势,各教学环节充分、有效,满足学生在线学习的诉求,不是对传统课堂的简单翻版。因此,在课程评价中,如何将创新性环节、内容、元素等包含其中,形成闭环是必须要进行研究的课题。

(二)课程评价中如何体现高阶

高阶是知识能力素质的有机融合,是要培养学生解决复杂问题的综合能力和高级思维。当然,我们在教学过程中,结合布鲁姆的学习理论,对于学生初级认知部分也要涉及,传统以教师为中心的授课课程中,教师的重点在于传授知识,培养学生的记忆、理解和初级应用能力。在高级认知方面要进行设计,如通过组织研讨、辩论、师生互评、生生互评等教学活动,鼓励学生综合发展。因此,在课程评价中,一要加强对课程内容进行分层分类考核研究的思路;二要加强对教学环节的考核,即形成过程性、形成性评价的导向。

(三)课程评价中如何体现挑战

一是强调知识认知,即布鲁姆理论中的较低层次的要求。针对学生的初级认知或知识认知的考核,主要是考查学生的记忆理解能力。可以通过客观的判断、选择、填空等来完成。二是突出技能应用,即布鲁姆理论中的中等层次的要求,包括学生的动手能力、操作实践、团队协作、思维思辨等。可以通过多种形式进行考查,如实验操作、小组协同的项目研究、主题讨论等来完成。三是回应现实生活,即布鲁姆理论中的最高层次的要求。食品安全专业的学生不仅应当是知识的积累、技能的养成,更应将相关的学习应用到解决现实问题当中,对焦点、热点问题及时提出自己的观点,并通过实验等加以验证,要让学生在知识与技能的运用中得到综合提高。

三、食品安全专业一流课程评价的导向

（一）目标导向的课程评价

目标导向即要求专业教师自觉以目标为指引，理顺教学工作思路，瞄准目标抓落实，切实增强工作的前瞻性和方向性。例如，食品安全专业的目标是通过专业的学习，以更好地实现人民对美好生活的向往为愿景，主动加强课程的研究，细致落实教学的各个环节，使教学有活力，发展有动力。在课程评价中，强化 OBE 理念，结合专业认证，真正形成以学生为中心的评价思路。要根据不同类型的课程，将知识、能力、素质、思政元素渗透其中，分层分类做好课程评价。如基础课加强知识储备、核心课重视专业积累、实验课突出能力训练、通识课强调拓宽视野等，从而探索、形成不同的评价方式。

（二）问题导向的课程评价

马克思指出："问题就是时代的口号，是它表现自己精神状态的最实际的呼声……一个问题，只有当它被提出来时，意味着解决问题的条件已经具备了。"在课程的建设过程中，首先是对核心问题能描述，就是切中矛盾的要害，这样才能快速找到解决矛盾的突破口。如聚焦满足人民日益增长的美好生活需要，食品安全的相关课程如何找到自己课程的着力点，需要每一位教师积极研究、深入思考。主动回应社会源于问题意识，就会时刻关注现实又防患于未然。食品安全专业如此，相关的专业课程更应如此，这样才能培养具有责任感、能肩负使命的专业人才。在课程评价中，要通过案例分析、沙盘模拟、比赛竞赛等多种方式，加强对学生问题提出、问题分析、问题解决的考查。

（三）结果导向的课程评价

首先是目标可描述。只有课程目标清晰，才能使过程可操作，环节落实更扎实，也才能让结果可衡量。其次是要用学生对专业学习、课程学习的获得感来衡量一门课程建设的成效。习近平总书记指出："人民群众什么方面感觉不幸福、不快乐、不满意，我们就在哪方面下功夫。"课程建设也应如此。最后是要通过专业与课程的学习，学生应具备可持续发展能力。即不唯分数论，要更注重学生课程学习后的能力提升，在面对问题时的综合应用，从而增强专业竞争能力。

四、结　语

浙江工商大学食品与生物工程学院食品安全专业作为国家一流专业建设点，如何科学合理地评价相关专业课程建设的效果成为一个亟待解决的现实问题。本文通过对专业课程进行初步分析，结合一流专业中的课程建设，尝试以不同的视角提出专业课程评价的可能思路，对提升课程建设效果、促进专业发展具有重要的理论和实践意义。

参考文献

[1] 罗自生,叶兴乾,王蕾,等.引领未来食品产业发展的食品科学与工程专业人才培养体系改革探索[J].中国食品学报,2021,21(12):379-384.

[2] 王凤舞,肖军霞,陈海华."双万计划"背景下食品化学"金课"建设初探[J].安徽农业科学,2021,49(1):276-279.

[3] 郭亚辉,孙青青,孙坤秀,等.食品质量与安全专业实践教育体系的研究[J].教育教学论坛,2020(20):15-17.

基于成果导向教育理念的
计量经济学教学路径设计[①]

董亚娟[②]

摘　要:本文针对计量经济学教学中存在的主要问题,分析基于 OBE 理念进行课程教学改革的机制,提出"教学内容、教学模式、教学评价以及课程评价"四维融合综合教学改革模式,经过实践探索,实现教学目标与教学效果统一、理论教学与实践教学统一。本文基于 OBE 教育理念对课程体系进行改革,在一定程度上留给学生更大的独立思考空间,从而激发学生自主学习能力和学习兴趣,有利于提高教学质量,达到更佳的教学效果。

关键词:成果导向理念;教学质量改革;计量经济学

基于学习成果导向的教育理念(Outcomes-based Education,OBE)是以学生的需求为导向的反向教学理念。自 1981 年 Spady 提出 OBE 教学理念,美国的工程教育认证协会(ABET)已全面接受了 OBE 的理念,并将其贯彻于全程教学标准中,OBE 教育理念已逐渐被广泛应用在教育改革中。1994 年 Spady 在《基于产出的教育模式:争议与答案》一文中对此模式进行了深入研究,指出 OBE 教育理念能够"清晰地聚焦和组织教育系统,使之围绕确保学生需求,并获得实质性成果经验",实现教育范式的转换。OBE 的教育模式认为,学生学到了什么远比怎么样学习、什么时候学习更重要。澳大利亚教育部门提出:"OBE 是基于实现学生特定学习产出的教育过程,教育结构和课程被视为手段而非目的。"

大数据时代计量经济学课程对经管类专业学生能力提出了更高要求,要求金融学、管理学、统计学等专业学生必须具备一定的数据分析和处理能力。计量经济学作为培养学生数据处理和分析能力的核心课程,在大数据时代的呼唤下应承担起培养学生具备大数据视野、有效的数据收集能力、熟练的数据分析能力的责任。计量经济学是以数理经济学和数理统计学为方法论基础,通过数学、统计学等方法构建经济计量模型,研究具有随机性的经济变量之间关系的一门交叉学科。它是数学、统计学和经济学的结合,它的方法论是建立在哲学逻辑、数理逻辑和经济学逻辑基础之上的。计量经济学对

---

① 本文系浙江工商大学研究生教学研究与教学改革项目"高质量发展要求下研究生教学模式探索——以'中级计量经济学'教学为例"的研究成果。

② 董亚娟,浙江工商大学统计学院副教授,博士,研究方向为经济统计方法及应用。

学生的数理分析能力要求较高,在学习计量经济学课程之前需要先修读线性代数、高等数学、概率论与数理统计等课程,学习代数矩阵、统计推断、计算机编程等内容,并要对经典的经济理论有一定的清晰认知。因此,计量经济学涵盖的知识面较为广泛,是一门综合性较强的交叉学科。在有关计量经济学教学研究中,李子奈认为,我们当前的任务是要加强理论研究并强化应用能力。但在实际的计量经济学教学中,问题层出不穷。如由于学校教学情况不同、师资力量不同、专业水平情况不同等,不同学校开设的计量经济学课程的程度差异较大。除此之外,学生自身学习不投入、与课程体系脱轨以及相关知识不扎实等原因,都在一定程度上影响了计量经济学的教学情况。

OBE 教学模式,即成果导向教育模式,注重根据最终学生应具备的知识和能力来设定培养目标并制定相应的教学方案,在很大程度上适应教育改革的需求,因此广受欢迎。本文试图借鉴 OBE 教学模式来构建一个适应现代教育的教学路径,同时借鉴 CDIO 教育模式,分别从教学内容、教学模式、考核评价以及教学评价四个方面出发,提出模块教学法、翻转课堂、评估指标体系改革和教学评价改革这样的"四维融合"教学模式,以此促进课堂教学质量的提升。

一、教学实践中存在的主要问题

(一)计量经济学分析范式的转变带来的挑战

传统的计量经济学来源于数理统计,大量使用统计推断的方法(Statistical Inference),利用样本信息获取总体的信息。但现代经济学家更多关注因果关系,只有经济变量间的因果联系找到了,才能更好地理解经济规律。在大数据背景下,新的学科范式的转变,必然带来新的挑战,要求对教学内容和教学方式有所改变和完善。这就需要老师和学生接受新的教材体系并形成规范的教学方式,才能达到较好的教学效果。

(二)传统教学模式与现代教学内容的冲突

在计量经济学的课堂中,全程几乎以教师讲授为主,教学方法也较为呆板,主要侧重于教学中计量经济学理论知识的完整性。但是计量经济学是一门需要将理论和实践结合起来进行应用分析的综合性学科,单一的经典教学模式更加容易降低学生的学习积极性和该课程的教学质量,同时也不利于培养学生的实证分析能力和创新意识。在实际教学中,缺乏教学内容的拓展,教学素材陈旧。现有的教学模式与教学内容不能满足新时代学生对知识的渴望。

(三)教学理念陈旧与大数据时代人才需求的矛盾

计量经济学是一门综合性较强的学科,单纯的理论知识是无法解决实际经济问题的。但是在目前的课程教学当中,大多数教师仍然以讲授理论知识为主,最终的课程考核也是以卷面考核基础知识为主。计量经济学的基础知识充斥着各种数学推导公式,难度较大且实用性不高,这不仅会淡化学生的学习兴趣,还阻碍了学生实证分析能力的发展。大数据时代对新型人才提出了更高要求,其需要具备基础理论与应用实践的复合知识和能力。针对计量经济学课程的教学,相较于该课程的基础知识,学生更需要掌握的是研究实际经济问题的思路,注重学生实务能力和大数据思维培养。

(四)考核方式缺乏科学性与创新思维培养之困

大多数高校计量经济学课程的考核采用期末考试成绩一次性决定的方式。但计量经济学是一门理论和实践结合较紧密的课程,仅仅通过对理论知识部分的考核不足以评价教学效果。现有的考核方式脱离了计量经济学课程的培养目标,忽略了计量经济学应该以应用为导向进行考核的理念。因此,如何从成果导向教育理念出发,以学生的最终学习成果为出发点,反推出应该如何配备合适的考核方式,才能激发学生的创新思维和培养其独立思考能力,以适应大数据时代的需求。

二、"四维融合"教学模式改革和探讨

(一)基于 OBE 教育理念的"四维融合"教学模式

基于 OBE 教育理念模式注重教学培养的结果,主要强调四点:一是通过课堂学习,学生最后应该具备怎样的知识和能力;二是如何准确获取学生学习的结果;三是如何帮助学生达到预期的学习结果和教学目标;四是确保学生在课程结束后达成预期的能力。为了实施基于学习效果为导向的教育,本文采取逆向设计思路建立课程教学方案,以研究生课程"中级计量经济学"为例,从学生的内部需求和外部需求入手,根据该课程的培养目标,决定课程体系的设计和教学活动的实施,并借鉴 CDIO 教育模式进行课程建设,主要的教学改革措施集中在实现和运作中,具体的课程建设框架如图 1 所示。

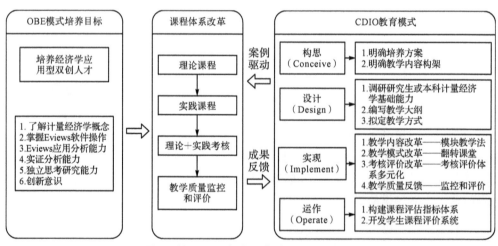

图 1 基于 OBE 教育理念的课程改革框架

在 OBE 教育理念指导下,提高研究生的 Eviews 应用分析能力,着力培养学生的创新意识、独立思考研究能力和实证分析能力。本次课程体系选择实行理论和实践并行的课程教学和考核模式,借鉴 CDIO 教育模式,从构思、设计、实现、运作四个方面进行整体的教学改革,并将教学改革后获得的成果反馈到课程体系当中,调研学生对课程教

学质量的评价,以便能够及时调整教学情况。

(二)"四维融合"教学路径设计

本文设计从教学内容、教学模式、教学评价以及课程评价四个方面出发,针对目前浙江工商大学统计学院计量经济学教学过程中存在的问题,提出"四维融合"的教学路径。

1.教学内容改革——模块教学法

根据 OBE 教学模式的基本思想,本文提出研究生课程"中级计量经济学"的教学内容改革,应以培养研究生的探索创新精神和将理论付诸实践的能力为目标,并应遵循以下基本原则:一是要培养学生基本的理论知识能力;二是引领学生进入前沿研究领域;三是增加学生的自主科研能力。根据教学目标,本文进一步提出,应围绕"知识→技能→体验"构架新的教学内容及体系,针对理论学习内容和实践学习方法进行分类教学。实施的教学方案称为模块教学法,其中主要的模块有理论学习模块、文献研讨模块、论文展示和答辩模块。根据理论知识学习进展情况,教学内容的设计如表 1 所示。

表 1　教学内容的设计

教学内容	理论学习模块	文献探讨模块	论文展示和答辩模块
根据学生专业背景制定并调整教学内容、教学难易程度			
经典计量模型的建模步骤和方法	√		
实践和应用研讨(1)		√	√
异方差、序列相关、多重共线性和极大似然估计	√		
实践和应用研讨(2)		√	
Seminar(1)		√	√
离散选择模型,虚拟解释变量,内生变量	√		
实践和应用研讨(3)		√	√
时变参数模型	√		
实践和应用研讨(3)	√		
Seminar(2)		√	√

理论学习模块即理论知识层面的学习,其中包括应用软件(如 Eviews、Stata 等)的教学。文献探讨模块旨在教会学生在阅读文献的时候学习前人的经验技巧,培养学生找资料、数据以及应用软件分析的能力。论文展示和答辩模块要求学生经过完整的课程体系学习后运用所学的知识,选择自己感兴趣的课题进行研究探索,最终形成一篇完整的、基于数据分析的计量论文,并对自己的论文进行展示和答辩。全体师生针对学生论文的优缺点进行讨论并打分,最后评选出若干份优秀的作品。

2.教学模式改革——翻转课堂

传统的课堂通常是以教师讲授、学生听讲的模式进行,其教学质量对学生的学习积极性的依赖程度较大,如果学生的学习进度跟不上教师的授课步伐,或者学生对该课程的学习积极性不够强烈,都会降低课程的教学质量。"中级计量经济学"的教学理念应当是理论和实践并行,重思想、重方法、重应用,因此本课程选择采用线上和线下的混合教学模式,以"翻转课堂"的课程教学模式进行课程改革建设,通过对知识点的梳理,利用模块教学法重新设计教学内容,重构教学框架,利用自主学习的教学方式增强学生的学习参与度,通过互动教学来着重讲授各种计量方法在计算机上的具体实现,从而有效提升研究生的独立思考能力和实证分析能力。针对所采用的"翻转课堂"的教学模式,可以分别从课前、课中和课后三个方面实施,其实施的主要路径有以下几点。

(1)课前:理论知识学习。将计量经济学的课程资源重新梳理,利用模块教学法对课程内容进行分类,把适合学生自学的知识点内容制作成网课,以学习任务形式布置给学生自行学习,并在每一章节后设置相应的测试题目进行巩固。

(2)课中:以学生为中心进行互动教学。课堂教学内容主要分为两部分:第一部分着重讲解课程内容中较难理解的知识点,并根据学生的课前学习情况,针对学生标注不懂的知识点进行重点探讨。第二部分是将学生进行分组,针对每一章节的知识点,教师提供部分案例,让学生以小组形式进行案例研讨,从而能够更有效地提升学生的Eviews软件操作能力以及实证分析能力。

(3)课后:论文汇报展示。在多年的教学过程中,以课程论文结课一直是一种提高教学质量的行之有效的方法。为了使学生能够更加灵活、熟练地应用并分析中级计量经济学知识点和Eviews软件操作,要求学生自行选择感兴趣的课题,自己收集资料和数据,用所学课程的知识点对选择的课题进行讨论分析,自行解决课题中存在的问题,并最终以课程论文形式呈现出来。

3.考核评价改革——考核评价体系多元化

在检验教学成果方面,本文提出新的考核评价机制:将整个考核过程分为过程性考核评价和形成性考核评价,过程性考核评价指在教学过程中对学生所做的课程作业和平时表现进行评价,形成性考核评价指对学生最终形成的论文成果及表现进行评价。其中的课程作业可以采用小组作业的形式,通过小组成员之间的相互配合来完成作业,这样不仅可以让每一个学生参与体验学习成果,还能增强学生的团队协作能力。这种考核模式不同于传统考核模式,不会单一地依靠期末卷面考试成绩来评价学生的知识掌握程度,它可以完成对学生知识、技能、体验的全面考核。

4.教学质量反馈——监控和评价

在形成课程评估指标体系后,需要构建课程评价系统,让学生来评价教师的教学效果,再将评价结果反馈给教师,教师再根据反馈改进教学方式或内容,从而形成一个如"监控—诊断—改进"的闭环,逐步提升教学质量。

学校培养办可以通过分析其课程学习过程、学习效果和调查问卷分析,开发学生课程评价系统——Q评价系统,评价内容涵盖课程结构、教学质量及作业情况,评价课堂组织架构、评价方式手段以及教学提升策略。采取"监控—诊断—改进"的路径,让师生作为评价主体积极参与各类评价活动,形成以提升教学质量为目的、以促进学生发展为根本的通识教育质量评价文化。依靠这种短期、中期和长期的监控诊断,对通识教育的课程实施做出不同程度的调整,可以有效地实现提升课程教学质量的目的。

三、结 语

　　计量经济学课程的教学内容主要由理论和实践两方面组成：一方面是讨论计量经济学的理论知识和方法，重点剖析其中的重难点，并通过数学推导证明来探讨理论知识和方法两者之间的逻辑关系；另一方面是重点教学如何正确构建和应用计量经济模型，以实例研究形式加强学生的实证分析能力，强调在计量经济学基础理论知识的基础上要熟练掌握方法，从而能够正确处理实际经济问题。计量经济学不仅要求学生能够了解计量经济的基本理论知识，还要求学生能够将计量经济学的知识正确应用到实际经济问题当中，提高自身的实证分析能力，培养自身的创新思维。本文基于 OBE 教育理念对课程体系进行改革，在整体的教学内容中增加了实践的比重，在一定程度上提升了学生的学习兴趣，留给学生更大的独立思考空间，从而提高教学质量，达到更佳的教学效果。

参考文献

[1] 张卫东,黎实.博士研究生《高级计量经济学》课程教学改革探索[J].教育教学论坛,2016(50):90-92.

[2] 徐盈之.研究型大学高级计量经济学课程教学改革探讨[J].东南大学学报(哲学社会科学版),2009(11):227-228.

[3] 李子奈.关于计量经济学课程教学内容的创新与思考[J].中国大学教学,2010(1):18-22.

[4] 何金财,王佳楣.应用需求导向下计量经济学实验教考模式研究[J].高教学刊,2020(24):90-93.

[5] 洪永淼.计量经济学的地位、作用和局限[J].经济研究,2007(5):139-153.

[6] 李子奈,齐良书.关于计量经济学模型方法的思考[J].中国社会科学,2010(2):69-83.

[7] 田翠杰.本科计量经济学"任务驱动型"教学模式的实施——以多重共线性为例[J].高教学刊,2017(21):117-119.

[8] 谢泉泉.基于科教融合理念的计量经济学教学模块设计与应用[J].高教学刊,2016(22):79-80.

[9] 郑忠华.引入因果识别,提升计量经济学教学效果[J].高教学刊,2020(26):22-25.

[10] 伍德里奇.计量经济学现代观点[M].北京:中国人民大学出版社,2016.

[11] 陈强.计量经济学及 Stata 应用[M].北京:高等教育出版社,2015.

[12] 赵西亮.基本有用的计量经济学[M].北京:北京大学出版社,2017.

[13] 赵西亮.也谈经济学经验研究的"可信性革命"[J].经济资料译丛,2017(2):80-90.

[14] JOSHUA D, ANGRIST, JORANGRIST, JOSHUA, D. Mostly Harmless Econometrics: An Empiricist's Companin[M]. Princeton: Princeton University Press,2009.

基于任务的大学英语课程思政模式研究

——以《新编大学英语综合教程 2》第 3 单元为例①

李先玉②

摘　要:课程思政模式并不是某门课程与思政的简单相加。大学英语涉及面广,影响范围大,外语课程思政就是要在传授知识的同时注重育人功能,将价值引领与语言能力的培养结合起来。本文以《新编大学英语综合教程 2》第 3 单元为例,探讨了任务型教学的设计原则与实施路径,旨在为基于任务的大学英语课程思政模式提供参考。

关键词:基于任务;大学英语课程思政;《新编大学英语综合教程 2》

2016 年 12 月习近平总书记在全国高校思想政治工作会议上强调,"高校思想政治工作关系高校培养什么样的人、如何培养人以及为谁培养人这个根本问题。要坚持把立德树人作为中心环节,把思想政治工作贯穿教育教学全过程,实现全程育人、全方位育人,努力开创我国高等教育事业发展新局面","把课程思政建设作为落实立德树人根本任务的关键环节,坚持知识传授与价值引领相统一、显性教育与隐性教育相统一,充分发掘各类课程和教学方式中蕴含的思想政治教育资源……引领带动全员全过程全方位育人"。2019 年版的《教育部关于深化本科教育教学改革全面提高人才培养质量的意见》指出,"要把思想政治教育贯穿人才培养全过程"。2020 年 6 月发布的《高等学校课程思政建设指导纲要》指出,"全面推进课程思政建设是落实立德树人根本任务的战略举措","课程思政建设内容要紧紧围绕坚定学生理想信念,以爱党、爱国、爱社会主义、爱人民、爱集体为主线,围绕政治认同、家国情怀、文化素养、宪法法治意识、道德修养等重点优化课程思政内容供给,系统进行中国特色社会主义和中国梦教育、社会主义核心价值观教育、法治教育、劳动教育、心理健康教育、中华优秀传统文化教育"。

2020 版的《大学英语教学指南》将大学英语定性为核心通识课程。要在大学英语课程中体现课程思政,将课程思政落到实处,大学英语教师教育观念的转变非常重要。因为"外语的背后是外国的文化与一些与我们完全不相通的价值观念和文化理念"(肖琼、黄国文,2020:10)。随着国际化的日益深化与国际形势的复杂多变,每位老师都要将立德树人置于教学任务首位,要时刻牢记"培养什么人、怎样培养人、为谁培养人"的

---

①　本文系浙江工商大学 2019 年校级线上线下混合式教学改革项目高级英语(编号:1070XJ2919141)阶段性成果;浙江省高等教育"十三五"第一批教学改革研究项目"讲好中国故事,践行立德树人——大学英语课程思政教育教学改革实践"(编号:JG20180125)阶段性成果。

②　李先玉,浙江工商大学外国语学院讲师,硕士,研究方向为英语教学。

根本问题,要把课程思政理念贯穿大学英语教育教学所有环节。"只有教师认识到课程思政建设的重要性并努力探索怎样在教学的整个过程中实施课程思政,才能把学生培养成具有政治认同、家国情怀、文化素养、宪法法治意识和道德修养的社会主义接班人"(肖琼,2020:5)。外语课程具有得天独厚的思政育人基因,有着润物无声,开展思政育人的先天优势(张敬源、王娜,2020:20)。大学英语课程涉及面广,又因为语言是文化的载体,该课程就是要通过语言教学来引领学生培养正确的价值观,帮助学生拓宽国际视野,培养学生的家国情怀。

一、教学任务设计与开展

本次教学案例选取的是《新编大学英语》(第3版)第2册第3单元。该单元的主题"Born to Win"是关于成功的。对于大一新生而言,很多学生认为考上大学就是成功。对于自己的专业、前途和未来的规划并不清晰,甚至根本没有什么规划意识。怎样引导学生尤其是大一新生熟悉了解自己的专业,培养学生的敬业精神,对自己的大学生活以及以后的职业规划进行引导是本单元的教学目标之一。该教学目标的完成可采取项目教学法的形式,布置学生利用两周时间对自己专业内的成功人士或者学长学姐进行采访,去了解别人眼中的成功及成功历程并进行分享,从而更加深入全面地了解自己所学专业,然后在课堂上进行展示。

(一)基于价值塑造的教学任务的设计原则

外语课程思政在设计基于价值塑造的教学任务时,要"遵循三项基本原则:目标性、一体化和达成度。目标性原则是指教学任务应符合学生的认知水平,目标明确;一体化原则是指教学任务要以'知识传授、能力培养与价值引领'三位一体协同发展;达成度原则要求任务能够精准实施,操作性与挑战度相统一"(张敬源、王娜,2020:34)。本单元布置给学生的任务目标明确:首先在于价值观的塑造,对于成功与失败的正确认识,从而增强对自己所学专业的全面认识与自豪感;一体化原则是将单元主题、词汇句型等应用于采访环节,培养学习者的语言能力、表达能力、沟通能力、团队协作能力;以英语寝室小组为单位对业内或校内成功人士进行采访具有可操作性,触手可及,同时因为要求用英语进行采访,任务又具有一定的挑战性。

(二)学习共同体建设与合作式学习

该任务以英语寝室小组为单位进行。英语寝室小组实质上是一个学习共同体。岳曼曼(2020)等人指出,学习"共同体与合作式学习对于培养学习者的团队精神、合作与共同体意识能够起到润物无声的作用",而且学习共同体能够培养"共享、共进、责任与担当意识"。学习共同体强调合作互动与沟通,强调知识共享,实现共同进步。共同体意识强调人际互动,每个成员都需要履行自己的责任与义务,信守承诺,尊重他人的劳动,有助于学习者之间构建和谐的人际关系。

(三)任务设计与实施路径

以《新编大学英语2》第3单元主题"Born to Win"为例,教学目标是在完成本单元基础内容词汇和语法、课文结构的学习后,在培养学生语言技能的同时,引导学生树立正确的人生观与敬业精神。在开始本单元的导入部分之后,老师带领同学们对 winning 与 losing 的定义进行了头脑风暴,学生在课堂上对成功有了新的认识。然后向学习者下达了学习任务:以英语寝室小组为单位,关于成功的看法以及如何成功采访自己相关专业的成功人士或校园中学生眼中比较成功的学姐或学长,两周以后在课堂上进行展示。工作语言要求是英语。后面会不定期进行提醒与指导。

本项目实施班级为国会 2020 级 3 班,公共管理类 2020 级 4 班,电子创新专业 2020 级 1 班和应用统计类 2020 级 1 班。教学任务的布置与设计原则的目标明确:引导学生加深对 winning(成功)的概念与成功路径全方位多层次的理解,加深学生对于自己相关专业的认识与热爱,从而更加热爱自己的专业。

二、课堂展示与学生反馈

本案例通过任务教学法,以学生为主体,学生走上讲台,通过 PPT、采访视频等各种方式进行了展示,比较成功地完成了本次教学任务,课堂效果良好。

从教学效果看,学生将"敬业"这一社会主义核心价值观融入了自己的思考,对 wining 与 losing 有了更加全面的理解,明确了自己的奋斗目标;学生在课堂展示过程中,发展和提高了自己多方面的能力,例如公共演讲能力、同伴协作能力、领导能力、批判思维能力、PPT 制作能力、语言表达能力等。来自 4 个不同专业的所有同学都对这次英语采访任务进行了反馈,几乎全部同学对课堂活动给予了充分的肯定。现举例如下。

S1 来自电子创新专业 2020 级 1 班:"好好学习,努力考上一个好大学,上了大学你就轻松了!"我上的恐怕是个假大学吧。每天任务一大堆,高数试卷满天飞!我曾有一段时间对大学生活很不适应,在困难面前选择逃避,怨天尤人,对未来的大学四年生活很迷茫,是我可爱的室友与老师将我拉出了困境。前段时间,老师要求我们以小组为单位采访我们专业的成功人士,并在课堂上以 PPT 的形式展示。学长的宝贵经验为我指点了迷津,通过此次 PPT 采访分享,我收获颇多:"热爱你所喜欢的,喜欢你所选择的。"这一句话点醒了我,"It is as if the words had suddenly come back to life inside my mind."总结如下:大一要找到感兴趣的方向,这样以后可以有选择性地选专业课。应该遵循自己的内心,找到兴趣所在。(1)不要在事情还没做时就否定自己。(2)通往梦想的路上的确有一道墙,但它只阻挡不够热爱的人。(3)要懂得感恩,感恩学习、成长的路上帮助过自己的所有人。(4)永不言弃,规划好自己的大学四年生活。说实话,我现在对未来的大学四年小有信心,希望自己可以越来越好。

S2 来自应用统计类 2020 级 1 班:过去,我认为我们应用统计专业就只要学好统计和数学,将来的就业领域也十分单一。但是经过这次采访和查阅相关资料,以及欣赏同学们的精彩展示,我对我的专业有了新的认识。我了解到有许多优秀学长学姐是如何在这个专业学习中将自己变得更加优秀,不光是数学,他们还努力自学别的课程,甚至连英语口语等也丝毫不懈怠。在我看来,他们都是非常有天分的人,但在采访后我才得知,这并非天上掉下来的成果,这里面包含了他们无数的勤奋与努力。我也从中接纳了一些成功的意见:第一,要自信,相信自己能成功,每个人都是有天赋的,关键在于你肯不肯努力;第二,绝对要学好专业课,专业课是你的基础,只有地基打扎实了,才能一层一层往上盖楼,才能突破自己;第三,坚持很重要,一段时间的努力人人都有,持之以恒的坚持却并不简单;第四,不要害怕失败,失败能带给你更多的经验;第五,英语很重要,掌握一门外语更有利于你提升自己的综合能力和竞争力。

三、总结与反思

通过该教学项目的准备和课堂展示,同学们对于成功与失败有了更新、更全面的认识,对自己所选专业有了更清晰的了解,意识到作为当代大学生,他们肩上背负的责任与使命,开始思考大学四年的学习规划及职业规划。可以说,本项目的实施帮助很多同学更全面了解了自己所学专业,树立了短期或较长期目标,很好地实现了学生对成功与失败看法的价值引领,增强了学生对自己专业的热爱,完成了本单元课程思政与语言能力融合及相互促进的教学设计目的。

本教学任务的设计及其展示过程中仍然存在部分问题及有待提高之处。

(1)由于时间有限,老师没来得及对每组学习者的表现做详细点评。如果能将每组学生的课堂展示做进一步点评和讨论,效果可能会更好。

(2)有些同学课件及内容在英语表达方面尚显不足,语法与用词有中式英语痕迹。

(3)个别同学的课件制作略显花哨,有些字体不是很清楚,在一定程度上影响了展示效果。

总之,该教学任务的设计与完成将价值观引领与语言知识的传授和语言应用能力的培养有机结合起来,坚定了学生的理想信念,完成了预期目标。做好大学英语课程思政建设,将盐溶于水,润物无声地提升育人效果是时代赋予每一个大学英语教师的责任,任重而道远。

参考文献

[1]蔡基刚.课程思政视角下的大学英语通识教育四个转向:《大学英语教学指南》(2020 版)内涵探索[J].外语电化教学,2021(1):27-31,4.

[2]高等学校课程思政建设指导纲要[EB/OL].(2021-5-20)[2020-5-28].http://www.moe.gov.cn/srcsite/A08/s7056/202006/t20200603_462437.html.

[3]黄国文,肖琼.外语课程思政建设六要素[J].中国外语,2021,18(2):1,10-16.

[4]教育部关于加快建设高水平本科教育全面提高人才培养能力的意见[EB/OL].(2018-10-17)[2021-5-28].http://www.moe.gov.cn/srcsite/A08/s7056/201810/t20181017_351887.html.

[5]教育部关于深化本科教育教学改革全面提高人才培养质量的意见[EB/OL].(2019-10-11)[2021-5-26].http://www.moe.gov.cn/srcsite/A08/s7056/201910/t20191011_402759.html.

[6]刘正光,岳曼曼.转变理念、重构内容,落实外语课程思政[J].外国语(上海外国语大学学报),2020,43(5):21-29.

[7]肖琼,黄国文.关于外语课程思政建设的思考[J].中国外语,2020(5):1,10-14.

[8] 习近平.把思想政治工作贯穿教育教学全过程——在全国高校思想政治工作会议上的讲话[EB/OL].(2016-12-08)[2021-5-20].http://www.xinhuanet.com//politics/2016-12/08/c_1120082577.htm.

[9] 杨金才.新时代外语教育课程思政建设的几点思考[J].外语教学,2020,41(6):11-14.

[10] 岳曼曼,刘正光.混合式教学契合外语课程思政:理念与路径[J].外语教学,2020,41(6):15-19.

[11] 张敬源,王娜.外语"课程思政"建设——内涵、原则与路径探析[J].中国外语,2020,17(5):15-20,29.

谈思维导图在大学英语听力教学中的应用

周　迈①

摘　要：本文首先简单回顾了思维导图在社会各行业中的应用和研究成果，然后重点从大学英语听力单词教学、听力背景知识学习以及听力材料文本分析三个方面，论证了思维导图在大学英语听力课程教学中的应用。认为，思维导图是大学生学习英语听力、提高听力教学效果和学习兴趣的重要辅助工具。

关键词：思维导图；大学英语听力教学；应用

思维导图（mind map 或 mind mapping）自诞生以来，就被广泛地应用于社会的各行各业。这个先进工具的理念最先由英国学者托尼·博赞（Tony Buzan）提出。他指出："思维导图是一种非常有用的图形技术，是一种放射性的思维表达，能有效地激发大脑的潜能。"（Buzan Tony，1993）。我们现代人也许都有这样一种感觉，相比起文字，我们更愿意看图片和视频。在文字发明之前，我们的祖先就在岩壁等地方开始作画了。因此，人类培养出看图片的能力比看文字的能力要早得多，接收图片信息效率当然也要高很多。这就解释了当下在智能手机时代，"低头族"越来越多，这主要是因为互联网上具有大量的图片和视频，非常能捕捉人的眼球。思维导图作为图形技术已经在企业管理、工程管理、刑侦案件线索梳理等方面广泛使用，在教育方面得到了更加广泛的运用。本文将以笔者本学期所承担的浙江工商大学 2021 级电子和通信专业人工智能方向的"综合英语听力 2"课程教学任务为例，尝试探讨思维导图在英语听力课程教学中的应用，以提高听力教学质量，释放思维导图在大学英语听力教学中的潜能。

一、国内外关于思维导图的研究

（一）国外关于思维导图的研究

自从托尼·博赞（Tony Buzan）在 20 世纪 70 年代提出"思维导图"的概念以来，全世界各行各业都在大量使用思维导图，世界一些知名企业如 Microsoft、IBM、HP 等都把思维导图引入他们企业的管理工作，尤其是企业员工的培训之中。思维导图也走入了西方各级学校的课堂，受到了师生广泛欢迎。笔者检索了 Google Scholar 学术文献

---

① 周迈，浙江工商大学外国语学院副教授，硕士，研究方向为大学英语教学。

数据库,用"mind mapping"搜索到的文献有 3420000 项[1],用"mind map"搜索到的文献有 4190000 项[2]。数量如此大的文献,足以表明,关于思维导图及其应用的研究已经在国外取得了很可观的成绩。

(二)国内关于思维导图的研究

改革开放以来,思维导图的研究和应用在国内也得到了长足的发展。在日常生活中,我们会观察到,很多的宣传材料,如当下新冠肺炎的防治宣传等很多工作都应用到了思维导图。在旅游宣传以及学术研究当中更是得到了十分广泛的运用。笔者在中国知网 CNKI 中输入"思维导图",时间限定为到 2021 年现在为止,共检索出期刊论文 4723 篇,学位论文 1258 篇,图书 38 部,报纸文章 529 篇。[3] 然后又以"思维导图 & 英语听力教学"作为关键词进行篇名搜索,却只得到了在学术期刊发表的论文 2 篇、硕士论文 1 篇,而且都是讨论关于中学英语听力教学与思维导图的关系,如南京师范大学郝扬 2018 年的硕士论文《思维导图在高中英语听力教学中的应用研究》。这些数据充分说明,虽然思维导图的研究和运用在我国得到了大力发展,但是思维导图运用于大学英语听力教学的研究成果还非常少。有鉴于此,笔者根据自己的亲身教学实践,尝试将思维导图应用于大学英语听力教学进行探讨,以期提高大学英语听力教学质量。

二、思维导图在大学英语听力教学中的应用

下面笔者将结合自己的亲身体会,具体谈谈思维导图在大学英语听力教学中的应用。笔者任教的班级是人工智能方向的理工科班级,由于是学院和国外大学合办的专业,学生在高年级阶段要到国外去学习才能完成全部大学阶段的学分,因此学校对这些班级的学生在英语能力方面有着特别的要求。为此,学校为这 6 个班级专门开设了英语听力课,使用的教材是《英语听力入门 3000 Step by Step》(华东师范大学出版社,2017)。这套教材本来是针对英语专业本科生编写的听力教材,听力练习材料选材十分广泛,设计的练习有填空、听力内容概括、判断等题型,几乎没有选择题型,这对那些做惯了选择题目的学生来说明显具有很大的挑战性,真实地检测了他们的英语听力能力。学生学习听力课程具有明确的目的,因此无论是老师还是学生都很重视这门课,如何有效提高听力学习效率成了师生共同关注的话题。下面笔者将从三个方面谈谈如何将思维导图应用于大学英语听力教学。

(一)思维导图在大学英语听力课词汇学习中的运用

在开始练习一段听力材料之前,为了提高听力的效率,首先应该对材料中超出了学生所学范围的英语单词进行学习讲解,此举不仅可以为听力理解扫除障碍,同时也可以帮助学生扩展记忆词汇。笔者利用思维导图,主要从三个方面讲解单词:词义、派生词、

---

① https://scholar.google.com/scholar? hl=zh-CN&as_sdt=0%2C5&q=mind+mapping&btnG=。

② https://scholar.google.com/scholar? hl=zh-CN&as_sdt=0%2C5&q=mind+map&btnG=。

③ http://kns-cnki-net-s.cncvpn.zjgsu.edu.cn:8118kns8defaultresult/index。

同义词。英语单词虽然很多,但如果能够结合词根、词缀来直观地呈现单词,那么就能够大大提高单词记忆和联想的效果。例如图1中的两个单词:domesticate 和 insulate。在思维导图中分别列出了 domesticate 的词义,以及根据词缀派生出的其他具有相同词源的词。insulate 除了词义、派生词以外,还介绍了它常见的同义词,这样既复习了学生已经熟悉的词,也加深了他们对 insulate 这个词的印象,同时还可以根据该词的词义,结合当下新冠肺炎 covid-19 需要将病人隔离的情况,这个单词可以用来表示中文中"隔离"的含义。

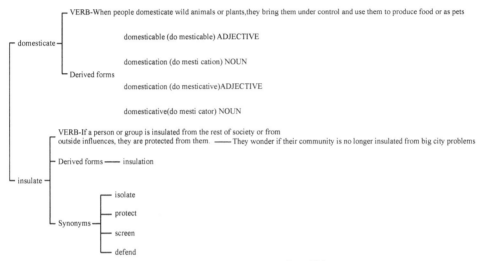

图1   insulate/domesticate 拓展讲解

正如语言学家约翰·肯尼迪所说:"词根及其所包含的意义是整个英语的基础。"(转引自郝扬,2018)词根、词缀恰如大树的树根,单词好似树叶。思维导图就好像一棵长满了枝条的大树,能够形象而又清晰地呈现词汇间的关联性,方便学生记忆和拓展词汇。

在课堂上用这张图展示英语单词,不仅可以帮助学生学习单词,课后还可以把这张图放在学习通(泛雅)课程平台上,作为学生复习单词的材料。学生在课后可以利用手机和电脑回顾当天的单词知识点。与此同时,鼓励学生也可以按照类似的方法自己画思维导图。图1是用免费的"百度脑图"在网上在线生成的,可以随时通过手机或者电脑访问网络查看,给听力学习提供了很大的方便。

(二)思维导图在听力教学中文化背景知识介绍中的应用

众所周知,对一段听力材料的理解,除了和听力材料中的单词、语法知识密切相关外,还和被听的材料所涉及的相关知识有着重要的联系。在平常的学习中,建议学生对于自己的专业采用"learn everything of something",以掌握自己专业领域的全部知识为理想目标,而在专业知识之外,对于其他领域的百科知识,可以采用"learn something of everything",也就是百科知识都熟悉一些,虽然都不精通。有鉴于听力材料背景知识对听力理解的重要性,在进行听力练习之前,预先介绍材料的背景知识是完全必要的,一来可以减少学生听一段材料的盲目性,二来也可以拓展学生的知识面,增加听力课的趣味性。在这个方面,思维导图同样可以发挥重要的作用,它可以将文字、注释、图片和视频在一张图中整合起来,形成一个相互关联的整体。例如,本学期教材的第七单元笔者就利用 Xmind 专业思维导图(图2)制作软件画的思维导图来讲解文化背景知识,取得了良好的教学效果。

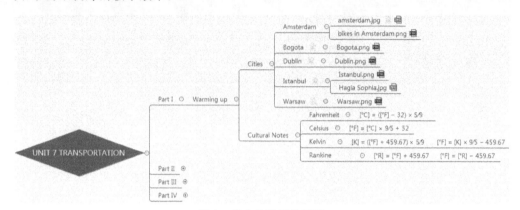

图2 第七单元思维导图

图2列出了该单元"Warming up"部分听力练习中所包含的几个国际知名城市的英语名称。利用 Xmind 软件的强大功能,图中黑色的部分是备注,用英语介绍了该城市的基本状况。在电脑上,如果用鼠标靠近备注,就会显示备注的内容,鼠标不移开,显示的内容就不会消失。每个城市节点下面都有 .jpg 文件,这些图片文件是城市的英语地图,可以帮助学生直观地熟悉这些城市的地理位置;如果课堂时间充裕的话,还会附上一两个城市的英语短视频,做到视频、图片和文字的完美结合。

在"Warming up"这部分听力材料中,还会涉及气温的温标问题。在听力材料中,学生将会听到大大超出我们中国人日常气温预期的数字,给听力理解带来困惑。为了排除理解上的障碍,非常有必要介绍西方人普遍使用的和我们中国人使用的摄氏温标不同的华氏温标。在思维导图中,笔者补充了其他几种温标的英语名称以及它们之间的换算关系,从英语学习的视角复习了学生在高中阶段已经掌握的物理知识。Xmind这个思维导图专业制作软件还可以将思维导图导出 Word 文档、Excel 表格、PPT 进行演示,非常方便,便于听力教学中文化背景知识的学习、总结和归纳。

(三)思维导图在听力文本材料解析中的运用

为了提升学生对听力材料的理解能力,厘清听力材料的逻辑结构在听整段文章的时候显得尤为重要,如此可以帮助学生在听材料的过程中抓住主要信息,忽略那些次要信息,因为阅读理解材料可以回头看,和阅读理解不一样,听力材料是转瞬即逝的。例如,本学期的第九单元 Part Ⅲ 的主题是"UN Peacekeeping Missions",这是一则新闻报道,在学生听这一则新闻之前,笔者用图3中的思维导图帮助他们梳理新闻的逻辑结构以及信息推进模式。

如图3所示,新闻开始的第1句通常是 News lead,也就是该新闻的导语。提醒学生,听懂开始的第1句非常关键,它通常是这个新闻的总括,关系到对新闻主题的理解。然后是"the current situation of the UN Peacekeeping Mission",相当于问题的提出,类

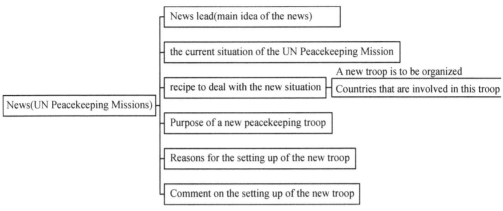

图3 第九单元思维导图

似于议论文中的提出问题,接着是问题解决的途径"recipe to deal with the new situation",这会涉及参加解决问题的国家。第4步,该新闻会谈及"Purpose of a new peacekeeping troop",也就是这样解决问题的目的。第5步新闻会谈及"Reasons for the setting up of the new troop",也就是这样做的原因。最后是"Comment on the setting up of the new troop",也就是新闻播报人对这个事件的评价。这张思维导图列出的基本框架和该则新闻所涉及的练习基本上是一致的。练习是听完新闻以后填空,在有限的时间里,要听懂并且记下每一个字是不现实的,把握新闻的主要信息是关键。教材中的练习如图4所示。

Summary:

This news report is about Mr Annan's view on the change of <u>the nature of UN peacekeeping missions</u>.

A New Peacekeeping Unit

Name: <u>High Readiness Brigade</u>

Countries involved: <u>Austria, Canada, Denmark, the Netherlands, Poland</u>

Purpose: <u>To provide credible and effective peacekeeping troops</u>

Reasons for the setting up of this unit: <u>Some critics of UN peacekeeping missions have said the troops often take too long to arrive and are often of insufficient number to do the job.</u>

图4 第九单元练习

三、思维导图在大学英语听力教学中的优越性

(一)思维导图的多媒体整合性

思维导图能够结合关键词、图片、视频、备注等手段,将多种媒体直观地整合在一起,表现内容直观,逻辑清楚,能够帮助学生清晰把握听力材料的重点,提高学生的注意力,也能提高学生练习英语听力的兴趣。相对于普遍使用的 PPT,思维导图的优势非常明显。PPT 在进行演示的时候,需要翻页,翻页以后,前面的内容就消失了,信息框架缺乏完整性和联系性,思维导图正好弥补了这个不足。

（二）思维导图的多平台方便性

思维导图除了手绘以外，在手机和电脑上都可以安装思维导图软件。在教师的指导下，学生可以画出方便自己学习的思维导图，不仅能够在练习听力材料的时候把握语义推进的逻辑，而且对学生自己的英语口语表达和写作也很有帮助，提升口语表达能力，提高写作水平。

（三）专业思维导图软件功能强大

Xmind、Mindjet Mind Manager 等专业的思维导图制作软件具有强大的功能，软件能将听力材料的所有要素直观地整合在一张图上，方便学生学习，也方便教师在课堂上进行操作，这相较于传统教学工具具有无可比拟的优势。

四、结　语

作为教学辅助工具，思维导图在大学英语听说教学中的作用是不言而喻的，它能帮助学生分析听力材料、培养解决问题和创造性思维的能力，它融多种媒体为一体，能够有效提高学生的听、说能力，随着学生听、说能力的加强，在读、写、译其他方面的综合语言能力也将得到综合和全面提升。

参考文献

[1] BUZAN，TONY. The Mind Map Book：How to use radiant thinking to maximize your brain's untapped potential[M]. New York：Plume，1993：150

[2] 郝扬. 思维导图在高中英语听力教学中的应用研究[D]. 南京：南京师范大学，2018.

[3] 张民伦，徐卫列. 英语听力入门 3000 Step By Step[M]. 上海：华东师范大学出版社，2017.

法学本科毕业实习课程的优化[①]

张　伟[②]

摘　要：法学本科毕业实习课程在卓越法律人才教育培养目标中具有重要地位，优化毕业实习课程以提升实习效果势在必行。具体措施如下：(1)优化"互联网＋"平台的运用，加强毕业实习的过程管理；(2)优化集中实习基地的数量和质量，开展明星集中实习基地建设；(3)优化毕业实习的组织管理，保障毕业实习的实践教学效果。

关键词：毕业实习课程；优化；"互联网＋"

法学是一门实践性很强的学科，大多数法学本科生毕业之后都将从事法律实务工作。毕业实习作为教学活动的重要组成部分，是对课堂教学的继续和发展，是实现理论联系实际、检验教学效果的重要途径。通过毕业实习，法科生可以更多地与法律实务接触，培养法律职业乐趣，发现和调整自身的缺点和不足，准确找到自身定位，形成符合自身实际的职业规划，端正求职态度，防止就业盲从。因此，毕业实习作为法学本科专业实习中最为重要的组成部分，效果良好的毕业实习课程是法学本科生毕业走向职场之前一次宝贵的实践历练。

一、毕业实习在卓越法律人才教育培养目标中的重要性

2011年，教育部在《关于实施卓越法律人才教育培养计划的若干意见》中态度鲜明地鼓励各地高校结合实际情况建设相应的法学实践教学基地，积极开展覆盖面广、参与性高、实效性强的专业实习，切实强化法学本科生的法律诠释能力、法律推理能力、法律论证能力以及探知法律事实的能力。

在"卓越法律人才"的教育培养中，实践应用型法律人才的培养乃是重点。法学本科教育是培养实践应用型法律人才的必要环节。如果说扎实的理论知识和良好的品德修养可以通过课堂讲授和自身努力实现的话，那么高超的法律职业技能的积累则更多地依赖法学本科实践教学，尤其是依赖于最为重要的毕业实习。毕业实习，为法科生提供了一个将法学理论知识转化为案件审理需要的实践知识的平台。

---

①　本文系浙江工商大学校级教学研究项目"法学本科毕业实习课程优化——以提升实习效果为中心"（编号：1100XJ0613001）的研究成果。

②　张伟，浙江工商大学法学院院长事务助理，特聘副教授，法学博士，研究方向为本科实习实践教学、民商法学。

教育部《"六卓越一拔尖"计划 2.0》已于 2019 年全面铺开。浙江工商大学法学院作为浙江省属高校中唯一的全国首批卓越法律人才教育培养基地,理当响应政策号召,进一步优化本科毕业实习课程,为培养德法兼修的复合式、应用型卓越法律人才而不懈努力。作者作为浙江工商大学法学院毕业实习课程的负责人,目前已全程负责了学院 2019 届、2020 届和 2021 届本科生毕业实习课程的实施。也正是基于此,作者通过对毕业实习课程实施过程的仔细观察和认真体会,再结合自身对于法学实践教学的认知,能够以此为基础来进一步优化本科毕业实习课程,有针对性地解决、改进毕业实习过程中存在的问题和不足,从而充分释放毕业实习课程提高法科生实践能力的功能,使毕业实习课程更好地具备锻炼本科生实践能力的功效,为学院培养德法兼修的复合式、应用型卓越法律人才的目标服务。

二、优化"互联网+"平台的运用,加强毕业实习的过程管理

当前,在学校教务处的积极倡导与大力推动之下,"互联网+"与毕业实习课程实现了深入对接,毕业实习课程的过程管理已基本完成了全互联网化,包括毕业实习项目的创建、毕业实习报名审核、毕业实习每日签到、毕业实习周日志的撰写等,均可在校友邦平台进行。校友邦平台的功能无疑是强大的,实践教学汇总、学生参与明细、实习过程明细、老师指导明细、签到统计汇总等的可视化,使毕业实习的过程管理变得一目了然。不过,校友邦平台在使用中仍存在着或多或少的不足,有必要进一步进行有针对性的优化。

第一,校友邦平台操作的用户体验有待进一步提高。尽管校友邦平台的功能强大,但是校友邦平台的操作流程具有一定的烦琐性,而烦琐的操作不仅会增加老师的工作量,也容易引发学生的抵触情绪,从而使校友邦平台难以最大化地提升毕业实习的效果。因此,学校应当积极收集校友邦平台的使用体验,及时向校友邦平台公司反馈,进而有针对性地进行操作流程的优化。

第二,确保实习周日志的真实性与监督效果。就实习周日志的撰写而言,校友邦平台的运用使周日志的撰写变得便利化和无纸化,不过也使得周日志的质量变得更加难以保证,因为通过网络进行粘贴、复制也变得更为容易。对此,应当细化对于实习周日志的内容要求与形式要求,使网络的粘贴、复制难以满足实习周日志的撰写要求。此外,也应当充分利用校友邦平台的便利性,指导老师在指导学生完成周日志撰写的同时,加强对周日志内容的检查。

第三,完善实习签到评价机制。在以往的毕业实习中,由于监督机制相对缺乏,学生迟到、早退的现象时有发生,很多时候指导老师甚至都被蒙在鼓里。如何对毕业实习的考勤进行有效的监督,一直是困扰毕业实习指导老师的难题。校友邦平台网络定位签到功能的应用,无疑彻底解决了毕业实习考勤监督的难题,对于提高毕业实习质量无疑大有裨益。但是,对考勤进行全程监督的同时,也应当避免实习签到评价机制的过犹不及。例如,由于部分学生难免粗心大意而导致遗忘签到,如果径直将遗忘签到认定为缺勤,则将出现部分同学因遗忘签到而毕业实习不及格的现象。因为根据法学院的毕业实习实施细则,毕业实习期间 3 次无故缺勤将直接判定毕业实习成绩不及格。此时,

在保证毕业实习网络签到权威性的同时,又能给予遗忘签到的同学以补救的机会就变得至关重要。例如,赋予遗忘签到的同学以申辩的权利,如果所在实习单位能够出具书面材料证明其毕业实习的到勤情况,则应当认定为未缺勤。不过,如果遗忘签到的同学过多,也势必会造成校友邦平台签到系统的失真,增加毕业实习管理的难度。因此,为了遏制遗忘签到的粗心大意之风,对遗忘签到适当地给予一定的惩罚仍有必要。

三、优化集中实习基地的数量和质量,
开展明星实习基地建设

在毕业实习中,集中实习的实习效果明显优于分散实习,提升集中实习占比,加强集中实习基地建设已成为优化毕业实习课程的重要措施。浙江工商大学法学院对于集中实习基地的建设无疑是非常重视的,近些年不仅先后建立了近 30 个集中实习基地,2021 届法科生超过 88％的集中毕业实习占比,也创造了历年来集中毕业实习比例的新高。但是,集中实习基地建设中的问题也是现实存在的,无论是集中实习基地的质量还是数量都有待优化。

第一,完善集中实习基地评价机制,防止毕业实习流于形式。实践中,共建集中实习基地时双方意愿都是好的,但是却难免会发生合作流于形式的情形。例如,法院、检察院等集中实习基地,工作人员自身的业务压力就已比较大,往往疏于对学生的管理和训练。根据部分学生的反馈,就有实习单位只是安排学生打印材料、装订案卷。因此,建立和完善集中实习基地评价机制显得非常重要,通过评价机制可以为学院后续是否与集中实习基地进一步深入合作提供重要参考。具体而言,为防止毕业实习流于形式,应当将评价标准量化为集中实习基地接受学生实习的人数、集中实习基地实习导师的数量和能力、实习中实践项目的安排、实习中实践项目效果的考核、集中实习基地设施的配备等多个方面,从而全方位保障毕业实习的教学效果。

第二,增加律师事务所在集中实习基地中的比例。可能是受到固有的"学而优则仕"思想的影响,曾经法科生就业往往唯公检法为第一优先顺位。不过,随着律师行业的日渐发展,律师职业社会认可度的越来越高,上述现象正在悄然发生改变,法科生中期望进入律师事务所进行毕业实习的比例也水涨船高。但是,学院在毕业实习基地的建设上,存在律师事务所在集中实习基地中比例偏低的问题。就目前的毕业实习需求而言,集中实习基地中律师事务所提供的实习岗位已然不足,尤其是杭州区域内 TOP律所的实习名额就更显不足,亟待补充。根据相关调研,法科生对于进入浙江天册律师事务所、浙江六和律师事务所、浙江泽大律师事务所、浙江金道律师事务所等 TOP 所实习的需求甚为强烈,而浙江工商大学法学院的学生也有实力胜任 TOP 所的实习要求和压力。

第三,拓展集中实习基地的类型,令毕业实习更加多元化。当前,集中实习基地的类型还较为单一,基本为传统的法学实习基地,例如法院、检察院和律师事务所等。为了更好地推行"卓越法律人才培养计划",培养实务型、应用型的法科生,学院在实习基地建设上应顺势而为,吸纳政府法制部门、公安局、司法局、劳动争议仲裁委员会、消费者权益保护组织、企业法务部门、公证处、法律援助中心等作为毕业集中实习基地。

第四,拓宽与集中实习基地的交流渠道,开展明星集中实习基地建设计划。学院应当积极与集中实习基地形成有效的互动交流与合作。在毕业实习前,安排集中实习基地为学生举办专题讲座,聘请集中实习基地单位经验丰富的工作人员作为法学院的兼职教师,鼓励法学院教师深入集中实习基地,了解实际情况,与集中实习基地人员携手合作搞科研,使得法学研究植根于司法实践之中。学院应当积极制订明星集中实习基地建设计划,巩固现有集中实习基地的质量,淘汰不适合接收实习生的集中实习基地单位,把集中实习基地建设从追求数量向提高质量转变,联合建设一批明星集中实习基地,以达到良好的示范效应。

四、优化毕业实习的组织管理,保障毕业实习的实践教学效果

基于对2019届、2020届和2021届法科生毕业实习的观察,法学院在毕业实习的组织管理上虽然已相对完善,但仍存在着一些不足,具有进一步优化的空间。

第一,须重视实习动员对毕业实习的促进作用。从一些实习单位的反馈中得知,部分毕业实习生表现得较为内向,与实习单位工作人员的交流缺乏主动性,也没有展现出法科生本应具备的写作能力和业务能力。然而,毕业实习生的上述失常表现,却并非基于其主观上的消极不作为。通过与毕业实习生的事后交谈可知,往往是因为他们初次接触职场,短时间内不知所措、无法适应。因此,在毕业实习动员中,必须向毕业实习生强调态度积极的重要性。毕业实习生作为职场新手,常常会受到陌生、胆怯等各种因素的影响,在毕业实习中显得被动而非主动,导致最终无法取得良好的实习效果和实习评价。

第二,严格审查分散实习申请,杜绝"作假实习"。长期以来,关于毕业实习仅是流于表面的质疑,很大一部分原因就源自毕业分散实习所导致的"作假实习"。因此,基于毕业实习对于锻炼学生实践能力的重要性,一定要杜绝部分学生试图借助"分散实习"之名行"作假实习"之实。相比于分散实习,集中实习能够更好地实现毕业实习的预期效果已是共识。因此,应当严格限制学生自行联系实习单位进行分散实习,且要严格审查分散实习单位,其必须是生产经营状况良好、管理制度规范比较齐全的单位。此外,学院也应当积极创造条件,增加集中实习基地的数量,使集中实习基地所提供的实习岗位能够全面覆盖毕业实习生人数,从而在根本上杜绝"作假实习"的可能性。

第三,选派实践经验丰富、责任心强的实习指导老师。实习指导老师的称职与否,对于毕业实习能否达到预期效果同样至关重要。实习指导老师向毕业实习生所传授的实践经验、对毕业实习生所进行的实习教导,有助于毕业实习生快速进入毕业实习的正确轨道。然而,不得不面对的现实是,毕业指导老师已然承担了学校较重的教学科研压力,对于指导好毕业实习生很可能会力不从心。因此,学院应当适当调整课程设置与评价机制,让毕业指导老师有足够的时间和精力去从事毕业实习的指导工作;细化实习指导老师的管理细则,选派与实习基地熟悉、工作认真负责的教师担任实习指导老师,且集中实习应按不高于20∶1的生师比配备实习指导老师,防止实习指导老师精力过于分散,难以实现良好的毕业实习指导效果。

参考文献

[1] 习近平.在全国劳动模范和先进工作者表彰大会上的讲话[J].党建,2020(12):4-7.

[2] 李世辉,李香花."产教融合"背景下大学生实习平台构建及其运行机制研究[J].大学教育科学,2020(4):70-78.

[3] 金劲彪,郭人菡.毕业实习大学生劳动权益保护的法理反思:基于各层次利益衡量的视角[J].教育发展研究,2020,40(3):67-75.

[4] 倪素香.大学生实习易陷入哪些误区[J].人民论坛,2019(14):112-114.

[5] 蔡红建.大学生实习切勿眼高手低[J].人民论坛,2018(24):113-115.

[6] 习近平.在北京大学师生座谈会上的讲话[J].中国高等教育,2018(9):4-6.

[7] 徐国正,张坤,曹璐.中英高校大学生实习制度的比较与启示[J].大学教育科学,2017(6):106-110.

[8] 张秀峰,高益民.美国法学教育中专业学位与学术学位人才培养模式比较研究——以耶鲁大学法学院法律博士和法学博士培养为例[J].学位与研究生教育,2015(9):64-69.

[9] 陈伟.规范化法学教育实习基地的改革与完善[J].河南财经政法大学学报,2014,29(6):121-129.

[10] 王玉薇.实习是培养法学实践能力的重要途径[J].教育探索,2014(4):50-51.

[11] 李隆琼.法学专业实习基地建设与专业实习研究[J].教育与职业,2013(27):159-160.

[12] 沈玉忠.法学实践基地建设研究[J].北京工业大学学报(社会科学版),2012,12(2):75-80.

[13] 梅锦.诊所法律教育模式在法学专业教学实习中的应用——以重庆大学法学院为例[J].中国大学教学,2011(11):77-78.

实践教学篇

SHIJIAN JIAOXUE PIAN

大学文科生专业著作阅读的现状与对策研究

——基于公管学院学生阅读数据的实证分析

吴雨欣[①]　王　铭[②]

摘　要：文科学生能力的培养需要学生阅读大量的专业书籍，然而通过对公共管理学院学生阅读状况的调查研究，发现在既定考核规则法则和外在环境的压力下，学生的阅读积极性被挤压，总体的阅读量严重不足。因此，采用灵活的课程考核方式，建立课程专题阅读小组，为学生阅读提供专门的讨论交流场地，尽最大可能给予师生阅读的时间和空间，是解决这一问题的可行对策。

关键词：文科学生；专业著作；阅读

大学文科教育的使命是为社会培养善于观察和思考、拥有良好认知能力的人才，浙江工商大学公共管理学院的专业都属于文科类专业。文科学生思维能力培养的重要基础是专业著作的阅读，但是在以发表论文、参加比赛作为评价机制的环境下，专业书目的阅读被弃之如敝屣。因此，亟待反思和提出相应的解决对策。

一、专业著作阅读对文科生发展的重要意义

专业著作的阅读有多种益处。首先，可以扩展学生知识背景。复旦大学中文系教授汪涌豪认为，通过网络媒介认识世界有时只能是肤泛和支离破碎的，而阅读能深层次认识世界。其次，可以促进学生写作水平的提升。人文社科的专业著作都是历史的经典、人类知识的结晶。这些作品不仅语言严谨、条理清晰，论述逻辑也无可挑剔。通过大量阅读，有利于学生熟悉写作的基本逻辑。最后，可以培养学生的独立思考能力。在阅读的过程中，学生必须和作者一同思考，一同了解广阔的社会背景。这个过程极大地考验和锻炼着学生的专注力、耐力，启发学生对学术问题的思考能力，避免产生思维的惰性。阅读思维过程如图1所示。

---

① 吴雨欣，浙江工商大学公共管理学院副教授，博士，研究方向为中国人大制度和美国议会制度。
② 王铭，浙江工商大学公共管理学院学生。

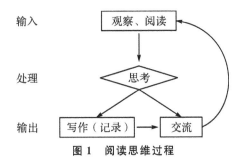

图 1 阅读思维过程

二、浙江工商大学公管学院学生阅读状况调查分析

(一)调查方法概述

本研究以公共管理学院为实例,采用访谈法和问卷调查法获得第一手资料。访谈对象共计 40 人,均为本科生。问卷调查于 2021 年 5 月通过微信群发放,问卷人数共计 68 人。参与调查的学生来自三个年级,以大二同学为主体,人数占比为 81% 左右,具体如图 2 所示。

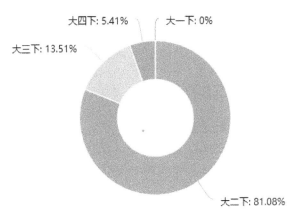

图 2 调查群体情况

问卷中将阅读书目分为五类:第一类是类型文学(流行消遣文学),如官场、职场、侦破、玄幻、穿越、财经、励志、校园小说;第二类是工具书和实用类;第三类是纯文学;第四类是历史类;第五类是专业理论性著作,比如法学、政治学、经济学、社会学、哲学、心理学等。

(二)调查结论

1.愿意阅读专业著作的同学不到 30%

问卷关于阅读偏好的统计表明,主观意愿上超过 86% 的同学更愿意阅读消遣文学,仅不到 30% 的同学愿意读专业理论性著作,如图 3 所示。

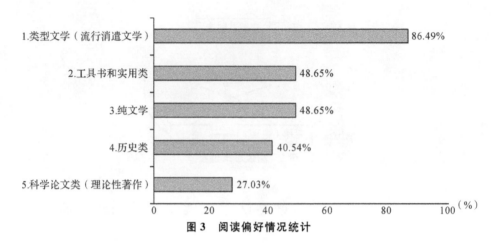

图 3　阅读偏好情况统计

2. 当前正在阅读专业书目的同学不足 25％

调查显示，正在阅读工具书和实用类作品的同学接近 46％，消遣类作品超过 60％，理论类作品不到 25％。此统计结果与阅读偏好具有一致性，如图 4 所示。

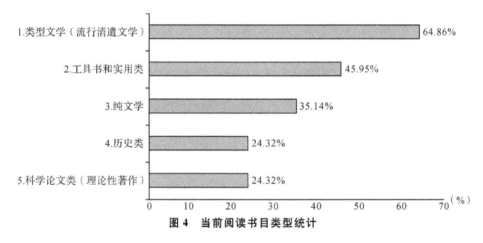

图 4　当前阅读书目类型统计

3. 平均每学期阅读 2 本专业书目

问卷中对于阅读量的调查显示，学生在读的各个类别的书目平均数量从图 5 可看出，对于已经入学 4 个学期的大二学生，平均每学期阅读约 2 本理论性著作、3 本实用类作品，这与公共管理类培养人才的目标和要求相去甚远。

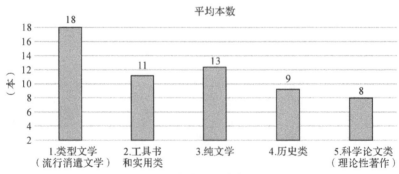

图 5　平均每学期阅读书目数量

三、专业书目阅读不足的原因分析

以上问题在各文科学院都普遍存在,基于浙江工商大学公共管理学院的情况分析发现,学生阅读不足是由多种原因造成的。

(一)学校综测的考核导向缺乏对学生阅读的引导

学校综测在学业成绩计算中权重大,并与入党推优、评奖、保研考研、出国留学等挂钩,是学校激励学生的一种极其重要的手段。目前公共管理学院对学生的综测资源配置导向从根本上不符合鼓励学生扩大阅读量的要求,没有引导学生观察、阅读、思考的作用。学生常常抱怨,形式主义的团建活动有加分奖励,但能够激励学生阅读的活动却寥寥无几。

(二)八股式的课程论文考核难以激发学生阅读热情

关于期末论文,其初心是训练学生的学术规范,然而后来渐渐成为一种新八股。一般期末论文的字数在 3000—5000 字之间,要求全套的论文参考格式,包括引用文献。然而,多数期末考核给定的论文主题过于空泛,学生仅凭教科书、知网论文和少得可怜的理论性著作的阅读量,如何能写出好的论文?课程论文不该是凑字数和将多篇论文东拼西凑而成的表面华丽但毫无个人思想的"方便面"式文章,而应是建立在大量学生专业阅读基础上的个人思考。列奥·施特劳斯和约瑟夫·克罗波西认为,读加工过的二手文章只能是了解到一种意见,但没有知识,意见无法超越知识。在某一领域没有对大量经典作品进行阅读,是没有理解能力也没有资格去撰写论文的。学术论文从来不是速成的。

(三)学业压力使学生重视学术竞赛而轻视阅读

学生的学习时间有限,为使学习效果最大化外显,倾向于重视竞赛而舍弃出成果相对较慢的阅读。因为学术竞赛的产出和投入非常清晰,一旦成功能够在短期内取得巨大的学业收获,而专业著作的阅读却很少有评价机制或各类比赛做支撑,学生阅读的成果很难在学业中迅速体现,因此学生难以静心读书,并由此导致负面循环。浙江省第十七届大学生"挑战杯"中公管学院学生成绩斐然,值得庆祝。但学术竞赛、奖励宣传终究只是少数学生的狂欢。大学的确需要精英,但是决不能把少数精英的养成宣传为普惠教育的成功,少数学生的成功无法掩盖大多数文科学生专业书目阅读量的贫乏。

(四)教师缺乏指导学生阅读的内在动力

公共管理学院教师的评价主要是以论文和学术成绩来决定,指导学生阅读的业绩既无法衡量也难以在短期内得到体现,因此教师没有动力在指导学生阅读上下功夫。韦伯在《科学作为天职》中也有类似观点:一位杰出学者可能是个糟糕透顶的教师。如果仅仅以可视的发文数量或质量来给予其较高的评价权重,则是懒惰和不负责任的评价方法,即教师的学术水平高并不代表其使得学生受益多。当前对教师指导学生阅读提供更多物质和精神激励势在必行。

四、促进学生阅读的对策分析

(一)建立灵活的课程考核方式

鼓励多样的课程考核方式,课程论文由强制转为可选,可用经典专业书目的读书报告替换课程论文。

1.书籍选择

在课程开始前由教师指定或者学生自选一本或多本,经过教师同意后可作为考核书目。

2.书籍内容

读书报告的内容不仅仅是介绍书的内容,而是将读书感悟与个人经验、经历、周围环境、社会事件联系起来加以论述,需要强调论述逻辑。

3.评分标准

观点的逻辑性、深刻性、批判性、新颖性,阅读书目的总字数、书目数量、难度评级,明显有抄袭或者照搬原文而无个人感悟和运用分析的应赋零分。由此学生必然会认真对待专业书目阅读这一考核方式。

(二)鼓励学生自主建立课程专题阅读小组

公管学院的每个班级都有自己的读书会,但是读书会的内容不受限制,现实中大家阅读和交流的都是一些畅销书和文学作品,对专业书目的交流非常少。因此,结合不同课程建立专门的课程阅读小组有着现实的迫切性。应星教授在其轰动一时的博士论文《大河移民上访的故事》中曾特别提到,该论文不仅得益于两位老师苏国勋和孙立平的指导,还受惠于口述史小组和理论读书小组两个学术共同体;在《如何阅读一本书》中,艾德勒提到"主题阅读"的概念,即同时阅读关于某一主题的多本书。尽管此书并未提到和他人在小组中交流,但其原则还是可以借鉴到阅读小组中的,即关于某一主题的讨论应该要形成多种意见,专业书目阅读小组恰好提供了这样的机会。

课程专题阅读小组由学生依据个人兴趣自愿组队,由授课老师提供学术指导。阅读经典过程中,势必会遇到许多难题,老师指导可以解答一些技术性问题。老师在这个过程中和学生讨论,自然也可以获得新的想法和信息。阅读的点滴思考对于文科生学习来说是至关重要的。文科生能力和水平的提升,只能是日积月累地阅读大量专业书目的结果。

(三)为学生阅读提供专门的讨论交流场地

阅读地点需要有特定场所支持,建议图书馆专门划小片阅读专区,要求无键盘打字,或者将某教室专门用于阅读。若此建议开展,学生积极响应,须收集学生意见以设定阅读区域位置和面积。室外开放区域、讨论室必须专用于讨论交流,禁止自习和占座等等。

目前,校园内非常缺乏学生阅读和交流之处。A、B、C教学楼之间的两条走廊原本未装修前可用于背书、讨论,装修之后反而成为一个新的自习地点。事实上学校并不缺乏这五六十个自习座位,但极其缺乏讨论交流之处。各个教学楼内的讨论房间,由于只有8个座位,同样也转化为自习室。学校对于学生讨论的专用空间一直都没有保障,缺乏阅读环境和氛围。努力扩充学生的阅读讨论空间并建立网上预约机制,势在必行。

<h1 style="text-align:center">五、结　论</h1>

习近平同志以人民为中心的发展思想强调的就是,发展为了人民是根本立场,发展依靠人民是方法论,发展成果由人民共享是价值观。此原则迁移到大学中,发展依靠学生变为依靠指导学生完成考评任务;发展成果由学生共享,变为业绩成果由学校共享,负面代价由培养质量承担。文科生培养轻视阅读的局面必须立刻扭转,刻不容缓。搞教育不是搞经济,更不是搞工厂管理,不能把学生当成标准化、理想化的机器零件。短平快的错误考核标准往往只能"揠苗助长"——让全体师生配合演戏,教师得奖励,学生拿学分、荣誉。做符合规律的事儿,做师生真正需要的事儿,创造良好的阅读环境和培养学生阅读兴趣,才是提升文科生培养质量的百年大计。

参考文献

[1] 汪涌豪.经典阅读的当下意义[J].学习月刊,2012(11):13-15.

[2] LIUZ. Reading behavior in the digital environment:Changes in reading behavior over the past ten years[J]. Journal of Documentation,2005,61(6):700-712.

[3] 王秉阳.国家卫健委调查:全国儿童青少年一半以上近视[EB/OL].(2019-04-29)[2021-05-20]. http://www.xinhuanet.com/politics/2019/04/29/c_1124433496.htm.

[4] 斯科特·扬.如何高效学习[M].程冕,译.北京:机械工业出版社,2013:62.

[5] 列奥·施特劳斯,约瑟夫·克罗波西.政治哲学史[M].3版.李洪润,等,译.北京:法律出版社,2009:8.

[6] 李猛.科学作为天职:韦伯与我们时代的命运[M].北京:生活·读书·新知三联书店,2018:9.

[7] 李沛,顾东蕾,邹涛,等.基于社会网络分析的本科生社会科学潜在阅读兴趣小组挖掘探析——以中国药科大学为例[J].农业图书情报学报,2021,33(3):78-89.

[8] 应星.从"讨个说法"到"摆平理顺"[D].北京:中国社会科学院研究生院,2000.

[9] 莫提默·J.艾德勒,查尔斯·范多伦.如何阅读一本书[M].郝明义,朱衣,译.北京:商务印书馆:北京,2016:273-278.

[10] 付海莲,邱耕田.习近平以人民为中心的发展思想的生成逻辑与内涵[J].中共中央党校学报,2018,22(4):21-30.

基于案例分析的互动教学
在固体废物处理与处置工程教学中的应用

古佛全[①]　龙於洋[②]

摘　要:互动教学在提升学生发现寻找、分析和解决问题的能力和方法等方面起到了重要作用。本文以固体废物处理与处置工程教学为对象,从特点、优势、教学流程、实际效果等方面探讨基于案例分析的互动教学。实现基础课程与实践的融合,有效提升学生的工程实践能力。

关键词:案例分析;互动教学;固体废物处理与处置工程

大学高等教育与中小学基础教育在教育性质、教育目标和教育对象等领域均存在重大差异。特别是专业课程,较为枯燥晦涩,如何使学生牢固掌握枯燥晦涩的知识点,是值得教师思考的问题;同时,如何利用有限的课堂时间将理论教学与实践相结合也是值得探讨的问题。理想的大学课堂,绝非老师口若悬河地将书本知识阐述得淋漓尽致,而应强化互动,在互动中提高学生发现寻找、分析和解决问题的能力和方法。互动教学能够更好地传递给学生人文精神和批判精神,帮助他们学会独立思考。在别人说完自己的观点后,去逻辑地分析他的道理,然后再从他的道理中发现问题和漏洞,再针对其问题提出自己的意见和观点;同时,这对于提升学生学习热情及掌握巩固知识点均具有极其重要的作用。本文以案例分析作为互动教学载体,应用于固体废物处理与处置工程教学中,并取得良好的教学效果。

一、互动教学基本情况

互动教学是指教学过程中教学参与者之间在交往、交流、合作、对话的情境中,教师为配合学生学习而不断引发教学活动,学生又不断反馈和调节教学活动以满足自身学习要求,完成教学任务、实现教学目标的一种教学状态。事实上,互动教学不仅注重教师与学生间的交流,也注重学生与学生间的双向和多向交流。该教学法的设计流程,始终强调教师与学生共同完成教学的各个环节,分工明确,目标一致,既确保了学生在教学过程中的主体性作用,又强调了教师在每一个环节的控制力,从操作、流程、控制的每

---

①　古佛全,浙江工商大学环境科学与工程学院讲师,博士,研究方向为固体废物资源化利用与处理处置。
②　龙於洋,浙江工商大学环境科学与工程学院教授,博士,研究方向为固体废物资源化利用与处理处置。

一步都任务明晰、环环相扣,有利于课堂教学的顺利进行。

基于案例分析的互动教学法在理念、设计、实施上具有人本性、科学性、实践性的主要特点。所谓人本性,是指强调人的价值至上。基于案例分析的互动教学的人本性,体现在坚持学生的"主体性"、教学方法的人性化、教学目的的人性化。基于案例分析的互动教学的科学性是指它以科学理论为依据,以科学实践为基础,坚持从学生的发展特点和认知规律出发,以逻辑严密的实施步骤为载体,真正让学生融入课堂教学之中。基于案例分析的互动教学法倡导把理论与实践相结合,将课本知识与工程实践相结合,锻炼学生解决实际问题的能力。

二、基于案例分析的互动教学
在固体废物处理与处置工程教学中的应用

固体废物处理与处置工程是环境工程专业的一门专业核心课。通过本课程的学习,学生掌握固体废物的基本概念、理论,处理处置的基本方法和技术,具备固体废物处理处置所需的基本工艺、设备选型、环境规约等基础工程和设计知识,对典型固体废物的污染过程和治理进行合理的工艺分析和过程控制;能够灵活运用所学固体废物处理处置技术方法,结合实际问题,尤其结合国家"无废城市"等最新战略,以科学的发展观推陈出新、举一反三,具备从事固体废物污染治理工程的基本专业分析和设计能力,提出合理的解决固体废物处理处置复杂工程问题的方案;能够针对具体的固体废物工程化案例或环节,从资源、环境、经济和社会等角度进行综合分析和评价;具有利用固体废物处理处置相关的工程管理、商务管理和经济决策等基本知识进行工程项目管理的基本能力;具备可持续性从事固体废物处理处置的工程化思维和能力,在固体废物处理处置工程实践中理解和执行其应承担的社会和专业责任,具有明确的设计规范意识和工程质量意识,并转化为工程职业道德和规范,引导形成正确的人生观与价值观。

总体来说,固体废物处理与处置工程是一门原理性、工程性很强的课程,单方面的讲授很难让学生理解学习的知识及其应用领域。因此,基于案例分析的互动教学法被探索提出,以进行教学改革,提高类似于固体废物处理与处置工程等专业性强的课程学习效果。

基于案例分析的互动教学法的每一个环节都具有逻辑性和系统性,各个环节在具有明确任务的同时,相互依赖,具体流程如下。

(1)合理选题。首先,教师布置的案例分析应紧扣教学大纲,符合教学进度;其次,选题还应该让学生感兴趣,有讨论空间,能够调动学生积极性完成案例;最后,选题要与实际工程应用相关,难度要适中,让学生在完成作业的过程中,具有强烈的成就感。例如:浙江工商大学环境科学与工程学院"固体废物处理与处置工程"课程前五章讲述的内容分别为固体废物概论、城市生活垃圾的产生与性质、城市生活垃圾的存放与收运、城市生活垃圾的预处理和厌氧消化。在学完前五章内容之后,学生对于城市生活垃圾的性质及处理方法均有了一定了解,此时,教师布置的案例分析是"餐厨废弃物厌氧消化处理工程可行性分析"。此案例分析可以很好地让学生巩固此前学习的城市生活垃圾的性质及处理方法有关知识,让学生将学习到的有关城市生活垃圾的知识运用到具

基于 OBE 理念的环境工程虚实结合实验平台
建设模式的改革[①]

宋英琦[②]　江博琼[③]　王国琴[④]　张　轶[⑤]　陈　婷[⑥]　龙於洋[⑦]　沈东升[⑧]

摘　要:改革环境专业实验平台建设管理改革模式,建设虚拟仿真实验平台,为新工科环境工程类实验平台建设提供建设新思路以及更优化的模式。通过推进各实验课程进行相应实验的验证,设计开放性的实验内容,并将对应知识点带入工业实际工况,开设不设标准答案的虚拟实验,培养学生发现问题、解决问题的能力。

关键词:OBE 理念;虚拟仿真;虚实结合

随着工业的发展和城市化进程的推进,确保环境的可持续能力已被列入联合国千年发展目标。环境问题的复杂化、交叉化和综合化演变,对环境类方向人才培养提出了新的要求,传统知识和技术已不能有效解决当前复杂的环境问题和由此引起的健康和生态风险。创新能力强、工程实践能力强、具备国际竞争力的高素质复合型的"新工科"人才培养需求呼之欲出,已成为目前我国环境类高等工程教育培养的重要目标。

在新工科教育背景下,如何培养具有实际动手能力的高层次人才成为每一所新建本科院校面临的巨大挑战,实验室在高质量的人才培养体系中发挥着越来越重要的作用。实验室是学生真正掌握专业知识技能的必经环节,实验是应用型人才培养的重要途径,高水平的实验管理与教学模式是应用型人才源源不断输出的重要保证。

浙江工商大学环境科学与工程实验教学中心致力于实验教学管理模式探究,改革建设实验室,探索多模式实验教学,通过结合建设线下平台与线上平台,教师在教学理念、课堂教学模式、实验教学平台建设等多方面积极开展改革探索,尤其在虚拟仿真教改方面取得新突破,基于"巩固基础性训练实验"的三阶梯教学内容,在规定动作基础上,与时俱进,完成了一系列特色"自选动作",不同层次推进创新型、复合型、应用型人才培养。

①　本文系浙江省环境科学与工程实验教学示范中心重点建设项目立项校级教学项目(编号 1260XJ3119003—01)的研究成果。浙江省高校实验室工作研究项目(编号 2D202004)。
②　宋英琦,浙江工商大学环境科学与工程学院实验师,硕士,研究方向为环境实验检测技术。
③　江博琼,浙江工商大学环境科学与工程学院实验师,硕士,研究方向为环境实验检测技术。
④　王国琴,浙江工商大学环境科学与工程学院教授,博士,研究方向为大气复合污染控制理论与技术。
⑤　张轶,浙江工商大学环境科学与工程学院实验师,硕士,研究方向为环境实验检测技术。
⑥　陈婷,浙江工商大学环境科学与工程学院实验师副教授,博士,研究方向为固体废物资源化利用与处理处置。
⑦　龙於洋,浙江工商大学环境科学与工程学院教授,博士,研究方向为固体废物资源化利用与处理处置。
⑧　沈东升,浙江工商大学环境科学与工程学院教授,博士,研究方向为固体废物资源化利用与处理处置。

一、巩固基础性训练，实验教学考核虚实结合

环境新工科人才应具备专业知识内容，包括大气污染控制、水污染控制、固体废物处理与处置、噪声控制等，需要熟练无机化学、分析化学、有机化学、物理化学、仪器分析、环境工程原理、环境微生物等相关的基础技能。

基础性实验教学内容改革的重点在于培养学生科学研究态度，熟练应用实验技能解决复杂工程问题。实验教学内容偏重基础实验技能训练，需要学生实际动手不断重复训练，实验中心实际建设有环境基础化学实验室、仪器分析实验室等，配套各类检测仪器设备以及实验装置，满足学生2人/组的设置，保障学生操作能力的训练，现有专业基础实验线下平台见图1。

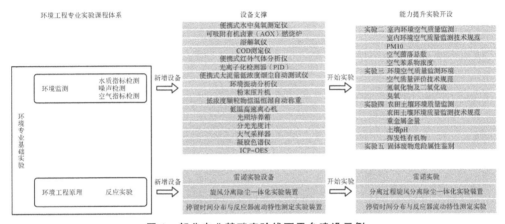

图1 部分专业基础实验线下平台建设示例

实验教学中心目前环境工程原理实验、环境监测实验、仪器分析实验、有机化学实验、无机分析化学实验以及物理化学实验共计6门实验课程都在实验教学内容中增加了虚拟仿真实验再设计，基础知识与专业知识相结合，虚拟仿真实验用于课前预习以及实验过程考核，使用学院自建的虚拟仿真实验平台（http://119.23.40.38:17200/juoprt），根据虚拟仿真实验数据分析了解学生技能掌握以及应用情况。中心已建部分基础虚拟仿真实验软件，见图2。

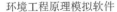

环境工程原理模拟软件　　有机化学实验虚拟仿真软件　无机及分析化学实验虚拟仿真软件

图2 部分专业基础实验虚拟仿真实验软件

二、强化综合性开放实验、实验环节虚实结合

环境实验教学中心专业核心实验课程"大气污染控制工程实验""水污染控制工程实验""固废处理处置实验"都在不断进行实验内容的改进,进行探索性和综合性实验的训练,目标为培养学生掌握"解决复杂工程问题"中可能涉及的过程原理、研究方法、实验手段及典型污染控制技术单元,侧重培养复杂问题分析、研究和自主学习的能力。例如,大气污染控制工程实验在原先袋式除尘、湿式填料脱硫脱硝实验基础上,增加了大气污染控制工程实验安全问题及烟气脱硫脱硝的虚拟仿真实验等,与目前国内主流专业技术结合,保证技术创新教学内容。中心现有专业实验课程线下平台建设项目,见图3,部分已建专业虚拟仿真实验软件。

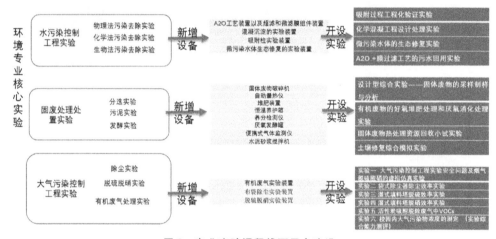

图3 专业实验课程线下平台建设

三、创新开放,实验设计虚实结合

实验中心鼓励开设开放性、创新性的实验,利用国家虚拟仿真实验项目资源有针对性地拟定相应可选的实验项目群以及应用方案。通过综合性和自主设计实验及创新实验,学生的创造性和创新能力得到了培养,通过虚拟仿真实验与各类实验教学相结合,充分发挥"虚实结合"特色,提升教学厚度、拓展教学广度。

以龙於洋教授为首设计的国家虚拟仿真实验教学项目"生活垃圾蓝色焚烧处理虚拟仿真实验"实验聚焦于垃圾焚烧关键模块处理工艺及二次污染控制包括废水、废气等处理的自主设计、自由构建、实时反馈及及时优化,在"不设标准答案"的模式下自定义实验工艺流程,实现以学生为核心的自主探究式学习,充分激发学生创新意识、训练科研思维、培养动手能力。如图4所示,该实验作为国家虚拟仿真实验教学项目,除支撑实验中心实验教学开展以外,同时响应教育部关于疫情期间在线教学组织指导意见,面向高校在校大学生提供在线实验学习资源,为社会学习者提供科普教育虚拟现实学习渠道。

图 4　综合性虚拟仿真实验

四、结论与展望

环境科学与工程实验教学中心秉承理论课程在线教学管理的理念制度,对实验教学同样严控质量,支持线上线下实验课程的建设,确保实验线上线下教学有机结合不脱离。

实验中心线上线下平台建设经受住了新冠肺炎疫情的考验,顺利完成了环境科学与工程学院所有专业的 19 门独立实验课程 160 个实验实践教学任务,累计完成 1498 次合计 49372 人学时的实验教学,为常态化疫情防控及不可预期的突发状况下实验教学有序进行积累了宝贵经验。

本实验平台教学模式改革的探索,从实验项目、实验考核、实验建设等方面多维度提供管理方案及思路,最终实现资源管理智能化、业务流程规范化、实验管理网络化,以期更有效地推进虚实结合的实验平台的开放及应用。通过推进各实验课程合理设计教学内容,在实践学习中贯彻以学为中心,注重解决实际问题能力和创新意识的培养,夯实学生求实的工程实践素养。本模式有望使学生在毕业时具有较扎实的知识运用能力和实干精神,具备一定的自主获取知识和应用知识的创新能力等新工程师潜质,以助力工程教育论证标准的环境专业人才培养目标的实现。

参考文献

[1] 陈豆.环境工程专业实验教学改革与创新的思考[J].教育现代化,2019(23):43-44.

[2] 黄晓丹,黄建辉,李章良,等.应用转型背景下环境监测实验课程改革探索[J].广东化工,2019,46(2):248-249.

[3] 李夕耀,王淑莹,曾薇,等.基于工程教育专业认证的环境工程实践教学建设[J].中国现代教育装备,2017(23):27-29.

[4] 高丹,林静雯,王英刚."实操结合模拟仿真"模式在环境工程专业实验教学中应用[J].高教学刊,2018(2):113-115.

[5] 吴燕红,曹斌,任华堂.仿真软件在民族院校化工实验教学中的应用[J].实验技术与管理,2010(11):118-119.

只有少部分学生(19.4%)知道《红楼梦》英文全译本。这个情况在前期制作问卷的时候也预计到了。作为本次调查重点,问卷中配有外文社出版的杨译本封面和英国企鹅出版社的《石头记》封面。杨译本封面以红色作为主要色调,配图是宝玉和黛玉的人物工笔画形象,书名 A Dream of Red Mansions,作者署名 Cao Xueqin, Gao E,出版社是 Foreign Languages Press。《石头记》封面图片部分是雍正十二屏风之一的古画,色调偏黄,图片上是一位满族贵妇"消夏赏蝶",作者署名 Cao Xueqin,书名 The Story of the Stone,出版社 Penguin Classics。大多数学生(76.1%)被企鹅出版社封面吸引,主要原因是"整体色彩"(67.2%),其余分别因为"配图人物"(25.4%)、"英文标题"(6.0%)、出版社名称(1.5%)。从原因着手分析,学生对封面的喜好主要从审美角度出发,出版社本身的声誉对他们的影响较小。

(二)"译出去"需要尊重受众接受方式,也需要创意

在向留学生朋友介绍《红楼梦》时,学生提及率最高的词是"中国"(另有 China、Chinese 等英文同义词),其次是"四大名著"和"经典"(包括 four、famous、classic 等同义英文表述),接着是"爱情故事"(包括 love、story 等英文表述)。具体词频见图 1。

图 1 向留学生朋友介绍《红楼梦》时用词的词频图

在记录学生如何向留学生朋友介绍《红楼梦》时,有学生这样说,"如果你喜欢看《傲慢与偏见》,你就不能错过她","《红楼梦》拥有值得感受的凄美爱情故事,还有异常耐人寻味的神话传说,可以让你对中国有不一样的了解和看法","中国古代精选玄幻大型家庭推理伦理爱情悲剧","中国的《罗密欧与朱丽叶》"。突出中国特色,类比外国经典,这种思路非常符合跨文化传播的规律,又有自己的创新。

(三)"译进来"的路径可以多样化,影视作品是普及的好方法

大多数学生(85%)看过《魔法石》电影,超过一半的学生(53.7%)看过《魔法石》中译本[其中大多数(82%)学生表示喜欢这个中译本]。在可以选择的情况下,超半数学生(59.7%)表示会"看中译本",不到半数学生(40.3%)表示会"看英语原版"。选择"看中译本"的学生主要原因有:中文易懂、阅读流畅、急于了解发展情节、英文看不懂……选择看英文原版的学生提到最多的原因是"原汁原味",其他还有更能体验魔法氛围、更能理解作者的感情、译文可能有误译或漏译、带有译者主观性、老师要求阅读英文原版、提高英语成绩等。

在可以选择的情况下,多数学生(79.1%)会看《魔法石》电影,超过半数学生(55.2%)会看《红楼梦》小说。从学生的选择中不难看出,语言障碍仍然是限制读者阅读原著的主要原因。

(四)"译进来"的根本还是在于作品本身翻译

从此次问卷中我们不难看出,由名著改编成的影视剧作品是向公众普及、推广作品的很好手段,好的影视作品就是文本最佳"名片",经典影视作品能经受住时间考验。国外出版社在引进中国古典文学作品时,在书的封面、署名、书名等地方下了相当大的功夫,封面配图古朴典雅,营造的氛围悠远深长,受到年轻读者的喜爱。青年学生具备一定的跨文化交际的自觉性,也掌握一定的传播技巧,在今后的中华文化译介中充当主要角色。当然,此次调查也有不足之处:调查的范围仅限于比较直观的封面等,对其他的副文本,比如序言、附录等没有涵盖,使调查的意义受到了一定的限制。

三、通过调查结果带来的教学反思

(一)结合时政,课程思政素材非常丰富

在近年来的教学实践中,大学英语课程在口语考试中增加了"讲好中国故事"特色的句子翻译,"绿水青山就是金山银山"这样的时政金句也出现在学生的翻译题中。像"一带一路""小康社会""精准扶贫"这样的热词(buzzword)成了学生挂在口头上的表达,在一定程度上实现了"学以致用"。

2020 年,新冠病毒席卷全球,美国等西方国家因为对病毒管控不力造成疫情蔓延,引发国内政治经济动荡。从 2020 年的"黑人命贵"(Black Lives Matter)到今年的"停止亚裔仇恨"(Stop Asian Hate),无不体现少数族裔(minority groups)对话语权的渴望和抗争。

2021 年 3 月 18—19 日,中美高层战略对话在美国安卡拉奇举行。在会上,美方就中国香港、新疆等问题对中方代表发难,面对美方的挑衅,中方与美方针锋相对。其间,中方译员张京沉着冷静,临场不乱,准确地翻译了代表的即兴发言。这可以说是课程思政的绝好案例。长久以来,我们讨论比较多的问题是如何学好英语,可是我们很少认真地思考另一个问题:我们为什么要学好英语?语言意味着话语权。英语是世界通用语言,掌握英语,我们才拥有与世界平等对话的权利;同时,掌握了英语,我们的声音才能让世界听到。

(二)课程内容多样化,引入项目类课程

在经典译介方面,我们做了一些尝试。2020 年暑期开始,学校教务处联合外语学院开展了大学英语课程的暑假实践学分,学生以"中国故事,中国力量,中国精神"为主题,寻找一个切入点,拍摄制作一个英文视频。学生提交的作品丰富多样:拍摄家乡特色小吃的,拍摄浙江茶文化并深入浙江茶叶博物馆学泡龙井茶的,对共享单车、无现金支付进行电子商务拍摄的,结合专业背景拍摄汉字"家"和"猪"的演化过程的……从这些作品中我们看到了学生的创意,也看到了他们所具备的对外译介的基本能力和素养。

如果在大学英语课程中,有计划地引入构思创意、视频拍摄、视频剪辑、后期制作等一系列专门课程,把课程思政落到实处,应当会收到更加长期、稳定的成果。

参考文献

[1] 陈雪贞.最优化理论视角下大学英语课程思政的教学实现[J].中国大学教学,2019(10):45-48.

[2] 习近平主持召开学校思想政治理论课教师座谈会强调:用新时代中国特色社会主义思想铸魂育人,贯彻党的教育方针落实立德树人根本任务[N].人民日报,2019-03-19(01).

[3] 尤·克·巴班斯基.教学过程最优化——一般教学论方面[M].北京:人民教育出版社,2007:2.

企业场景嵌入式创新课堂
对管理专业学生学习投入的影响

——以专业认同为中介的实证研究

杨　欣[①]　王珍琴[②]

摘　要: 在高校教育课程改革的大背景下,产、教、研三方融合模式是高校旅游管理课程教学的重要目标。近年来,专业认同感的缺失使得酒店管理学生转专业、旅游企业管理人才供不应求的情况越发严重,枯燥的理论学习与无法实际操作的实践学习困境增加了学生对该专业未来就业的危机感。本文以浙江工商大学旅游管理专业学生为研究对象,对其成功实施的企业场景嵌入课堂进行研究,并通过对该专业学生进行问卷调查得到真实数据,考察并验证企业场景教学感知、学生学习投入度与学生专业认同之间的作用机制。结果表明,学生在企业嵌入式课堂所获得的场景感知对学生专业认同、学习投入度等都有显著的积极影响,学生专业认同度对学生学习投入有着显著影响。该研究为高校教育课程改革开拓了新思路,提供了借鉴意义。

关键词: 企业场景嵌入;酒店管理;学习投入度;专业认同

旅游业的迅猛发展,使得作为其三大支柱产业之一的酒店业需求度日益增长,在产业不断升级的过程中,旅游行业对人才的素质提出了更高的要求,旅游管理专业教育也备受关注。事实上,大部分高校旅游管理毕业生具有较扎实的理论基础,却抵不住实际市场的考验,实践能力薄弱的现状与高校人才培养目标大相径庭。对人才的培养目标局限于较为单一的岗位、工种,局限于技能操作的熟练度,而对于职业和行业的全局性视野、创新发展能力、可持续学习能力并未做出要求。[③] 长期以来,大部分高校仍采用"填鸭式"的单一教学模式,理论堆积的课堂脱离了真实市场需求的大背景,造成了学生"只会学、不会用"的困境;忽略了实践经验与实践操作能力在教学中的重要地位,仅停留在传授理论知识层面的教学理念势必会阻碍旅游业人才的培养,学习兴趣与主动性、学习投入度和创新能力等的缺失导致学生在日后该领域工作中学无所用,继而对该行业前景失去信心。

---

① 杨欣,浙江工商大学旅游与城乡规划学院副教授,浙江大学管理学硕士,研究方向为旅游企业转型升级和旅游接待设施规划及管理。

② 王珍琴,浙江工商大学旅游与城乡规划学院在读硕士研究生,研究方向为旅游规划与开发。

③ 龚琳、芦惠、李想:《基于产教融合的旅游管理专业酒店实习问题研究》,《实验技术与管理》2020年第1期,第171—175,199页。

学习环境一直是高校教育所重视的领域,学生对学习环境的认可以及投入能对学生学习效果和学习行为产生影响,创造一个好的学习环境与教学情境能为学生带来不一样的学习体验和学习氛围。企业场景嵌入式教学满足了旅游管理专业学生对实践平台的需求,跨越了时间、空间的界限,提供了真实性的教学环境,学习能在真实企业场景中找到自我学习的兴趣、需求以及目标,同时对该专业也有了理论外的深度了解,满足自身体验后更能提升学生对专业学习的态度,提高学习投入度。旅游管理人才的缺失以及专业实践能力的薄弱与学生专业认同度低有着密不可分的联系,无法涉入真实情景产生专业感知是学生无法正确认识所学专业性质的重要原因之一。李利[1]等发现大学生对自身所学专业认同度只停留在中等水平,且出现对专业的认知度和喜好度的指标较低的现象。学习投入是学生对所学专业和知识的认知、情感和行为三层面的感知态度,能正向影响学生的学习成绩与成果,以及决定未来职业能力的高低。[2]

一、企业场景嵌入的创新课堂

(一)企业场景嵌入式课堂的提出

企业嵌入式课堂教学以浙江省人民政府办公厅《关于深化产教融合的实施意见》中强调的"将劳动实践融入教育,建设产教融合师资队伍,产教共同育人"作为指导思想,培养具备专业精神、专业能力、优秀素养的人才来适应社会发展和企业需求。自2016年起,充分利用学校专业建设以来的优秀资源,突破传统单一的讲授教学模式,与杭州开元名都大酒店合作构建了企业嵌入式课堂,以真实的酒店经营项目作为载体,以专业管理人才为培养目标,深度开发专业教学实践,实现了"双导师、双场所、全方位"的场景式教学。企业场景嵌入式教学的教育学习与一般的课堂教学或实习不同,学生的学习内容更加生动,实践参与环节更加丰富,教育指导更加全面,课程评价更加科学。企业参与了学生教育和培养的全阶段,学生与行业的紧密性更高。学生依据酒店提供的策划题目,在富有实操经验的酒店高层管理人员指导下对指定课题做出调研策划,并就其中的相关问题进行讨论,做到学生在策划过程中与企业实际问题相接触,并能在实践中验证自己的方案。企业场景嵌入式课程教学不受时间、空间限制,能够更具灵活性地将本科生的理论知识与实际管理问题相结合,实现酒店管理者的经验与学校青年学生专业知识、创新精神的碰撞。本科生可以很好地把握酒店经营管理的实际,获得一手数据资料,为做好研究工作打下基础,培养结合实际的良好研究精神,发挥自己的创造力和潜能。

Busby[3]认为,高等学校的旅游教育从根源上来讲是脱胎于职业教育而发展起来的,故其应当更注重职业性,以培养同时具备知识理论和技术技能的管理人才为目

① 李利、顾卫星、叶建敏,等:《混合学习中大学生教学情境感知对深度学习的影响研究》,《中国电化教育》2019年第9期,第121—127页。
② 倪士光、伍新春:《学习投入:概念、测量与相关变量》,《心理研究》2011年第4期,第81—87页。
③ BUSBY, G, Vocationlism in Higher Level Tourism Courses: the British perspective[J]. Journal of Further and Higher Education,2001,25(1):29—43.

标。国外的众多研究中提出构建企业、学校与市场三方融合的教学生态是人才培养的优质模式,并将这种产教联合培养人才的方式称为"合作教育"(Co-operative Education)。笔者通过教学实践发现采用"真案例、真实践、真市场"的产学结合模式能够实现外国学者提出的专业教学与企业实践深度融合的目标。该企业场景嵌入课堂模式立足于学校的教学培养目标,不仅能够满足酒店业对中高层管理岗位人才的职业素质要求,还能够让学生快速适应工作环境并有潜力快速成长为酒店行业精英的中高层次管理人才。

(二)企业场景嵌入式课堂的实践

企业场景嵌入式课堂的优势突出体现在"真案例、真实践、真市场"。

1.互动式"真案例"教学,增加理论内容实践性感受

企业场景嵌入课程的"真案例",通过在课堂理论教学的基础上引入真实的酒店企业经营管理案例,用切实的案例激发学生积极思考,实现学科艰涩的理论知识能够更好吸收。该模式能在教学过程中通过案例向学生提出问题,揭示企业真实经营过程中存在的矛盾,引导学生自主收集课外资料讨论案例进行观点碰撞。

互动式"真案例"教学,把握了企业案例和课堂教学的切入点,将酒店管理专业的各个知识点分解到案例的现状解读中,以案例分析推动教学过程,教学过程中以学生的理解为主,在理解过程中与教师互动,从而达到理论教学的目标。在互动式"真案例"教学中,教师发挥主持人和组织者的作用,引导学生理解专业知识,并利用案例积极与学生进行信息交换,将课堂作为"舞台"交给学生,组织学生进行案例的讨论和辨析,最后指导学生做好案例相关的知识要点整理,对案例进行全面的解读。互动式"真案例"教学在企业嵌入式的课堂中做知识的奠基作用,学科知识需要深度积累和广泛涉猎,案例解读则需要教师合理引导。通过理论与案例并行的教育模式,学生可以更好地认识到知识的社会作用,如图1所示。

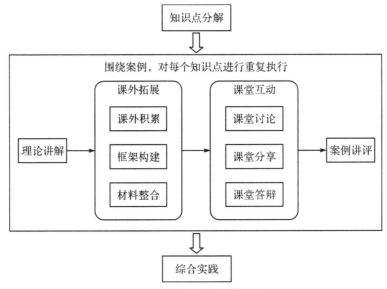

图1　互动式"真案例"教学模式

2.场景式"真实践"应用,实现酒店管理平台可操作

企业嵌入式的课堂教学模式"真实践",将教学过程放在企业的场景下,让学生真实地去策划解决酒店企业的经营管理项目,学生需要通过实地考察和数据采集来解决问题,方案内容要结合真实案例的区位背景、市场趋势、企业特点等等,每个学生都能在教学过程中发挥自身的创造力和团队执行力来实践。

企业嵌入式的课堂教学模式如图2所示,它区别于一般的实践课堂,将理论、教学、实践、执行完美地融合在一起,整个课堂围绕着教学实践中的专题策划展开,不仅有学院的教师给予指导,还能受到来自企业的高管、旅游业相关专家的指点,既强调培养学生扎根现实的研究调查能力,又锻炼学生专业的方案策划、团队合作能力,还要求学生具备大气、自信的表现力。这个课堂模式的实践,让专业教育具有更强的师资力量、更专业的实践锻炼、更高的发展挑战平台。

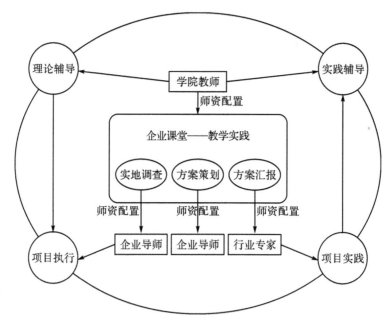

图2　企业嵌入式的课堂教学模式

3.教学成果"真市场",课程考核接受市场的检验

企业嵌入式课堂教学的"真市场",让学生策划的方案得到市场的检验。这个过程是学生能力最真实的反馈,学生的思想能在市场的反馈中与市场更加贴合。学生的每一个方案都能得到企业高层的专业点评,都能接受到来自市场竞争的考验。这个课程平台每个学生除了能得到甄别和选拔,更多的是得到发展和激励。

企业嵌入式课程评价模式如图3所示,其实现了多方位的考核评判,需要学生更多地去涉猎课外知识来满足其解决问题的需要。来自市场、企业的考核让学生更加注重知识的实践运用和社会效能,而原有的来自教师的理论考核也得到了保留,三方考核方式的合理比例协调,能让各类特质的学生优点都有所体现。教学成果的市场投放,也能让专业教学的成果惠及社会,并在社会市场的检验中不断提高。

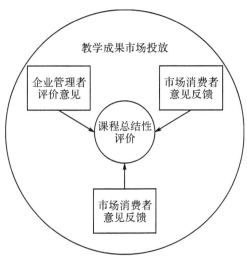

图3　企业嵌入式课堂评价模式

二、文献综述与研究假设

(一)具身认知理论

具身认知是在反对传统认知科学之偏误的基础上出现的,它强调"具身性"与"情境化",主张认知是大脑、身体与环境交互作用的产物。[1] 具身认知理论明确反对笛卡尔的身心二元论,主张认知是在身体、情感与环境三者交互下产生的。[2] 传统教学方式认为,教育的认知传输过程只需要情感上的共鸣就能达到理想的效果,否认了教育中实践的重要性,而实践是需要以学习环境为依托、身体在场和情感共鸣三者作用形成的活动共同体。杜威指出,人类经验的获得、问题情境的解决依赖于我们自身的参与,即"心灵是一个参与者,与其他事物交互发生作用"[3]。学生学习就是一个经验获得的过程,课堂教学是解决问题的情境,具身认知理论提出课堂教学发生变革,情境化教学成为当前课堂教学的主流。这一转变让教育更加关注学生的"精神世界""价值世界"与"体验世界",摒弃固定化、僵死性、实体性的模式。[4] 企业场景嵌入式课堂教学模式为学生学习提供了具体的学习环境,并创造了学生身体在场的真实体验条件,跨时空与企业建构共同体符合具身认知下的教学理念。知识是被身体建构出来的,[5]学习环境如果不能支持学生利用身体和姿势,就会对学生的学习产生限制,[6]设计有效创造具身学习条件的学习环境正在成为一个

---

① 赵蒙成、王会亭:《具身认知:理论缘起、逻辑假设与未来路向》,《理论经纬》2017年第2期,第28—33页。

② 张良:《论具身认知理论的课程与教学意蕴》,《全球教育展望》2013年第4期,第27—32页。

③ 杜威:《确定性寻求——关于知行关系的研究》,上海人民出版社2005年版。

④ 张华:《研究性教学论》,华东师范大学出版社2010年版。

⑤ 叶浩生:《身体与学习:具身认知及其对传统教育观的挑战》,《教育研究》2015年第4期,第104—114页。

⑥ ROTH W M, LAWLESS D V. Computer Modeling and Biological Learning [J]. Journal of Educational Technology & Society,2001(1):13—25.

新兴的研究和设计领域。① 而企业场景创造了具身学习下的学习环境。

具身认知理论认为,学生学习投入是环境对身体进行塑造的直接结果。② 具身认知下的学习环境能满足不同学习者的学习需求,通过一个学习生态机制提升学生学习效果和学习能力。③ 学生对学习投入度是衡量学生对所学知识兴趣与满意度的客观标准,企业场景嵌入提供了课堂所学环境,学生自己经营酒店充当管理者的身份是角色扮演、具身在场,而这一连串的教学模式让学生深入了解所学专业以及背后所面临的真实市场环境,极大地提升了学习的自主性和互动性,间接提升了投入度。谭千保等④探究了具身视角下身体在场的自我研究,不断明晰自我经验中具身的重要作用。这一过程是自我反思过程,也是自我变革过程,学习者在此情境中通过实践学习进行反思和改变对自我身份的认同,明确自己在课程中的角色身份,进而提升对所学专业的了解,专业认同感也会不断增强。

(二)企业场景化感知与学习投入

学习投入是学生在开始和执行学习活动时行为上卷入的强度和情感上体验的深度,是学习者在学习过程中消耗的经费、时间和精力等资源的总称。⑤ 关于学习投入的影响因素,可将其归结于个体变量与环境变量,而这两大变量也成为后期学者研究的主流方向。环境变量不仅指学校所营造的良好的学习氛围,也包括符合课程设计的学习情境。在具体的教学过程中,要融合实际锻炼法来提升学生的学习投入度⑥。汪雅霜⑦也表示学校致力于提高学生学习投入度,就需要创设融理论与实践于一体的真实情境课堂。企业场景嵌入式课堂解决了高校实践类学科教育脱离真实市场环境大背景的弊端,创设了不受时间及空间约束的企业场景化课堂,建构了融教师、学校、企业三方于一体的学习平台。虽然对于场景化的研究大多停留在企业营销层面,但却可类比到学习教育中,学生是消费者,课堂就是营销知识的媒介。Lee 和 Jun 研究,发现"场景化感知价值"(contextual perceived value)会显著影响顾客的感知有用性、满意度和重购意

① ABRAHAMSON D. Building educational activities for understanding: An elaboration on the embodied-design framework and its epistemic grounds [J]. International Journal of Child-Computer Interaction, 2014(1): 1—16. LINDGREN R, JOHNSONG LENBERG M. Emboldened by Embodiment: Six Precepts for Research on Embodied Learning and Mixed Reality[J]. Educational Researcher, 2013(8): 445—452.

② 王美倩、郑旭东:《具身认知与学习环境:教育技术学视野的理论考察》,《开放教育研究》2015 年第 1 期,第53—61 页。

③ 谭千保、汪群、丁道群:《具身框架下的自我研究》,《心理学探新》2014 年第 2 期,第 106—110 页。

④ SCHAUFELI WB, BAKKER AB, SALANOVA M. The measurement of work engagement with a short questionnaire: a cross-national study[J]. Educational & Psychological Measurement. 2006,66(4):701—716.

⑤ 王学坚、张秀丽:《提高大学生学习投入的策略和方法初探》,《黑龙江教育》(高教研究与评估)2011 年第 3期,第 63—64 页。

⑥ MICHAEL J F, ANGELA D W, GRACE S J, JENNE S, ALICIA S, SANDY P. Multiple contexts of school engagement: Moving toward a unifying framework for educational research and practice[J]. The California School Psychologist,2003,99—115.

⑦ 汪雅霜、汪霞:《高职院校学生学习投入度及其影响因素的实证研究》,《教育研究》2017 年第 1 期,第 77—84 页。

向。[①] 对于场景化课堂而言,企业场景化的教学感知能影响学生对学习内容的感知有用性、满意度和继续学习意向。其中有用性和满意度都可作为学生学习投入的外部表现因素。因此,可以提出以下假设:

H_1:学生企业场景化感知对学习投入度存在显著正向影响。

(三)企业场景教学感知与专业认同

专业认同感是学习者在认识了解所学习的学科的基础上,产生的情感上的接受和认可,并伴随积极的外在行为和内心的适切感,是一种情感、态度乃至认识的移入过程。[②] 安芹和贾晓明[③]认为,学生对所学专业的认同表现在是否具有学习兴趣,能否自发地自主学习,在学习过程中主动与他人互动、合作学习,并愿意把所学专业作为日后职业工作的选择,对专业的价值有所认可。真正达到专业认同的状态是学生与自己所学专业在心理上保持和谐一致,并且能与此专业的发展进程保持密切的联系。近年来,培养旅游人才紧迫,即使招募人才也面临实际操作能力不过硬的情况,再加上转专业带来的人员流失都使学生专业认同感缺失。如何加强专业认同感对于该专业而言是重要任务。

目前研究中,对于专业认同维度的研究趋于一致。秦攀博[④]将专业认同分为认知(对专业的了解程度)、行为(对专业学习的行为表现)、情感(对专业的喜好程度)和适切(专业与自身匹配程度)四个维度并编制了问卷。依据具身认知理论,身体在场的参与能够引起在场者的情感共鸣并使行为情境达成一致。企业场景嵌入式课堂给学生提供了真实的企业背景学习平台,学生以企业管理者的身份参与其中,此过程的角色扮演与知识的融合能够加深对该专业的了解,充分发挥自身的表现,在此过程中能够寻摸到适合自己的专业地位。因此,可以提出以下假设:

H_2:学生企业场景化感知对学生专业认同有显著正向影响。

H_{2a}:学生企业场景化感知对学生认知性有显著正向影响。

H_{2b}:学生企业场景化感知对学生情感性有显著正向影响。

H_{2c}:学生企业场景化感知对学生行为性有显著正向影响。

H_{2d}:学生企业场景化感知对学生适切性有显著正向影响。

(四)学生专业认同与学习投入

以往研究表明,学生专业认同与学习投入两者之间存在正向相关。[⑤] 大学生专业认同会直接影响其专业学习、专业能力及未来职业的方向。[⑥] 崔文琴[⑦]基于专业认同角

---

① LEE T M, JUN J K. Contextual perceived value:Investigating the role of contextual marketing for customer relationship management in a mobile commerce context[J]. Business Process Management Journal,2007, 13(6):798—814.

② 杨宏、龙喆:《大学生专业认同的内涵研究》,《中国电力教育》2009年第22期,第152—153页。

③ 安芹、贾晓明:《高校心理咨询员专业认同的初步研究》,《中国临床心理学杂志》2006年第2期,第203页。

④ 秦攀博:《大学生专业认同的特点及其相关研究》,西南大学2009年第硕士学位论文。

⑤ 任春华:《学前教育专业大学生专业认同与学习投入的关系研究》,《黄山学院学报》2016年第6期,第123—126页。

⑥ 李海芬、王敬:《大学生专业认同现状调查研究》,《教学研究》2014年第37卷第1期,第9—12页。

⑦ 崔文琴:《大学生学习投入的现状研究——基于专业认同的视角》,中国计量学院2013年硕士论文。

度讨论了大学生学习投入的影响,结果表明大学生学习投入水平处于中等偏下的现状,其中专业认同的行为因子对学习投入影响最大。段陆生[①]、郏爽[②]等论证了学生专业承诺对学生学习投入的影响,专业承诺是学生专业认同的重要内容之一。王平等[③]以医学院学生为研究对象,得到医学院大学生的专业认同与学习投入处于中等水平,专业认同的认知性和情感性维度对学生学习投入正向影响效应更显著。张萌、李若兰[④]认为,大学生专业认同对学生学习投入的研究要经过以学校归属感为中介的路径,提出了两者之间不仅存在直接效应,也会有间接效应。谢琴红等[⑤]以专业认同为中介验证了学生职业价值观对学生学习投入的影响,但内在影响机制表明专业认同对学习投入存在显著影响。因此,可以提出以下假设:

H_3:学生专业认同对学习投入存在显著正向影响。

H_{3a}:学生认知性对学习投入存在显著正向影响。

H_{3b}:学生情感性对学习投入存在显著正向影响。

H_{3c}:学生行为性对学习投入存在显著正向影响。

H_{3d}:学生适切性对学习投入存在显著正向影响。

(五)学生专业认同的中介作用

企业嵌入式课堂是旅游管理学科新的教学模式与实践教学的切入点,它对学生的学习投入有很大的直接影响,让学生置身于真实市场是他们提升自我学习投入度的一大关键,真实市场与真实案例的学习方式能影响学生的专业认同度,间接对学习投入产生影响。本文整合上述观点,提出以下假设:

H_4:学生专业认同在企业场景化感知与学习投入间发挥中介作用。

综上所述,本研究试图构建以专业认同为中介的企业场景化感知对学生学习投入的概念模型(见图4)。

三、研究方法与设计

(一)研究对象

本文研究对象为浙江工商大学已参与"企业场景嵌入式"旅游管理课程的本科生,发放问卷264名,剔除无效问卷后实际回收有效问卷236份,回收率89.39%。其中,男生64人,占比27.11%;女生172人,占比72.89%;大一学生74人,大二学生60人,

---

① 段陆生、李永鑫:《大学生专业承诺、学习倦怠与学习投入的关系》,《中国健康心理学杂志》2008年第16卷第4期,第407—409页。

② 郏爽、刘丽红:《职业价值观与学习投入的关系:专业承诺的中介》,《中国市场》2016年第1期,第173—174页。

③ 王平、孙继红、吉峰:《医学院校大学生学习投入与专业认同的关系研究》,《中国高等医学教育》2015年第9期,第39—40页。

④ 张萌、李若兰:《大学生专业认同对学习投入的影响研究:学校归属感的中介作用》,《黑龙江高教研究》2018年第3期,第94—99页。

⑤ 谢琴红、覃晓龙、郑华、何静:《定向医学生职业价值观对学习投入的影响机制:以专业认同感为中介》,《中国卫生事业管理》2019年第3期,第208—210页。

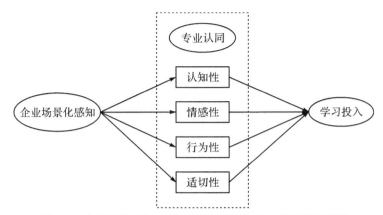

图 4　企业场景化感知、专业认同与学习投入三者关系的模型

大三学生 58 人,大四学生 44 人;在调查的学生中,学习该专业第一志愿的有 40.68%,调剂专业的有 19.50%,非第一志愿的有 33.05%,转专业成功的有 6.77%。

学生基本情况统计如表 1 所示。

表 1　样本基本信息统计

总数	性别		年级				专业志愿情况			
	男	女	大一	大二	大三	大四	第一志愿	调剂专业	非第一志愿	转专业成功
236	64	172	74	60	58	44	96	46	78	16
	27.11%	72.89%	31.36%	25.42%	24.58%	18.64%	40.68%	19.50%	33.05%	6.77%

(二)测量问卷

企业场景化感知的测量至今没有完全的量表,但针对教学情境感知却存在少数。陆根书划分了学生学习环境场景下的感知维度,包括课堂学习兴趣、满足感、互助合作、竞争性等。[①] 郭建鹏则从学生对课堂教学环境中的教学目标、方式、评价、交流等的感知来进行维度划分。[②] 武法提[③]基于场景感知进行了学习者建模研究,将学习场景分为时间维度、设备维度、空间维度和事件维度。李利借鉴并修改《大学生英语混合学习教学情境感知及学习自评问卷》[④],确定了情境教学感知维度为有效教学、互动与反馈、自主学习、认知投入、情感体验。这些研究对于场景化感知的测量并不完全,内测维度无

---

① 陆根书:《大学生感知的课堂学习环境对其学习方式的影响》,《复旦教育论坛》2010 年第 4 期,第 34—46 页。

② 郭建鹏、杨凌燕、史秋衡:《大学生课堂体验对学习方式影响的实证研究——基于多水平分析的结果》,《教育研究》2013 年第 2 期,第 111—119 页。

③ 武法提、黄石华、殷宝媛:《基于场景感知的学习者建模研究》,《电化教育研究》2019 年第 3 期,第 68—74 页。

④ 李利、顾卫星、叶建敏、杨帆:《混合学习中大学生教学情境感知对深度学习的影响研究》,《中国电化教育》2019 年第 9 期,第 121—127 页。

法体现学生在场景化教学中的真实表现。因此,本文采用 Lee 和 Jun 等[①]对场景化下消费者感知量表进行修改,以便适用于本研究情境,更能达到当前研究目标。本问卷中该变量具有 4 个题项,且内部一致性系数为 0.943,具有较好的测量学指标。

专业认同的测量采用了最具可信度的秦攀博所编制的《大学生专业认同问卷》。该问卷的变量维度符合本文所要研究的具身认知理论下学生场景化感知对专业认同的影响,并且该问卷经过相应实证研究,可信度高,可作为文本研究的测量工具。量表根据本文研究内容做了适当修改以保证符合当前研究。修改后总问卷内部一致性系数为 0.937,具有可靠性。

学习投入的测量引用了我国学者李西营等在 Schaufeli 的学习投入量表的基础上开发的符合中国国情的学习投入量表(UWES-S)[②]。该问卷主要从活力、奉献和专注 3 个维度进行测量,能充分体现学生对学习的兴趣和认识到学习的意义。量表根据本文研究内容做了适当修改,符合当前研究需要。该变量内部一致性系数为 0.952,具有很好的测量学指标。

(三)调查程序

为保证所收数据的准确性和可靠性,发放问卷时间选在学生课余或休息阶段,保证学生有足够的时间和耐心完成问卷的调查。整个问卷的长度经过测试确保在 8 分钟内完成,并在问卷开始说明此问卷仅仅用于学术研究,不涉及个人隐私信息,会对相应个人信息保密。问卷调查是在学生参与实践课堂一段时间后进行的,避开了兴奋和新奇阶段,以上做法均为保证数据的可信度与有效性。

四、研究结果

(一)信效度分析

问卷一共有 32 个选项,其中企业场景化感知包括 4 个题项,专业认同 4 个维度包括 16 个题项,学习投入包含 9 个题项。本研究对问卷数据分析采用 SPSS 25.0 统计分析软件进行信效度检验以及平均提取方差 AVE。表 2 结果显示,经 Cronbach à 检测信度系数为 0.962,表明所设计的问卷每个因子变量之间存在高强度的相关性,内部一致性很好。KMO 检测系数为 0.914,该问卷适合做因子分析。各变量的平均提取方差均大于 0.500 的临界值,各个指标的 CR 值均在 0.700 以上,且各个指标的因子载荷均在 0.600 以上,各变量之间相关性均显著。由此可知,本文的变量测量的信度、聚合效度和区分效度均符合要求。

---

① LEE T M, JUN J K. Contextual perceived value: Investigating the role of contextual marketing for customer relationship management in a mobile commerce context[J]. Business Process Management Journal, 2007, 13(6):798—814.

② 李西营、黄荣:《大学生学习投入量表(UWES-S)的修订报告》,《心理研究》2010 年第 1 期,第 84—88 页。

表 2　描述性统计分析

	均值	标准方差	CR	1	2	3	4	5	6
1.企业场景化感知	3.9216	0.71063	0.943	0.8065					
2.认知性	3.9200	0.5800	0.851	0.496**	0.5910				
3.情感性	3.6900	0.8470	0.925	0.428**	0.724**	0.7561			
4.行为性	3.8200	0.6970	0.912	0.433**	0.668**	0.739**	0.7232		
5.适切性	3.6200	0.7810	0.922	0.431**	0.644**	0.759**	0.772**	0.7470	
6.学习投入	3.7524	0.72182	0.952	0.376**	0.767**	0.636**	0.714**	0.785**	0.6890

注：$^*p \leqslant 0.05$，$^{**}p \leqslant 0.01$，矩阵对角线为各变量 AVE 的平方根，对角线下方为相关系数矩阵。

(二)数据的同源偏差检验

本文采用调查问卷对浙江工商大学旅游学院学生进行数据收集,可能存在潜在的同源偏差问题。为保证研究结论的可靠性,首先,在测量条目之外的问卷设置上设计了多个反向语句,通过潜变量各测量条目间的反向语句删除了存在明显逻辑性问题的问卷。此外,为检验问卷的数据是否存在同源偏差问题,通过检验各潜变量之间的相关系数来判断数据是否具有同源偏差。如果潜变量之间相关系数大于 0.9,则表明数据的同源偏差问题比较严重;如果小于 0.9 就在可接受范围之内。表 2 数据显示,潜变量之间相关系数最大值为 0.785,明显小于 0.9。这表明本调查问卷所得数据质量较好,因此可进行下一步的数据分析工作。

(三)主效应检验

为验证企业场景化感知、学生专业认同以及学习投入之间的关系,并验证变量与变量之间的假设路径,采用 SPSS 25.0 进行线性回归分析,得到主效应结果如表 3 所示。在企业场景化感知对学生学习投入的影响中,企业场景化感知对学习投入($\beta=0.376$,$p=0.000$)的正向影响均通过显著性检验,故假设 H_1 成立。在企业场景化感知对学生专业认同的影响中,企业场景化感知对专业认同的正向影响通过显著性检验($\beta=0.498$,$p=0.000$),故假设 H_2 成立;企业场景化感知对认知性($\beta=0.496$,$p=0.000$)、情感性($\beta=0.428$,$p=0.000$)、行为性($\beta=0.433$,$p=0.000$)、适切性($\beta=0.431$,$p=0.000$)具有正向显著影响,故假设 H_{2a}、H_{2b}、H_{2c}、H_{2d}均成立。在学生专业认同对学习投入的影响中,学生专业认同对学习投入的正向影响通过显著性检验($\beta=0.767$,$p=0.000$),故假设 H_3 成立;学生认知性($\beta=0.579$,$p=0.000$)、情感性($\beta=0.636$,$p=0.000$)、行为性($\beta=0.714$,$p=0.000$)、适切性($\beta=0.785$,$p=0.000$)对学习投入均具有正向显著影响,故假设 H_{3a}、H_{3b}、H_{3c}、H_{3d}均成立。

表 3　主效应检验

假设路径	标准化路径系数	p 值	结论
H_1:企业场景化感知→学习投入	0.376	0.000	支持
H_2:企业场景化感知→专业认同	0.498	0.000	支持
H_{2a}:企业场景化感知→认知性	0.496	0.000	支持
H_{2b}:企业场景化感知→情感性	0.428	0.000	支持
H_{2c}:企业场景化感知→行为性	0.433	0.000	支持
H_{2d}:企业场景化感知→适切性	0.431	0.000	支持
H_3:专业认同→学习投入	0.767	0.000	支持
H_{3a}:认知性→学习投入	0.579	0.000	支持
H_{3b}:情感性→学习投入	0.636	0.000	支持
H_{3c}:行为性→学习投入	0.714	0.000	支持
H_{3d}:适切性→学习投入	0.785	0.000	支持

(四)中介效应检验

检验学生专业认同在企业场景化感知与学生学习投入度之间的中介作用。本文采用温忠麟等[①]提出的中介效应检验方法,运用 SPSS 25.0 软件检验学生专业认同在酒店管理课堂中企业场景化感知与学生学习投入度之间的中介效应,并将性别、年级、专业志愿情况作为控制变量引到模型中去。表 4 结果显示,企业场景化感知能够显著预测学生专业认同($a_1 = 0.498$, 95%CI=[0.424,0.669]),学生专业认同能显著与预测学生学习投入($b_1 = 0.770$, 95%CI=[0.752,0.965])。在加入专业认同这一中介变量后,学生企业场景化感知对学习投入的作用不再显著($C' = -0.007$, 95%CI=[-0.105, 0.089])。因此,大学生企业场景化感知对学习投入具有以学生专业认同为中介的完全中介效应。中介效应检验结果能验证前文所提出的 H_4 假设,即大学生企业场景化感知对学习投入存在直接效应,且学生专业认同在两者的关系中存在完全中介效应。

表 4　中介效应检验

		M:专业认同				Y:学习投入		
		B	SE	95%CI		B	SE	95%CI
X:企业场景化感知	a_1	0.498	0.062	[0.424,0.669]	C'	-0.007	0.049	[-0.105,0.089]
M:专业认同					b_1	0.770	0.054	[0.752,0.965]
u_1:性别	u_{11}	-0.085	0.095	[-0.311,0.062]	u_{12}	-0.133	0.105	[-0.423,-0.009]
u_2:年级	u_{21}	0.214	0.037	[0.052,0.200]	u_{22}	0.079	0.043	[-0.033,0.135]

---

①　温忠麟、叶宝娟:《中介效应分析:方法和模型发展》,《心理科学进展》2014 年第 5 期,第 731—745 页。

续　表

		M:专业认同				Y:学习投入		
		B	SE	95%CI		B	SE	95%CI
u_3:专业志愿	u_{31}	−0.321	0.040	[−0.285,−0.128]	u_{32}	−0.240	0.046	[−0.263,−0.083]
R^2		0.248				0.588		
F		77.013***				166.136***		

注:* $p \leqslant 0.05$,** $p \leqslant 0.01$,*** $p \leqslant 0.001$。

五、结论与讨论

(一)研究结论

本文通过对浙江工商大学旅游管理系学生所参与的企业场景嵌入式创新课堂进行问卷调查以探究其内部影响机制。结果显示,企业场景化感知、学生专业认同和学习投入之间存在显著的正相关关系;学生专业认同作为中介变量能够表明,在企业场景嵌入式创新课堂中,学生对所参与融企业于一体的学习方式能让他们增强自我专业认同,从而提高自己的学习投入度。大学生在企业场景嵌入式课堂中场景化感知越高,对所学专业认同感就会越强,进而学习投入度就会越大,对培养该专业人才有正向显著的积极作用。

(二)理论贡献与实践启示

本文理论研究的贡献主要在于以具身理论为理论基础,提出企业场景化概念,创新了专业认同与学习投入之间的影响机制,解释了在企业嵌入式旅游管理课堂中学生场景化感知的影响机理。近年来,各大高校高举教育改革旗帜,以学生为中心探求最优质化的教学模式,有关如何提升学生的专业认同、激起学生学习兴趣、增强学习投入度的研究也越来越多,并在有些方面也取得了高质量的研究成果。目前而言,"理论+实践"的教育模式越来越被青睐,而教育机制内的实践学习如何影响学生学习的研究却很少见。本文以教育实践内容为角度,以学生感知为落脚点,对参与浙江工商大学旅游管理所实施的企业场景化嵌入式课堂的学生进行问卷调查,得到了企业场景嵌入式课堂的影响机制,在一定程度上,为研究旅游管理课程教育创新模式提供了一条新思路。

企业场景嵌入式课堂一定程度上解决了管理类教学中长期存在的问题:其一,解决了教学内容脱离实践,让学生产生对知识实践性的切身感受。课程学习过程中融入"真案例",让理论与实践紧密衔接。其二,解决了酒店管理学科没有实际可操作的平台问题。在酒店实现"真实践",将策划方案在酒店平台实施。其三,解决了酒店管理教学中缺少名师指点的现状。学生的课程策划作业接受来自"真市场"的考验,企业领导、OTA、用户等都会对策划项目给予反馈,形成了完备的酒店管理应用型"工匠"人才培养模式,总结并形成了多条经验,可为兄弟院校同类专业或相近专业借鉴。

(三)研究不足与未来展望

本文通过对企业场景嵌入式创新课堂的调查研究,提出了学生企业场景化感知对专业认同以及学习投入的影响机制,不仅创新了学生学习投入的理论意义,也丰富了实践类教学的模式。本文虽然取得了一定的研究成果,但仍然存在不足。首先,企业场景嵌入式课堂是笔者提出的不成熟的课堂实践概念,实际检验也只用在了浙江工商大学旅游管理学院,本研究集中在浙江工商大学旅游管理系学生样本上,一定程度来说是有很大的局限性的,未来应该扩大整个研究范围,推广结论;其次,对于已经参与的企业场景嵌入式课堂的高年级学生而言时间较为久远,在填写问卷时可能需要凭借记忆回答问卷,数据的真实性会存在偏差;最后,企业场景化感知的概念太过于广泛,并没有细化到学生对企业场景里面的具体哪一部分的感知最为强烈,比如,场景氛围的感知、场景内部环境的感知等等。未来的研究需要考虑企业场景化感知下的不同维度在此机制中的影响,从而更有针对性地优化企业场景嵌入式课堂模式,更好地提高学生的专业认同度与学习投入度。

参考文献

[1] 龚琳,芦惠,李想.基于产教融合的旅游管理专业酒店实习问题研究[J].实验技术与管理,2020,37(1):171-175,199.

[2] 李利,顾卫星,叶建敏,等.混合学习中大学生教学情境感知对深度学习的影响研究[J].中国电化教育,2019(9):121-127.

[3] 倪士光,伍新春.学习投入:概念、测量与相关变量[J].心理研究,2011,4(1):81-87.

[4] BUSBY, G. Vocationlism in higher level tourism courses:The British perspective[J]. Journal of Further and Higher Education,2001,25(1):29-43.

[5] 赵蒙成,王会亭.具身认知:理论缘起、逻辑假设与未来路向[J].理论经纬,2017(2):28-33.

[6] 张良.论具身认知理论的课程与教学意蕴[J].全球教育展望,2013,42(4):27-32.

[7] 杜威.确定性寻求——关于知行关系的研究[M].傅统先,译.上海:上海人民出版社,2005.

[8] 张华.研究性教学论[M].上海:华东师范大学出版社,2010.

[9] 叶浩生.身体与学习:具身认知及其对传统教育观的挑战[J].教育研究,2015(4):104-114.

[10] ROTH W M, LAWLESS D V. Computer modeling and biological learning[J]. Journal of Educational Technology & Society,2001(1):13-25.

[11] ABRAHAMSON D. Building educational activities for understanding:An elaboration on the embodied-design framework and its epistemic grounds[J]. International Journal of Child-Computer Interaction,2014(1):1-16.

[12] LINDGREN R, JOHNSONG LENBERG M. Emboldened by embodiment:six precepts for research on embodied learning and mixed reality[J]. Educational Researcher,2013(8):445-452.

[13] 王美倩,郑旭东.具身认知与学习环境:教育技术学视野的理论考察[J].开放教育研究,2015,21(1):53-61.

[14] 谭千保,汪群,丁道群.具身框架下的自我研究[J].心理学探新,2014,34(2):106-110.

[15] SCHAUFELI WB, BAKKER AB, SALANOVA M. The measurement of work engagement with a short questionnaire:A Cross-National Study[J]. Educational & Psychological

Measurement. 2006,66(4):701-716.

[16] MICHAEL J F, ANGELA D W, GRACE S J, et al. Multiple contexts of school engagement: Moving toward a unifying framework for educational research and practice[J]. The California School Psychologist,2003(8):99-113.

[17] 王学坚,张秀丽.提高大学生学习投入的策略和方法初探[J].黑龙江教育(高教研究与评估),2011(3):63-64.

[18] 汪雅霜,汪霞.高职院校学生学习投入度及其影响因素的实证研究[J].教育研究,2017,38(1):77-84.

[19] LEE T M, JUN J K. Contextual perceived value: Investigating the role of contextual marketing for customer relationship management in a mobile commerce context[J]. Business Process Management Journal,2007,13(6):798-814.

[20] 杨宏,龙喆.大学生专业认同的内涵研究[J].中国电力教育,2009(22):152-153.

[21] 安芹,贾晓明.高校心理咨询员专业认同的初步研究[J].中国临床心理学杂志,2006(2):203.

[22] HENNING,SALLING,OLESEN. Professional identity as learning processes in life histories[J]. Journal of Work Place Learning,2001(13),7-8.

[23] 秦攀博.大学生专业认同的特点及其相关研究[D].重庆:西南大学,2009.

[24] 任春华.学前教育专业大学生专业认同与学习投入的关系研究[J].黄山学院学报,2016(6):123-126.

[25] 李海芬,王敬.大学生专业认同现状调查研究[J].教学研究,2014,37(1):9-12.

[26] 崔文琴.大学生学习投入的现状研究——基于专业认同的视角[D].杭州:中国计量学院,2013.

[27] 段陆生,李永鑫.大学生专业承诺、学习倦怠与学习投入的关系[J].中国健康心理学杂志,2008,16(4):407-409.

[28] 邴爽,刘丽红.职业价值观与学习投入的关系:专业承诺的中介[J].中国市场,2016(1):173-174.

[29] 王平,孙继红,吉峰.医学院校大学生学习投入与专业认同的关系研究[J].中国高等医学教育,2015(9):39-40.

[30] 张萌,李若兰.大学生专业认同对学习投入的影响研究:学校归属感的中介作用[J].黑龙江高教研究,2018(3):94-99.

[31] 谢琴红,覃晓龙,郑华,等.定向医学生职业价值观对学习投入的影响机制:以专业认同感为中介[J].中国卫生事业管理,2019,36(3):208-210.

[32] 陆根书.大学生感知的课堂学习环境对其学习方式的影响[J].复旦教育论坛,2010(4):34-46.

[33] 郭建鹏,杨凌燕,史秋衡.大学生课堂体验对学习方式影响的实证研究——基于多水平分析的结果[J].教育研究,2013(2):111-119.

[34] 武法提,黄石华,殷宝媛.基于场景感知的学习者建模研究[J].电化教育研究,2019,40(3):68-74.

[35] 李西营,黄荣.大学生学习投入量表(UWES-S)的修订报告[J].心理研究,2010,3(1):84-88.

[36] 温忠麟,叶宝娟.中介效应分析:方法和模型发展[J].心理科学进展,2014,22(5):731-745.

环节中的教学风险,减少实验安全问题的发生,同时亦能减少烦琐的重复性工作,最终达到提升学生的实践动手能力和创新能力的实验目的。

(4)切合破解教学条件受限之需要。在传统实验教学实践之中,实验过程和实验结果往往处于不确定性之中,受制于主客观条件的影响。换言之,实验能否按照预期设定顺利开展,存在很多不确定因素。一般情况下,食品学科的学生开展实验课多是以班级或专业为一个实验单位,因人数过多,实验安全问题不可控,加剧了实验风险,又因不同院校的内源式发展差异,使得各学院所能获得的科研经费和学校资源投入呈现出高度的差异性特点,实验教学基础设施的落后,必然会影响传统实验教学。而虚拟仿真实验可以避开各种教学条件限制,学生可以根据自身情况随时随地进行无限次体验,直至满意为止。

(5)切合克服单一化传统实验考核方式弊端之需要。传统实验教学模式以平时考核以及实验报告成绩作为最终的课程综合考核依据。实验报告的撰写确实能够作为学生成绩考核的重要依据,甚至直观反映出学生在实验教学过程中的参与和认真程度,但多数学生的实验报告仍然是建立在相关资料和实验教材的基础之上,不能体现学生个体的感悟与自我思考。而虚拟仿真平台克服了这些弊端,在线成绩能够比较客观地反映学生的学习情况及真正水平,最终真正达到实验教学的真实互动效果。

二、毒理学试验虚拟仿真实验教学平台的应用

虚拟仿真在实验教学中的应用是当今教育信息化建设的产物之一,然而我国大部分学校普遍存在着"重硬轻软、重建设轻应用"的现象,即过多重视硬件环境建设,而忽视应用软件和教学资源的开发,使投入大量资金的信息化基础设施不能在教学中真正发挥作用,导致投资的严重浪费。毒理学试验虚拟仿真实验平台经过两年多时间的建设已渐趋完善,然而一个好的"实验教学平台"只代表授课教师有了上好课的"应手之物",并不代表教师就能把"实验教学平台"使用得得心应手,真正上好课。为了应用好毒理学试验虚拟仿真实验教学平台,避免重建设、轻应用等问题的产生,笔者认为应该做到以下几点。

(一)软件是基础——开发高质量的应用软件

高质量的软件是决定该平台得到很好应用的基础。软件采用了目前主流的 3D 建模技术、3D 场景还原、VRC－Editor 虚拟仿真课件制作工具,结合最新的云渲染及实时光渲染技术,使乳化肠规模化生产虚拟仿真平台具备高还原度美术效果的同时,还拥有仿真沉浸感、快速推演性、实时交互性和仿真可信性等技术特点,为学生提供了栩栩如生的实验环境情景,激发学生自主学习能力和探究能力,并积极参与体验虚拟仿真实验。

(二)资源是关键——强化平台资源建设

信息资源的匮乏严重制约着虚拟仿真平台的应用和持续发展,因此建立"有用的、科学的"信息资源非常重要。在食品毒理学虚拟仿真实验平台架构中,相关实验的数据

库均来自教学团队多年的科研成果，被业内人士广泛认可，具有科学性、合理性。这在"升级篇"的"关键工序综合设计"模块中显得尤为重要，能使实验结果更准确地体现毒理学试验相关的技术内容，系统显示的学生实验成绩更能客观反映学生的真正水平，从而更有利于提高学生学习的积极性。此外，合理开发新的资源，如即将建成的"关键工序抽象知识分解篇"，即毒理学理论，此模块为学生抽象理论的学习提供了情景化、直观化的学习和理解场景，丰富了毒理学试验生产虚拟仿真平台资源。

（三）人才是保障——提升教师的信息素养

信息素养主要指信息意识、信息能力以及信息应用，包括如何获取信息，如何评价和充分利用所需的信息，在当代社会中已逐渐成为一种基本技术，是提高社会适应能力的基本要求。人才和软件密不可分，软件的应用需要一线教学人员深层次的支持。如果教师不具备信息素养，不懂软件，他们就不具备使用信息资源的能力。两年多来，通过集中培训或者自学，教学团队成员的信息素养提升，避免了对公司软件工程师的过度依赖。

三、虚拟仿真实验教学平台的应用贯穿于整个实验始终

（1）实验课前主要体现在教师及平台的引导、学生的预习，这是第一阶段，又称为"信息传递"。学生登录平台提前预习，知悉实验内容、要求、原理及实验步骤，教师可以提供在线辅导。教师和学生、学生和学生之间的互动，有利于培养学生的自主学习能力。

（2）实验过程中学生带着问题进入虚拟仿真实验室，以在线实景形式在相应模块进行浏览、参数优化、修正设计方案，又称为"自主探索"。整个过程突出了学生是主体，师生进行现场或者在线解答，实现课堂教学的翻转，有利于培养学生分析问题、解决问题的能力，全面提升综合素质和能力。

（3）实验课后由学生自己来完成知识的巩固和消化过程，称为"吸收内化"。学生通过平台复习实验流程或者再次虚拟操作实验，能更好地理解和巩固知识，并进行归纳总结。该过程使得学生学习的相关环节能够得到实证性的结果，有利于教师真正了解学生，培养学生主动发现问题、解决问题的能力；学生从自身出发，完成角色转换，从被动的学习者转变为学习的主人。

四、虚拟仿真实验教学平台的使用效果

（1）毒理学试验虚拟仿真实验教学平台的使用，克服了学时数、空间及硬件设施的不足，避开规模化生产的投料大、成本高等缺点，让学生体验毒理学试验，理论联系实际，开阔眼界。

（2）毒理学试验虚拟仿真实验教学平台的使用，通过毒理学试验进行综合设计，弥补了传统实验条件下只能进行验证性实验的遗憾，有利于提高学生的研发水平，培养学生分析问题、解决问题的能力。

理知识以及提供知识服务的重要知识集合,对高校众创空间研发工作的开展,新知识的创造有着重要的影响。(张斌、魏扣、郝琦,2016)另外,不少研究表明,高校众创空间资源投入不足、软硬件建设较为滞后,已成为影响众创空间实现知识创新的一个重要因素,是亟待解决的一个重要问题。(胡洪力,2017)

(四)高校众创空间激励因素分析

知识的价值性、竞争性、公共性,会使个体在将其拥有的知识进行共享时存在机会成本,从而造成知识拥有者不愿与其他人员共享自己的知识成果。(BOCK G 等,2005)且由于高校众创空间的参与人员普遍具有较强的自我意识、较高的文化修养,因此,高校众创空间要围绕实现知识获取、共享与应用,及人员的群体特征,制定系统、高效的激励体系。高校众创空间知识管理机制如图 1 所示。

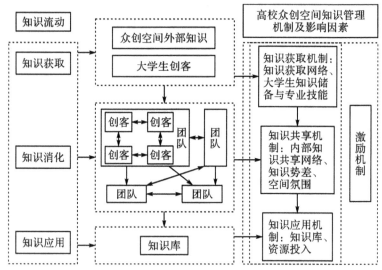

图 1 高校众创空间知识管理机制图

资料来源:本研究整理。

三、推进浙江工商大学众创空间建设的对策建议

(一)探索多方合作新模式,拓展知识获取网络

作为高校创新教育的服务平台,众创空间要能不断深化与政府机构、科研院所、企业等的合作,为大学生提供更为丰富的知识获取渠道。例如,学校可通过完善人员柔性聘用制度、人员互派制度、成果与资源共享制度,探索"个体双向交流"新模式,形成"校内专职创业导师+校内流动创业导师+校外共享创业导师"新体系等,形成与其他单位的协同合作网络,实现跨单位、跨学科的高质量知识流动。

（二）形成更加多样的众创空间内部知识共享网络，增加学生知识储备，营造信任、合作的空间氛围

浙江工商大学众创空间可通过讲授、面谈、演示、微信、电子邮件、网络学习平台等渠道，开展创新创业大赛、创业培训、创业沙龙、创业论坛、企业宣讲等活动，开设企业管理、品牌营销、金融投资、心理学、设计学等培训与讲座，增加学生的知识储备，缩小知识提供者和接收者的知识势差。另外，学校众创空间可通过开设创业经验交流会，完善导师与学生之间的沟通机制，建设休息室、茶水间，配备投影设备的小型会议室，提升网络速度与质量等营造信任、合作的氛围，提升知识共享意愿。

（三）重视众创空间知识库建设，探索空间建设资金来源新渠道

首先，可构建由浙江工商大学牵头，多方参加的众创空间知识库建设联盟，对众创空间知识库的建设规划—建设方案—管理与维护—应用—评估与反馈等关键环节进行严谨论证。浙江工商大学众创空间知识库建设要凸显自身特色，重视通过图片、视频、音频等形式对空间成员隐性知识的展示与深度分析。其次，浙江工商大学众创空间应不断探索建设资金来源的新渠道。例如，可通过进一步加强与校友的联系与沟通，为众创空间建设募集资金；可通过给空间团队提供技术咨询服务、市场信息分析、产品市场推广等，提升团队研发能力，使众创空间获得更多的外部资金支持；可根据 2020 年国务院办公厅发布的《关于提升大众创业万众创新示范基地带动作用进一步促改革稳就业强动能的实施意见》中的相关规定，通过知识产权质押、无抵押贷款等新方法，建立与金融机构长期稳定的合作关系，探索解决众创空间建设资金短缺问题的新途径。

（四）进一步完善众创空间激励体系

浙江工商大学已出台了推动众创空间发展的激励制度，下一步应进一步细化和完善激励政策，以最大限度地激发空间人员的积极性和创造性。在物质激励方面，要按照公平的原则，设计规范的、可操作性的激励制度。例如，在明确学生的创新创业项目成绩与老师的绩效考评挂钩的基础上，制定合理的考核评价体系、报酬体系、奖励制度等。在精神激励方面，应围绕提升个人成长和发展空间进行设计。比如，为大学生提供更多的访学交流、调研参观、课题参与机会等。

参考文献

[1] GRANT, R. M. Prospering in dynamically-competitive environments: Organizational capability as knowledge integration[J]. Organization Science, 1996(4):375-387.

[2] 孙红霞, 生帆, 李军. 基于动态能力视角的知识流动过程模型构建[J]. 图书情报工作, 2016(7):39-46.

[3] 刘航. 面向复杂产品系统创新的知识流动模型研究[J]. 制造业自动化, 2011(2):81-82.

[4] COHEN, W. M., LEVINTHAL, D. A. Absorptive capacity: A new perspective on learning and innovation[J]. Strategic Learning in a Knowledge Economy, 1990, 35(1), 39-67.

[5] AMABILE, T. M. Motivating creativity in organizations: On doing what you love and loving what you do[J]. California Management Review, 1997, 40(1), 39-58.

[6] 沈旺,王淇,李望宁.团队知识共享研究综述[J].图书馆学研究,2017(18):8-16,82.

[7] 赵建梅,张连芬.知识管理组织的激励机制探索[J].山东省青年管理干部学院学报,2005(5):118-119.

[8] 王士红,徐彪,彭纪生.组织氛围感知对员工创新行为的影响——基于知识共享意愿的中介效应[J].科研管理,2013(5):130-135.

[9] 廖志江,高敏,廉立军.基于知识势差的产业技术创新战略联盟知识流动研究[J].图书馆学研究,2013(1):78-83.

[10] ZAHRAS A,GEORGE G. Absorptive capacity:A Review,Reconceptualization,and Extension[J]. Academy of Management Review,2002,27(2):185-203.

[11] 张斌,魏扣,郝琦.国内外知识库研究现状述评与比较[J].图书情报知识,2016(3):15-25.

[12] 胡洪力.基于创业隐性知识转移视角的浙江高校创客空间运营模式创新策略[J].人才培养与教学改革,2017(1):40-43.

[13] BOCKG W,ZMUD R W,KIM Y G,et al. Behavioral intention formation in knowledge sharing:Examining the roles of extrinsic motivators,social-psychological forces,and organizational climate[J]. MIS Quarterly,2005,29(1):87-111.

"不确定性"的教学探索

——基于实例教学法[①]

曾　慧[②]

摘　要:本文基于实例教学法设计"不确定性"的教学过程。首先,对不确定现象进行概念界定和内涵分析;其次,立足于实例,从统计规律性的视角对不确定性进行溯源和归本;再次,通过实例分析探究不确定性的驾驭方法,并对不确定现象统计规律性的运用误区做出阐释;最后,对不确定性中的思政元素进行了提炼。

关键词:"不确定性";实例教学;思政元素

不确定性无处不在,了解不确定性所蕴含的统计规律性,进而驾驭不确定性是统计研究的要义,更是"统计学"课程教学的主要目标。概率统计的研究对象是随机现象,其思维的本质在于:对随机事件发生的频繁程度定量化,在不确定的情景中做出良好判断。本文围绕三个实例,按照"概念界定→统计规律性分析→驾驭方法探究→思政元素提炼"的思路,对"不确定性"教学过程进行了设计,以期丰富"统计学"课程的教学体系,并为相关教学提供参考。

一、"不确定性"的概念界定

(一)确定性现象

自然界所观察到的现象有一类是在一定条件下一定发生的现象,称为确定性现象。如太阳东升西落、水从高处流往低处、函数在间断点不存在导数等。这类现象的共同特点是,条件完全决定了结果。

(二)不确定性现象

日常生活和工作中遇到的更多的是在一定条件下可能出现也可能不出现的现象,即不确定性现象。比如,抛硬币,当面对两项选择无法取舍时,人们通常采用抛硬币来

①　(基金项目)浙江省课程思政教学改革项目"'统计学'课程思政的探索与实践";省级平台校级教学项目"基于案例与实验的'统计不确定性'教学设计与实践";浙江省一流学科 A 类(浙江工商大学统计学)资助。

②　曾慧,浙江工商大学统计与数学学院教授,博士,研究方向为经济统计方法与应用。

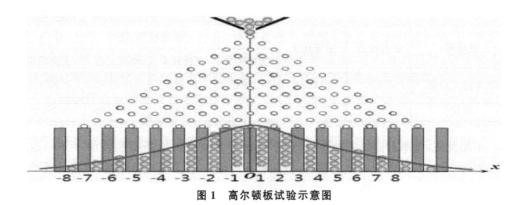

图1　高尔顿板试验示意图

多多同样大小的小球不断地从入口处放下，只要球的数目相当大，它们在底板将堆成"中间高、两头低，呈左右对称的古钟型"，通常称之为正态曲线。德国伟大的数学家高斯在测量误差的概率分布时首先用它来刻画误差的分布，故又称为高斯分布。如今德国10马克的钞票上就印有高斯头像，并且还绘出了正态分布的密度曲线。现实生活中有许多不确定现象都呈现出这种"两头大、中间小"的规律，如成年人的身高、体重、脚掌长度、考试成绩分布等等。

以上实例均可表明：不确定现象有其偶然性的一面，也有其必然性的一面，这种必然性表现在大量重复实验或观察中呈现出的固有规律性，其被称为不确定现象的统计规律性。

统计学主要的研究对象就是不确定现象的统计规律性。它通过收集大量的不确定现象的数据，对其进行加工、整理、分析以说明不确定现象的数量关系、数量规律性，进而驾驭"不确定性"。

三、"不确定性"的驾驭——统计推断

（一）驾驭"不确定性"

1.抽签机会均等

如前所述，在大量重复试验中，抛硬币或掷骰子的结果具有稳定性。基于这样的统计规律性，抽签被用于许多场合，被认为是机会均等的最优手段。如里约奥运会，羽毛球比赛就是通过抽签产生的，中国男单一号林丹和马来西亚李宗伟又相遇了。当然奥运比赛中的许多项目安排、比赛对手安排、出场顺序等等均是通过抽签产生的。为了公平起见，抽签甚至被用于人才选拔，它被视为获取公平机会的最后救命稻草。

2.福尔摩斯探案——巧用字母规律性

有一次，福尔摩斯受理破译一份密码，密码涉及一件谋杀案。密码与以往的方式完全不同，上面画的全部是会跳舞的小人。怎么破译这份密码呢？福尔摩斯用到了英文字母出现的统计规律性，他认为："只要看出了这些符号是代表字母的，再应用字母的统计规律，就不难找到答案。"福尔摩斯就是运用了字母的统计规律性，最终破译了这份神秘的密码，从而抓住了凶手！

字母使用频率的研究,在电脑键盘的设计、信息的编码和密码的破译等领域都有着广泛的应用。如:一个从来没有研究过《红楼梦》的统计学家,如何根据比较写作习惯得出《红楼梦》从哪一段开始就不是曹雪芹的手笔了呢?《红楼梦》一书共有 120 回,自从胡适做《〈红楼梦〉考证》以来,一般认为前 80 回是曹雪芹所写,后 40 回是高鹗所写。复旦大学教授李贤平带领学生做了一项研究,将 120 回看作 120 个样本,然后确定与情节无关的虚词出现的次数作为变量,巧妙地运用统计分析方法判断哪些回是出自同一人手笔。李教授将"之""其""或"等 47 个虚词出现的频率作为《红楼梦》各个回目的数字标准。之所以抛开情节,是因为一般情况下,同一情节大家描述得都差不多,但因为个人写作习惯的不同,所用的虚词是不可能一样的。利用统计分析中的聚类方法,他发现《红楼梦》前 80 回和后 40 回确实非同一人所写。

3.滚球游戏的破解

细心的人应该会发现,滚球游戏中摆摊人往往将一些低价的小东西置于底板的中间部分,而比较值钱的礼物则放在两端,这种礼物位置的安排实际上就是考虑到大量球落下的分布。可见摆摊人也是深谙统计规律之人。

(二)驾驭"不确定性"现象的小贴士

利用随机现象背后的统计规律性可以帮助我们驾驭"不确定性",然而在实际应用过程中有两个问题不容忽视。

1.统计规律性是在大量重复观察或试验中体现的规律性

随机现象的统计规律性是在大量重复试验后才呈现出来的,在小次试验中慎用。有一个有趣的例子,医生在检查完病人的时候摇摇头说:"你的病很重,在 10 个得这种病的人中只有 1 个能救活。"当病人被这个消息吓得够呛时,医生继续说:"但你是幸运的,因为你找到了我,我已经看过 9 个病人了,他们都死于此病。"医生的说法对吗? 显然,这是误用统计规律性的典型案例,对于患者总体而言,其被治愈的可能性是稳定的;而对于某个患者而言,他可能被医生治愈,也有可能不会被救活,这是随机的。

一位数学家曾经说过:"如果你要求我写一篇'如何通过彩票赢得更多的钱?'的文章,我恐怕要交白卷了,我所能提供的唯一一建议就是'买'更多的彩票。"

2.统计推断与逻辑推断有区别

数学上的逻辑推断是完全正确的,如圆的面积与半径的关系是完全对应的,它们之间是一对一的函数关系;统计推断是带有概率特性的,统计分析的目的是通过观测得到的数据提取所有信息,当信息逐渐增多时,不确定性逐渐减少到一个可接受的最低水平。

四、"不确定性"的思政元素提炼

在教学设计过程中,既要考虑"不确定性"知识要点的传授和驾驭"不确定性"能力的培养,同时还要对"不确定性"中所蕴含的思政元素进行深入挖掘,旨在通过有效的教学设计,在"授业"和"解惑"之中"传道",真正实现知识传授、能力培养和价值引领的有机统一。

　　"不确定性"中蕴含着丰富的思政元素。在实际的教学过程中,可以从个体价值观、学科和专业自信度、制度认同、爱国情怀等方面融入思政元素。比如,人生充满着不确定性,客观地看待"不确定性",树立正确的人生观和价值观,就可以驾驭"不确定性",实现个人价值;又如,通过著名的统计学家 C. Rao 的名言"在终极的分析中,一切知识都是历史;在抽象的意义下,一切科学都是数学;在理性的基础上,所有的判断都是统计学","不确定性知识＋所含不确定性的度量＝可用的知识"来阐释统计学科和专业特征,增强学生的专业自信;再如,通过中国政府对新冠肺炎疫情这个不确定性事件的有效驾驭,来凸显社会主义制度的优越性,激发学生的爱国热情。

参考文献

[1] Griffiths D. 深入浅出统计学[M]. 北京:电子工业出版社,2011.

[2] 中国统计杂志社. 生活中的统计学[M]. 北京:中国统计出版社,2010.

[3] 魏振军. 探访随机世界[M]. 北京:中国统计出版社,2010.

[4] 魏振军. 统计通俗读本——漫游数据王国[M]. 北京:中国统计出版社,2010.

[5] 李金昌,苏为华. 统计学[M]. 北京:机械工业出版社,2018.

浅谈物流管理专业本科毕业设计指导①

詹沙磊② 陈达强③

摘 要：根据物流管理专业的培养目标和学生毕业能力的要求，结合本科毕业设计指导经验，浅谈物流管理专业本科毕业设计的指导心得，包括如何初定研究主题、深耕研究内容、匹配指导模式和细化指导过程，以期达到经验分享和批评指正的目的。

关键词：物流管理；毕业设计；因材施教

根据《浙江工商大学物流管理专业培养方案（2019 版）》，物流管理专业的培养目标是培养具有管理学、经济学、统计学和计算机科学基础知识系统，掌握现代物流管理相关理论与方法，具备供应链运营管理、物流系统分析、物流方案规划、物流系统开发以及较强创新创业能力的"精管理、懂技术、能应用、知创新"，具有国际视野与竞争力的复合型创新人才。在此基础上，物流管理专业学生的毕业能力要求包括：具备辩证思考、分析问题和解决问题的能力，具备以创造性思维方法开展科学研究和就业创业实践的创新能力，具备将所学习的专业理论与知识融会贯通、灵活应用于物流管理等实践的能力，以及具备有效使用信息和信息技术的能力等。根据物流管理专业的培养目标和学生毕业能力的要求，结合本科毕业设计指导经验，以下浅谈物流管理专业本科毕业设计的指导心得，以期达到经验分享和批评指正的目的。

一、因材施教——初定毕业设计研究主题

老师初定毕业设计研究主题是本科毕业设计的第一步。而设计出合适、合理、合规的毕业设计研究主题更是让学生能够迈出这一步的关键因素。因为老师出题和学生选题是双向交替进行的，即老师出题→学生选题→老师确定是否接受学生选题，所以需要对学生的整体学业现状和发展方向进行调查和统计分析，了解学生的能力和潜在需求，同时结合物流管理专业的培养目标和学生毕业能力的要求，以因材施教制定出学生能够胜任、希望胜任、应该胜任的毕业设计研究主题。学业现状包括：学生的基础课和专业课学习成绩统计数据、学生科研情况统计数据、基础情况统计数据（特别关注计算机

---

① 本文系浙江省高校"十三五"特色专业（物流管理）建设项目，编号为 1130XJ2914102。
② 詹沙磊，浙江工商大学管理工程与电子商务学院副教授，博士，研究方向为物流管理和质量管理。
③ 陈达强，浙江工商大学管理工程与电子商务学院教授，博士，研究方向为物流管理和质量管理。

程序编写能力、英语读写能力以及对论文撰写规范熟悉程度的统计数据），据此可以洞悉学生的综合素质能力分布水平。发展方向包括：出国深造、国内读研或实习工作。对于拟出国深造的学生，继续了解其期望的国家、大学和专业，调查其为出国深造所做的准备（包括英语能力和其他课程学习成绩）。对于拟国内读研的学生，了解其期望的大学和专业，亦调查其准备（包括毕业设计预期投入精力、将来拟进行的研究方向与毕业设计研究方向的吻合度）。对于拟实习工作的学生，了解其拟工作单位的性质（如公务员、事业单位或企业等）。老师通过对学生发展方向的深入调查，可预测学生对毕业设计主题的兴趣程度和投入程度。由此，可以实现对学生的毕业设计能力和需求进行精准掌握，以初定出具有学生需求和能力导向的毕业设计研究主题。

二、因势利导——深耕毕业设计研究内容

当学生和老师通过双向选择确定了学生、老师和研究主题三者的匹配之后，继续进行毕业设计研究内容的深耕。此时需要基于学生选择老师和主题的目的和诉求，因势利导让学生对所选主题进行可行性分析。学生未来发展方向的不同，决定了毕业设计范式和研究内容范畴的不同。拟出国深造或国内读研的学生，注重其学术类研究的范式、基本逻辑和能力培养，学生需投入大量精力去研读经典文献，学习研究方法，设计研究框架和技术路线。其中，对于拟出国深造的学生来说，需强调与国际化研究前沿接轨，关注国际热点学术问题与研究方法，在以国外文献为主参考的基础上提炼出研究内容；对于拟国内读研的学生来说，需对标目标高校学科特点和导师要求，尽量让学生将来的科研能够从当前的毕业设计训练中获益；对于拟实习工作的学生，注重其四年学习的总结，培养其科学解决问题的能力和快速学习特定方法的方式与路径，鼓励其结合企业所在行业前沿，以确定具有行业实践导向的研究内容或选择以老师科研课题为导向的研究内容。最后，无论是毕业设计范式还是研究内容范畴，都要考虑研究深度的问题。这对于学生的要求可以用一句话来概括：即既要做到量力而行，又要做到全力以赴。

三、私人订制——匹配毕业设计指导模式

从一次完整的毕业设计训练过程来看，确定合适的毕业设计研究内容仅仅是一个良好的开端。毕业设计涉及学生创作和老师指导的双向交替活动，如何处理好学生和老师的关系，使两者形成密切的良好互动，从而保持学与教的有序性、规范性和可操作性，是一个重要议题。我们建议采取"私人订制"式的毕业设计指导模式。所谓私人订制，是指按照研究主题和研究内容的个性化进行毕业设计指导模式的设计，具体包括以下几种情况。

（一）对于具有科技竞赛或科技项目经历的学生

可采取"学生为主、老师为辅"的毕业设计指导模式。往往该类学生具有一定的科研能力，已形成自身的科研认知，甚至已完成一个相对有吸引力的、基本成型的科技作

品,其自身通常有将科技作品转化为毕业设计的意愿。需要注意的是,科技竞赛或项目的作品与毕业设计的要求是存在差异的,比如两者的着重点和评价体系不同:科技作品注重工程问题解决能力的培养,主要评价其可行性和经济性;而毕业设计注重学生基础科研能力的训练,主要评价其创新性和规范性。因此,老师需引导学生在科技作品的学术化和规范化上下功夫,重点指导学生在文献研读、写作风格、方法逻辑等方面的学习和把控,与学生定期交流,及时发现问题、反馈问题和解决问题。

(二)对于选择以老师科研课题为导向的研究内容的学生

可采取"老师主动、导学并行"的毕业设计指导模式。这种指导模式在研究生科研指导中很常见,可以理解成是一个短期的、简化了的研究生科研指导。老师的科研课题通常具有前沿性和挑战性,对于本科生来说整体难度较大,短期内上手较难,也不现实。老师可选取科研课题中较基础的研究内容,或者将原科研课题中的研究内容简化,作为本科生的毕业设计研究内容。这样,适当放弃原有课题的研究难度,从而专注于对学生的逻辑思维、学术能力以及解决特定问题能力的培养。不仅如此,老师需主动为学生制订由易到难、深入浅出的学习计划,安排其相关理论和方法的学习,为其寻找相关经典文献和书籍,有必要时对其进行面授。同时,老师需要求学生投入大量精力研读、检索与拓展文献,亦可安排其对经典文献进行复现,以巩固理论和方法的学习效果。

(三)对于选择具有行业实践导向的研究内容的学生

可采取"亦行亦学、学以致用"的毕业设计指导模式。在该模式下,学生的自主性较强,对老师的指导水平要求较高。老师需与学生共同探讨研究内容的形成和修改,从现实案例中进行关键问题的提炼和解决,问题源于案例,亦终于案例。研究内容以数学建模与实证分析并重,因此必然会反复调整、修改与完善,使研究内容的质量获得循环改进。

四、循序渐进——细化毕业设计指导过程

毕业设计的指导过程,实际上是整个毕业设计的主体部分。从老师开始出题到学生答辩结束,需要经历大约半年时间。我们建议采取循序渐进的原则,老师定期召开周例会,严格进程实现情况,及时发现问题,对学生进行全过程细化指导和任务安排的实时动态调整。以中期检查和验收两个时间节点作为分界点,可以将毕业设计指导过程分成开题准备、正文撰写和验收答辩三个阶段。

(一)开题准备阶段

学生需完成外文翻译、文献综述、开题报告等文档的撰写。老师首先需向学生展示任务书,介绍基本研究主题,并安排初始任务:可要求学生自行检索文献、设计选题框架和大纲;亦可事先设计好一定的选题范围和安排好经典文献,让学生自行学习并扩展相关文献阅读,以形成和完善大纲。在文献的收集和研读方面,学生需阅读 35 篇以上领域内的经典文献,其中英文文献 20 篇以上,并选择 1 篇核心英文文献作为外文翻译的原文。在文献研读的基础上,老师可与学生不断地细化毕业设计的研究内容,搭建论文

框架,并进一步明确毕业设计的条件、方法及措施。对于物流管理专业的学生来说,相当一部分学生在毕业设计中需要用到数学建模和仿真,或数据处理与分析等。因此,学生在通过研读文献进行理论与方法学习的同时,还需加强学习相关计算机软件(如MATLAB、LINGO、SPSS)的使用和相关优化算法(如 GA、PSO)的编程。通过老师与学生的反复讨论,学生需明确毕业设计的研究范式,重塑论文框架,并制订一系列进程安排(含进度计划和预期成果)。

(二)正文撰写阶段

老师需向学生进一步梳理技术路线,讲解摘要、绪论、结论等的撰写要点,以及中间核心章节的撰写方式。摘要需突出研究过程和研究结论,绪论需注重科学问题的提出和技术路线的设计,结论需强调结果性贡献和可进一步扩展的方面,中间核心章节(以物流优化模型为例)通常按照问题描述、模型构建、求解方法、结果分析等研究逻辑来撰写设计,并需占整个正文一半以上篇幅。老师还需与学生共同敲定最终题目,该题目应能反映毕业设计的关键问题和中心思想,最好能包含创新方面的关键词。另外,格式问题是一个基础性问题,老师应教促学生严格按照学校规定的正文模板撰写,并细致地对标点符号进行一一检查。在时间节点的把握上,可发挥中期检查的关键节点作用,要求学生在中期检查前基本完成正文的主体内容和关键问题的求解实现。

(三)验收答辩阶段

答辩前,学生需进行论文的定稿和汇报用 PPT 的制作。关于 PPT 的制作,有以下经验可循:封面、目录只需简单展现即可,页数各 1 页,时间控制在 10 秒内;绪论部分,背景、意义、内容和技术路线页数各 1 页,时间控制在 1.5 分钟内;文献综述部分,页数 1 页,重点介绍当前研究与自己研究的不同之处,时间控制在 0.5 分钟内;系统分析部分,页数 1 页,重点介绍系统的特点以及与其他类似系统的区别(主要是为下一部分的模型提供铺垫),时间控制在 0.5 分钟内;模型介绍部分,各个子模型(或研究环节)页数各 1 页,重点介绍模型(或研究环节)解决什么问题、为什么采用该模型形式(或研究环节)、求解方法是什么(或研究环节技术方法是什么),时间控制在 3 分钟内;结果分析和灵敏度分析部分,时间控制在 2 分钟内;研究结论部分,页数 1 页,重点介绍根据算例和灵敏度分析可为相关决策者提供的管理决策启示,时间控制在 0.5 分钟内。

五、结　语

最后,毕业设计是一个系统的工程性任务,对老师与学生双方的共同要求就是:时间、时间,还是时间。时间的投入是确保毕业设计高质量完成的关键要素。对于老师而言,责任心尤其重要,需秉着对学生负责的态度来参与毕业设计的全过程指导。对于学生而言,需始终怀有虚心、恒心和信心,多投入精力对自己所做课题的研究内容进行、熟悉,把握好研究的各个关键节点并及时做出合理对策。总的来说,学生能力是基础,时间投入是关键,过程控制是手段,只有师生找到两者之间教与学的默契,才能实现导与研的和谐。

参考文献

［1］章联军,王晓东,徐清波,等.工程教育认证背景下工科专业毕业实践教学体系重构［J］.计算机教育,2021(5):74-79.

［2］林秋平,闫妍.双创导向下本科物流管理专业实践教学体系建设及实践探索［J］.物流工程与管理,2021,43(4):181-184.

［3］牟金磊,彭飞,王展智.本科毕业设计多层次团队指导模式的探索与实践［J］.高教论坛,2021(3):74-76.

［4］林健.新工科专业课程体系改革和课程建设［J］.高等工程教育研究,2020(1):1-13.

［5］李正良,廖瑞金,董凌燕.新工科专业建设:内涵、路径与培养模式［J］.高等工程教育研究,2018(2):20-24.